在青职听讲座

（第一辑）

主　编　那英志　孙绍玲

中国海洋大学出版社

·青岛·

图书在版编目（CIP）数据

在青职听讲座 / 那英志主编. —— 青岛：中国海洋大学出版社，2015.3

ISBN 978-7-5670-0845-8

Ⅰ. ①在… Ⅱ. ①那… Ⅲ. ①社会科学－演讲－文集 Ⅳ. ①C53

中国版本图书馆 CIP 数据核字(2015)第 043226 号

出版发行 中国海洋大学出版社
社　　址 青岛市香港东路 23 号
邮政编码 266071
出 版 人 杨立敏
网　　址 http://www.ouc-press.com
电子信箱 whs0532@126.com
订购电话 0532-82032573（传真）
责任编辑 施 薇
电　　话 0532-85901040
印　　制 日照报业印刷有限公司
版　　次 2015 年 3 月第 1 版
印　　次 2015 年 3 月第 1 次印刷
成品尺寸 170mm×230mm 1/16
印　　张 18.5
字　　数 300 千
定　　价 48.00 元

序言一

高等职业院校在中国发展的历史不长，是一种新型的大学形式，既有普通大学的共性，又有职业大学的个性。如何在普遍规律中寻找自己的发展之路，使之既能满足社会所需，又能符合育人要求，是每个青职人在不断思考探索的问题。为此，青职院（青岛职业技术学院简称）自 2000 年建院以来，一直致力于培养社会所需的各种高技能人才，为地方经济社会发展作出了积极贡献。我们提炼了“实境耦合”的人才培养模式和“修能、致用”的院训，在此基础上于 2012 年，在新的发展阶段，我们又提出了“品牌办学”的战略方向、“技高品端”的人才培养目标以及“三抓两促”（抓教学、抓管理、抓实训、促科研、促校园文化）的工作主线，同时围绕“学教做合一”的具体实践展开课程改革等工作。

所有这些的目的只有一个：就是通过我们的教育，使每个学生都能成为掌握一技乃至多技之长的高技能实用型人才，成为品行端正、品位不俗的现代文明人。

校园文化是社会主义精神文明在学校的体现，是学校育人环境的重要组成部分，是办学软实力的体现，更是培育和践行社会主义核心价值观的重要载体。鉴于校园文化建设的意义及作用，多年来，青职院就如何加强校园文化建设做了大量的实践探索，目前已初具规模、初见成效，不仅实现了“产业文化进教育、工业文化进校园、企业文化进课堂”，亦将传统文化引进校园，使学生不断受到社会主义核心价值观的浸染熏陶。例如，旅游学院依托“珠山书院”提出的“在青职听讲座”，就是一个很好的释放传播力与正能量的校园文化品牌。多年来，该院通过广泛邀请校内外专家教授、文人学者、企业成功人士以讲座的形式，传递其知识积累、人生经验，学生不再将自己埋首于象牙塔之中，而是有了更多机会把握时代脉搏、聆听名家声音、感受大师智慧。

可以说，“在青职听讲座”丰富了学院文化内涵，滋润着师生成长，已成为青职院文化素质教育工作的重要平台和校园文化建设的亮丽风景。

为此，我们将讲座内容辑录成册，以求更好地将百家之音留在校园，发挥其宝贵的教育价值。同时，将另一校园文化品牌——“文化大课堂”的讲座也收录其中。这是一次文化积淀，也是一个积极而有益的尝试。今后，我们还将不断丰富活动形式、拓展活动内容，进一步打造书香校园、建设精神家园，帮助学生更好地树立自信、坚定目标，自觉做社会主义核心价值观的忠实学习者和践行者。“天行健，君子以自强不息；地势坤，君子以厚德载物。”希望所有的学生以此为勉，积极投身实现“中国梦”的伟大实践，谱写绚丽的青春篇章。

刘鹏照

2014 年 9 月于青岛

序言二

《在青职听讲座》一书即将出版，作为“在青职听讲座”的倡导者与参与者，我颇感欣慰。

“在青职听讲座”起始于 2007 年。其时，青职院国家示范院校建设正在如火如荼地进行，“高职学生文化素质发展中心”是其中的一个项目。学院组织成立了高职学生文化素质教育领导小组和文化素质教育专家指导委员会，全面组织、协调、指导和监督学生的文化素质教育工作。“在青职听讲座”是该项目建设的三大示范点之一。示范院校建设工作结束之后，“在青职听讲座”延续至今，目前已经成为学院校园文化建设的品牌项目。

高职教育，在十几年的发展过程中，强调技能培养、实践操作，强调技能型、应用性，强调订单培养、就业教育。这固然不错，但与此同时，也出现了不同程度地忽视或弱化对高职学生进行人文等综合素质培养的问题。无论什么类型的教育，其本质都是促进人的全面健康发展。让每个学生都成为最好的自己，这是教育工作的使命。如何避免教育中的短视化、片面化、功利化倾向，让每一个高职学生都能成长为既有专业技能又能全面成长，既能够服务社会产业进步又能获得自身可持续发展的人才，这是我一直在思考的问题。

“在青职听讲座”无疑是一种有益的尝试和探索。八年来，百余位来自校内外的技术专家、文化学者、企业经理、政府官员及学有所成的校友，将他们的知识积累、生活阅历、人生感悟、管理经验等，通过讲座、报告、座谈、研讨等形式留在青职院，打造了青职学子的重要文化课堂。“在青职听讲座”内容丰富，其作用在于启迪智慧、滋养心灵，在于进行文化熏陶、重塑理想信念，让学生在学习中学会思考，并在思考中获得自我成长。“在青职听讲座”是我们专业教育的重要补充，更是全人培养的有效途径。

“在青职听讲座”是全院范围的集体行动。讲座分为两个层面。一是校级层面，由“高职学生文化素质发展中心”和学院各部门邀请校外知名人士来院讲座，学院已先后开辟了“道德讲堂”“时事大讲堂”等重要宣讲阵地。二是各二级学院层面，由各院根据各自学科、专业特点，请院内外专家教授担任主讲，立足本院、面向全校开展形式多样的讲座，旅游学院的“文化大课堂”、商学院的“大商有道”讲堂等均已产生较大的影响力。今天我们看到，“在青职听讲座”已成为青职学子宝贵的文化盛宴，成为他们大学生活中一道魅力深蕴的风景。

当前，青职院正大力推进全面发展视域下的课程改革，“在青职听讲座”已经被纳入学院文化素质教育课程建设的改革和实践中。青职院增设了文化素质教育系列选修课，根据专业的不同，为学生开设不同的选修专题，创新了传统的教学模式。通过“在青职听讲座”将文化素质教育与学生工作结合起来，在每年的新生入职教育中，为学生增设文化素质教育专题，贯穿于学生常规教育的全过程……《在青职听讲座》一书是“在青职听讲座”的阶段性成果，更是青职院课程改革过程中的一枚硕果。

在这里，我诚挚地向在青职举办讲座的专家学者们表示感谢，向为《在青职听讲座》一书的出版付出辛勤劳动的老师和同学们表示感谢。传递文化力量，助力心灵成长，为迎接又一个更加灿烂的收获季节，让我们一起努力吧。

覃川

2014 年 8 月于青岛

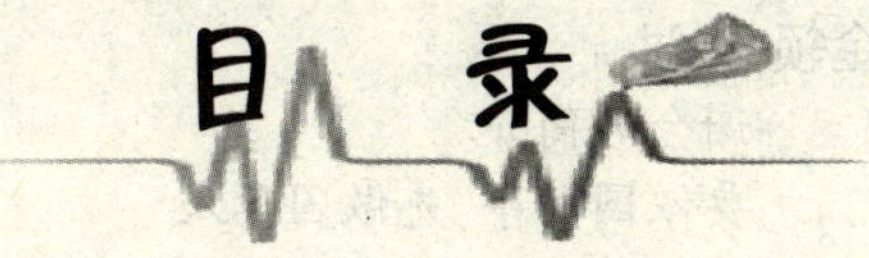

目 录

第一篇 励志讲座

第二篇 职业指导

第三篇 专业指导

第四篇 国学讲座

第五篇　素质教育

第六篇　行者足迹

第七篇　海内外高校之声

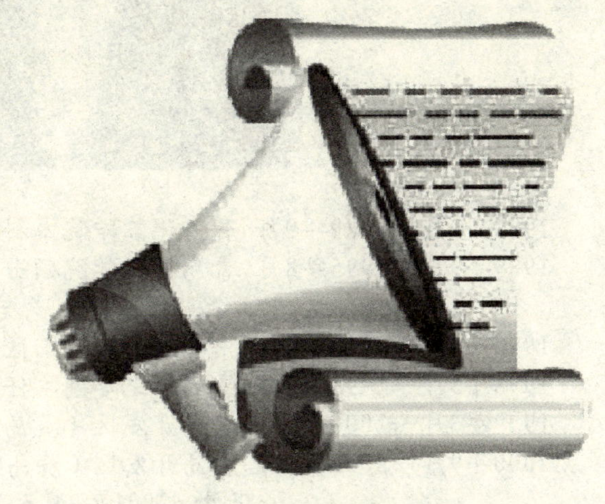

第一篇 励志讲座

刘鹏照简介

1982年9月—1989年9月　青岛化工学院本科毕业，留校任政治辅导员
1989年9月—1995年8月　青岛化工学院硕士研究生，青岛化工学院化工系无机化工教研室讲师、党支部副书记
1995年8月—1998年5月　中共青岛市崂山区纪律检查委员会科员、主任科员
1998年5月—1999年3月　青岛市纪委副主任科员
1999年3月—2000年9月　青岛开发区（黄岛区）教育体育局副局长
2000年9月—2002年2月　青岛开发区（黄岛区）教育体育局副局长、党委委员（期间：2001年9月至2004年6月中国人民大学政治经济学专业博士研究生班学员，获得经济学博士学位）
2002年2月—2003年3月　中共青岛开发区纪工委（黄岛区纪委）常委、监察局副局长
2003年3月—2005年4月　黄岛区薛家岛街道党工委副书记、办事处主任
2005年4月—2006年9月　黄岛区薛家岛街道党工委书记、人大办主任
2006年9月—2007年1月　青岛开发区管委副主任，黄岛区薛家岛街道党工委书记、人大办主任
2007年1月—2012年4月　青岛开发区管委副主任
2012年4月至今　中共青岛职业技术学院党委书记

定位“品牌办学”学校发展方向
明确“技高品端”人才培养目标

——在2012年夏季学期工作务虚会上的讲话

同志们：

两天半的务虚会安排得满满当当。大家会前都做了认真的准备，结合自己的实际工作进行了思考。两天来，大家进行了认真交流发言，期间提出了很多很好的意见和建议，务虚会达到了预期目的，收到了良好效果。

通过两天的交流，我想至少达到了这样的目的：梳理工作思路，明确今后的办学方向和目标，让青岛职业技术学院在国家示范院校的基础上，更好、更健康、更快速地发展。大家都知道，我国的高职教育起步虽晚但发展较快，目前全国已有1297所高职院校，规模和数量都是相当大的。关于职业教育发展，有两点值得注意。

第一点，它是随着改革开放和市场经济的发展而发展，市场的需求决定了职业教育的发展。

第二点，高职教育发展至今，百花齐放，办学形式、发展模式、办学特色五花八门各有千秋，有行业办的，有民办的，有政府办的，发展模式也是各有各招、各显神通。

每个学校都有自己的特点，我们之前参观考察的一些外地院校，其经验可以学习借鉴，但不能照搬照用，要取其精华，要静下心来反思我们应该怎么办——尤其是成为国家示范院校后如何发展是我们要认真思考的。

职业教育的根本还是教育，高职教育的根本还是高等教育，教育的基本规律不能违背。我们确定了“品牌办学”的发展方向和“技高品端”的人才培养目标，这不是别出心裁，也不是独创，高职院校就是要培养高技能人才，这是基本要求。当然，我们不能把学生当作简单的工具进行制造，要做全人的教育，这是符合国家要求的，是符合人的发展和培养工作要求的。

为什么提“品牌办学”？就是因为我们有的专业其他院校都有，我们有的培养过程其他院校也都有。“品牌办学”，就是要打造我们更胜一筹的目标，人有我优，人优我强。品牌影响有大有小，辐射作用有远有近，我们追求不了世界的品牌可以追求中国的，追求不了中国的可以追求本省的，追求不了本省的至少可以追求青岛市的。要让别人提起我们学校或专业的时候都说好：老师好，学生好，都被社会认可。如果这点做不到，就不能叫品牌。我们的海尔学院、市场营销专

业都是和知名品牌企业合办的，我们要借鉴海尔集团、青啤集团等企业的做法来创我们自己的品牌。大到学校，小到每个部门、每个学院，甚至每个环节、每个同志，都要树立品牌意识，去认真研究和努力工作，不断改进完善每个细节，创建自己的品牌。

围绕这个方向和目标，梳理青职学院的主要工作，我谈以下几点意见。

一、突出教学的中心地位，夯实人才培养的基础

学校的基本职能就是教学，“传道、授业、解惑”是老师的天职，管理、服务都是为了教学。教学是为了学生的发展，是学校的第一要务。教学的核心、突出地位，任何时候都不能怀疑、不能动摇。

（一）要突出老师的主体地位

让老师享有成就感、幸福感和归属感。具体来说，就是实施好名师工程。培养一个名师不容易，需要几年的时间，所以我们要下决心做这件事，要创造条件，有意识、有目标、有梯次地进行培养，每个二级学院都要列出一个名单。要充分利用国际交流，加大对老师的培训，这是提高老师素质的重要抓手，大家一定要提高认识、珍惜机会。

还要不断加大在职培训，尽可能地创造条件，鼓励老师在职读硕士、读博士，下一步将和北京师范大学合作进行的教育管理博士培养，就是有效的途径和机会。

（二）加强教学研究

从下个学期开始，教务处要抓好全院各个二级学院课程的统筹安排，拿出具体措施。要加强精品课工程研究，推出一批精品课程。要逐步改善教学办公条件，要用现代化教学手段实现我们的教育目标。

二、严格学校管理，规范步骤程序，细化环节要求

严师出高徒，“严”字当头，这是第一要务。我们要在这方面提高警惕，将“严”字牢记于心，健全制度，加强管理。具体来说，要抓好四个环节。

（一）老师管理

要在尊重、沟通、爱护的前提下加强纪律，严格要求，奖优罚劣。人事处要结合有关制度要求，尽快研究制订绩效考核办法，让勤勤恳恳、兢兢业业工作的老师得到相应的待遇，让偷懒者不能再偷懒。

（二）学生管理

要借鉴成功的管理经验，提出一套成熟的、适合我们自己特点的学生管理办法，这也是“品牌办学”的要求。下一步要召开专题会议，从学生的安全、心理、成长、教育等方面进行研究。每个题目都很大，但都基于两点：

一是以学生为本，尊重关爱。

"以学生为本"绝不是对学生做的一切都听之任之，严格管理也不是机械地执行制度、规定，一切管理措施和手段都应紧紧地围绕"技高品端"人才培养目标。

二是安全稳定。

培养工作三年，学生学得很好，老师教得很好，最后一旦安全出了问题，对学生、学校、家庭和社会造成的损失都是无法挽回的。所以，要成立学院应急工作领导机构，完善应急处理措施和预案。

（三）后勤管理

后勤管理是大问题也是小问题，是老问题也是新问题。来校三个月，食堂我去过几次，在不同的场合我曾多次和大家不断交流。要本着对学生负责的原则，正视问题，积极整改，把市场机制和行政机制结合起来，体现学院的监管和主导作用，保证食品原料的质量和安全。

另外，要进一步绿化、美化校园，创建花草遍地、干净优美、不留死角的校园环境，要凸显"严格、规范、精细"六个字，促进精细化、规范化管理。

还要加强安保队伍力量、完善制度建设和开展应急演练等工作，确保学校的安全稳定。

（四）学院规划建设

二期规划建设是学校下步工作重点之一，要统筹考虑、科学安排、抓紧推进。

三、狠抓实训工作，不断拓展校企合作的广度和深度

对职业院校而言，实训是一个重要环节，离开了这一环节，职业院校就不能培养"技高"人才。所以，对实习实训的过程管理和结果考核，下一步要结合学院实际，再深化研究，从实训大纲到实训安排、指导老师、过程跟踪监督、结果考核制订一套完整的制度措施，使其细化、具体化、可操作，这也是品牌建设的应有之义。

我们周边有很多大企业，如中石油、中石化、上汽五菱、海尔、海信、青啤、澳柯玛、物流企业等，要很好地利用这些资源，加强与它们的沟通、联系，同时为企业提供更好的服务。今年"大炼油"又招聘了我们20几个学生，这很不容易。

下一步，每个二级学院都要结合专业实际认真研究，进一步树立竞争意识和危机意识，做足、做实、做好校企合作这篇文章，我也会和大家一起跑资源。

组织部和人事处也要抓紧提出方案，尽快成立校企合作管理机构和培训机构，做到事事有人管、人人有事干。

四、加强校园文化建设和科研工作，促进办学质量和科研水平提高

校园文化建设我们还有不少欠账，任重道远。大致来说，校园文化建设可分为硬环境建设和软环境建设两个方面，二者相辅相成缺一不可。

建筑、设施、景观这些都属于硬环境，相对容易建设。而软环境则是构建和谐校园的必要所在，是学院的核心和灵魂，必须统一思想、高度重视。

例如，“技高品端”是我们的人才培养目标，也可以内化成我们的校园文化。“统一、规范、严谨”的工作要求和“尊重、沟通、包容”的人际关系要求如果对照做了，形成自觉行为，也会形成一种文化。文化是历史的积淀、智慧的结晶，可以看得见，也容易感觉到。

下一步，我们要结合学校实际，从硬、软两方面加强校园文化建设，形成包括孔子广场在内的一批文化符号。

科研工作也很重要，是学院发展的源头活水。我希望，每位同志以此次务虚会为起点，提升做论文、搞科研的意识并付诸行动。科研就在我们身边，要形成科研的氛围，带动学生一起搞科研、搞发明、申请专利。

五、加强统一领导，营造民主和谐氛围

一个单位、一个组织必须要有统一的领导。没有统一的领导，就没有统一的思想；没有统一的思想，就没有统一的行动；没有统一的行动，就不能实现既定的目标。党委之所以要提出“统一、规范、严谨”的要求，就是要创造一种“有序、民主、和谐”的工作氛围。

“和谐”不是绝对的统一，是包容，是求同存异。我们鼓励大家提建议，鼓励争论和把问题摆到桌面上。《论语》中有句话“德不孤，必有邻”。希望大家在方向上思想统一，在工作上尽职尽责，厚道做人，努力做事。

认识社会和自我　把握人生与未来

——在2012级新生入职教育第一课上的讲话

同学们：

大家好！

今天我给大家讲入学第一课，要讲的话题很多，思来想去，还是围绕社会、自我和人生三个方面谈点自己的想法，供大家参考。

如何认识社会、认识人生和如何把握人生，三个话题都永恒、博大、深远，但都现实、具体和必须面对。每个题目都可写一部书，而事实上此类的书也很多。

我们由小学、初中到高中这个阶段，有父母陪伴、老师呵护、社会关心，生活在一个“保温箱”里，唯有的不快就是学习的压力实在太大、生活的空间太小、自由活动的范围太小。到大学一切都变了，新的生活开始了，不觉间你们已远离父母，撇开父母的搀扶，独立面对世界、面对社会了。对有的人而言这是好事，从此后可以天高任鸟飞、海阔凭鱼跃；对有的人而言则会心存恐惧，对未来迷茫不定，难以自立、自强。

面对大学的三年以及今后的工作、生活，要走好每一步，使每一步都走向成功，就必须做到正确认识社会、准确认识自我、精确把握人生，这是最高目标。

一、正确认识社会

对于什么是社会，一般定义为有共同物质基础的互相联系的人群。我认为，社会就是人和事。认识社会是一个自觉不自觉的命题，无论先知还是大愚都会对社会有自己的认识，而人类认识社会又是一个历史的命题、一个哲学的命题。对社会的正确认识决定了你们的选择，而选择决定了你们的成败，成败又决定了你们的命运。作为当代大学生，如何才能正确地认识社会?

我想，首先，要有正确的世界观；其次，要有丰富的理论知识和实践经验；第三，要有科学的方法，理论和实践结合，坚持唯物主义和辩证法。具体来说，要做好如下三点。

（一）正确认识社会，树立正确的世界观

1.用历史的眼光看社会

社会是复杂的，同时又是变化发展的。但无论怎样变化，万变不离其宗，这“宗”即自然之道、社会之法，基本规律不会变，核心的、主流的东西不会变。

“不为浮云遮望眼”，要永远保持对历史的清醒认识和对社会的敏锐洞察。当前，社会主义核心价值观就是社会主义核心价值体系最深层的精神内核，是中国社会运行的基本规范，是中华民族主体性的标识，必须树立信念，坚定不移地培育和践行。

2.用辩证的眼光看社会

马克思主义哲学告诉我们，任何事物都是辩证统一的，是一分为二的。古代哲人老子、庄子的文章中充满关于世界万事万物辩证统一的论述。所以，面对事情要保持自己的思考能力，既不能犯“以偏概全”“只见树木不见森林”的教条主义和形而上学的错误，也不能盲目跟风、急功近利。

（二）深入了解社会

这要从了解你们的学校和你们所处的城市开始。青岛开发区是我国改革开放的产物，也是1984年国务院批准的14个沿海城市国家级开发区之一，当时只有

几平方千米，现在是274平方千米、60万人口，只用了二十几年的时间，以前的荒野渔村就变成了现在的繁华城区。

区情反映着国情，这也代表了中国的变化日新月异。在座同学都是90后，大家对基本国情了解多少？

例如，作为发展中国家，我国GDP已排世界第二，但人均能达到多少？

“十二五”时期，国家提出转方式、调结构，提出发展低碳经济、促进绿色发展，这些重大战略决策你们了解多少？

还有，国家在发展的同时所面临问题，你们又知道多少？……

只有真正走进了社会、了解了社会，将来才能更好地适应社会、融入社会乃至服务社会、奉献社会。

（三）理性面对社会

现在是“网络时代”，无网不生活，但网络有其两面性、双刃性，在利用它作为学习、工作、生活必需工具的时候，也要防止被其伤害、误导。

一是注意其虚拟性，避免因网上交友不慎而造成悲剧；

二是注意其欺骗性，提高警惕，避免遭遇网络诈骗；

三是注意其误导性，避免被某些不良思想和言论蛊惑。

二、准确认识自我

认识自己是一个人一生的课题，或者说人一生都难以认识自己。我是谁？从何来？到何处去？为什么要这样想？这样做？

要学会从三个方面认识自我：生理的我、心理的我和社会的我。

不要再与别人比较自己的高考成绩。青职学院是你们新的起跑线、新的人生平台，要对自己有一个正确的认识和评价，树立一个正确的目标和发展方向，做到不卑不亢、不忮不求。所谓“三百六十行，行行出状元”，就是这个道理。

不要再与别人比较自己的大学。职业教育已经越来越受到国家的重视，如今的社会也越来越开放和包容，只要你们有一技之长，你们就可以展示，你们就可以成功，你们就可以活出属于自己的精彩，受到社会的尊重。我们的身边已经有无数成功的例子，比如学院外聘教授、“金牌工人”许振超，虽没有上过一天大学，但却凭借勤奋、钻研的精神成了工人楷模、桥吊专家。

三、精确把握人生

人的一生好比一条船在大海中航行，只有努力把好手中的舵，才能保证不迷失方向、不偏离航道。所以，面对未来，大家要做好三个准备。

（一）身体准备

“天行健，君子以自强不息”，没有强健体魄，难以担当历史使命。毛泽东年轻时曾以“野蛮其体魄，文明其精神”自励。目前，很多人不愿活动，沉溺网络、娱乐，耗费青春年华，透支年轻体力，要引以为戒，养成良好的生活习惯。

（二）心理准备

目前我们很多同学还处在心理断奶期，作为独生子女，长期以来有父母的过度关爱，衣来伸手，饭来张口，毫无自理、自立能力，性格孤僻、娇惯，凡事以自我为中心，心理十分脆弱，稍不顺心、不如意便厌世轻生，这是无责任感的表现。“人生不如意事常八九”，要学会自我调节，保持乐观向上的心态。

（三）知识和技能准备

知识和技能是一个人的立世之本。知识可改变一个人的命运，技能可保证一个人的生存，而大学时期正是知识积累和技能培养的最佳时期，要充分利用好。

一方面，在人文社会科学知识方面建立良好的基础，加强自身品格修养，这是支撑今后工作、生活和发展的根本；

另一方面，学好专业知识，学会一技或多技之长，拿到进入社会的“金钥匙”。

这是我们“技高品端”的要义所在。

梦想与成功

——给旅游学院2013级新生的专题报告

各位同学、各位老师：

下午好。

作为联系旅游学院的院领导，我一直想与大家坐下来谈谈。但很抱歉，由于工作关系，学期已经过半，同学们都快从新生变成老生了，这个想法才得以实现。

关于今天的主题，我思考了很久。最终确定“梦想与成功”，是因为这两个词与每个人都相关。有了梦想，成功之门才会开启；有了梦想，人生才能真正属于自己。那么，什么是梦想？什么是成功？如何一步步实现梦想？如何一步步获得成功？我有五句话想和同学们分享。

一、如何理解梦想和成功

我们从出生那刻起，身上就承载着父母的梦想：有个好身体、上个好学校、找个好工作、建个好家庭、生个好孩子……走好了这每一步，在他们看来就是“成功”。前段时间，中央电视台做了一个叫“你们幸福吗”的街头随访节目，每个人的回答都不尽相同。

实际上，幸福是个美好但极具个体感觉的词语，无法用一个标准、一把尺子来衡量。最近有个热词叫“幸福指数”，你们猜猜，什么行业的幸福指数最高？我估计，大家肯定猜不到，是北京街头拉黄包车的“板爷”！因为他们没有任何的压力和心事，累了就找个树荫睡觉，每天赚多赚少全凭自己做主。

同样，对于成功我们也可以有个衡量指数。

成功有大有小，有近有远。有的同学说，我期末考了90分，就很有成功感；考了60分，就很没有成功感。作为党委书记，我一直在思考：

到底怎样才算一个成功人士？

是依据财富、职位、学问，还是他人评价？

怎样才算成功地办学？

是依据规模、资源、条件，还是社会影响？

2013年6月，我随教育部“高职院校海外领导力培训团”赴美国学习时，看到美国华盛顿州SPOKEN社区学院的院训是“以学生为本，一切为了学生的成功”。我想，这是对的，我们一直也是这么做的。结合我们的实际，衡量青岛职业技术学院的办学是否成功，指数应该有两个，那就是每个师生的成功和幸福。

“成功指数”和“幸福指数”能不能画等号？我看到好多同学摇头了，我的理解也是这样。有的企业家、明星拥有亿万财富，成功指数可以说达到了百分之百，但他并不一定有幸福感，甚至有可能幸福指数是零，对此大家从很多新闻中也可以了解到。

所以，我期望同学们在追求高“成功指数”的时候，也能追求高“幸福指数”。

有的同学会说，作为大一的新生，现在谈成功、谈幸福是不是早了点？其实不早，因为我们每时每刻都在经历着生活开不开心、考试满不满意，这些都是衡量成功或幸福的指数所逃避不了、回避不开的。

子曰：“人无远虑，必有近忧。”同学们，现在你们已经掀开了人生的新一页，迈出了走向成功的又一步。如何一步步踏踏实实，由一个个小成功实现大成功，是必须在这三年里好好考虑的。建立一个基本的职业理想和人生规划，这是大学最重要的一课。

二、正确认识自己

（一）要进行判断

俗话说，人贵有自知之明。每个人在智力、体力、技巧、能力等各个方面都是有差异的个体，所以有的人可以成为运动健将，有的人可以成为企业家，有的人可以成为艺术家……三百六十行，行行出状元。如何正确认识这些差异，并通过判断知道自己的价值，知道“我是谁”“我想做什么”“我能做什么”“现在要干什么”“将来要干什么”，是最重要的。

（二）要进行对比

要对自己的性别、身高、体重、情商、智商、家庭条件、社会背景等因素进行综合分析，明确实现目标需要具备的条件和能力，并经常和自己的现状对比，看已经具备了哪些、哪些还有所欠缺，根据差距去不断地努力和完善，才能更好地规划自己，才能避免走弯路。这就如同鸡蛋受到合适的温度就可以孵出小鸡的道理，而石头无论怎么捂也孵不出小鸡一样。

同学们，分数不能说明一切，也不能代表你们的未来。你们虽然没有考到600分，但你们并不差。在这里，我想送给你们八个字：

不卑不亢，不忮不求。

也就是不自卑不骄傲、不嫉妒不贪求。

不和清华、北大的比，不和不学无术的比，只和自己比，正视自己的长处也正视自己的短处，正视自己的现在也正视自己的未来，客观地看待自己，接受事实，面对现实，面向未来，这才是你们该有的定位。

三、明确发展目标

古人讲，非志无以成学。人生目标，也就是人生理想、人生追求，是人生的动力和活力。

人活着如果没有方向、没有目的，就如同行尸走肉。一天做什么，一个月做什么，一个学期做什么，一年做什么，大学做什么，毕业做什么，都得有个目标追求，包括婚姻目标、事业目标。

2012年，习近平总书记提出了“中国梦”，这是中华民族复兴、富强的伟大理想，是全体中华儿女为之奋斗的共同目标。结合“中国梦”的实现，我们学院又提出了“青职梦”，提出了“技高品端”的人才培养目标。怎么理解这个目标，如何实现这个目标，实现“我的梦”，希望每个同学都能认真思考。

（一）技高

按照国家教育大纲的要求，高职院校应该培养“高端技能人才”，也就是我们提出的“技高”。我想，“技高”有两个含义。

1.“高技能”

不是中专生的一般技能，也不是“211”院校学生的科研技术。根据国家职业大典，高技能人才可以描述为：在生产、运输和服务等领域岗位一线，熟练掌

握专门知识和技术，具备精湛的操作技能，并在工作实践中能够解决关键技术和工艺的操作性难题的人员。

昨天在旅游学院“喜达屋卓越人才学院”签约仪式上表演调酒的那位同学，可以在空中抛 4 个酒瓶，这应称为“高技能”，但还可以再高。抛 1 个是本能，抛 2 个是技能，抛 4 个不掉地上说明有一定水平，我在电视上还见过抛 10 个的呢。

2.“高适应能力”

也就是适应社会的技巧和能力。现在是信息社会，知识爆炸，瞬息万变，时代正在以超出你们想象的速度发展，谁能想到仅仅一个“双十一”，一天网购的成交额就高达 350 亿元?

所以，我们的思维必须转变，必须根据社会形势变化随时调整方向、随时强化技能。拥有“一招鲜”是就业的资本，但当“一招鲜”不好用的时候，只是一味地逃避，或者被动挨打、退缩颓废、消极抑郁，就会陷入被淘汰的境地。

（二）“品端”

良好的品质来自坚定的信仰和理念，我想，“品”有两层含义。

1.“品质”

品行端正、诚实守信，这些都是我们在社会立足的最重要的品质，或者说道德修养。

古人对此历来重视，孟子曰：“居天下之广居，立天下之正位，行天下之大道。得志，与民由之；不得志，独行其道。富贵不能淫，贫贱不能移，威武不能屈。”

孔子曰：“人而无信，不知其可也。大车无輗，小车无軏，其何以行之哉！”

仁、义、礼、信是中国儒家传统伦理准则之一，是做人的根本，是立世的根本，也是我们“品端”的根本。所以一是信任，即取得别人的信任；二是对人讲信用。

2.“品位”

要有高品位，也就是高修养、高生活质量，要热爱生活、懂得生活、创造生活，只有这样，生命才会少留下遗憾，正如卢梭的名言“生活的理想，就是为了理想的生活”。

我们都知道，艺术和文学创作都必须源于生活，只有源于生活的东西才是具有生命力的东西，才能为人们所熟知所接受。其实，创新也是一样。创新的灵感从哪里来？它也必须从生活中来，不可能凌驾于生活之上，更不可能是梦幻的虚无缥缈的东西。品味的培养和锻炼就在我们的学习和生活中。

昨天看了艺术学院的毕业服装展示，较 2012 年相比就明显地上了一个档次。服装设计是融合了技能、文化和艺术的专业，所以我们在追求技能的同时当然不能忘了对品行和品位的追求。

定位、目标因人而异，有大小之分、远近之分，小到日常考试，大到就业、成家、创业、致富、成名、成家等。不同的目标决定了对成功的不同理解。

四、选择合适路径

明确目标以后，不能坐等，必须朝着这个目标不断努力。努力就会面临路径选择。怎么选择？是取巧走捷径还是顺势而为、稳中取胜？

我相信，不同的人有不同的选择。人们常说细节决定成败，我更想说选择决定成败。路径选择，必须慎之又慎。因为有些失败虽然可以挽救，但很难修复到最初的样子。所以，我们可以靠勤奋努力，必要时也可以靠社会关系、靠家庭背景，但绝不能靠投机取巧、靠坑蒙拐骗……选择，必须合情、合理、合法。

实现成功的路径很多，怎么选择？要靠智慧，也靠天时。1949 年解放南京时，毛主席写过一首诗，叫《七律·人民解放军占领南京》：

钟山风雨起苍黄，百万雄师过大江。
虎踞龙盘今胜昔，天翻地覆慨而慷。
宜将剩勇追穷寇，不可沽名学霸王。
天若有情天亦老，人间正道是沧桑。

毛泽东引用刘邦和项羽的例子，巧妙地反映了关键时刻路径选择的重要性，鼓舞大家将革命进行到底，推翻旧王朝，建立新中国。

再比如，经济学上有个名词“路径依赖”，指人类社会中的技术演进或制度变迁均类似于物理学中的惯性，即一旦进入某一路径（无论是“好”还是“坏”），就可能对这种路径产生依赖。一旦人们做了某种选择，就好比走上了一条不归之路，惯性的力量会使这一选择不断自我强化，并让你轻易走不出去。

结合我们的实际想一想，其实不论学习也好生活也罢，都有一种不能改变的习惯，包括学习方法。一旦发现有问题的话一定不能“一根筋”，要及时转换、及时改正。

大学生活转瞬即逝，大家一定要认真对待和思考自己今后的学习以及生活：

恋爱是第一年谈还是第二年谈？是有合适的再说还是先找一个凑合着？

朋友是广交还是慎交？

是找个兼职先赚点钱还是专心学好专业？

这些问题都面临路径选择，必须考虑清楚。我希望同学们可以工学结合，在打好理论基础、提高专业技能水平的同时，也可以多参加社团和社会实践活动，提高社会活动能力，要勇于创意、创新、创业，科学规划自己的职业生涯。

五、学会专注坚持

成功在于勤奋，更在于专注和坚持，朝三暮四、心浮气躁是达不到目标的。《庄子》中记载了很多生动的寓言故事，其中“佝偻承蜩”的故事说的是：

孔子到楚国去讲学，经过一片树林时看见一个驼背的老头儿正在捕蝉，仿佛随手拾起来一样不费吹灰之力。孔子特别吃惊，就上前去向老人请教其中的诀窍。老人说，我先用两块小石子顶在竹竿上，练习不使小石子掉下来，后来我又逐渐将竿头上的小石子加到5块，这样，我的手就很稳当。粘蝉时我让自己身心安静，像一根木桩那样稳稳地站在那里，世界再大，万物再多，我眼睛里只看见蝉的翅膀。

孔子听了老人的话，非常感动。他就以这个捕蝉老人为榜样，教育学生做事不仅要专心致志，而且要有恒心、勤学苦练，这样才会学有所成。

目前，在我们学习、追求目标的过程中，影响、干扰、分散我们注意力的事情太多了，我们的脑袋总是会被那些不得不做的事情、想要完成的事情以及那些时不时冒出来的、不管手上在做什么都必须立刻处理的各种急事塞得满满的，根本无法专注到我们真正想要实现的目标上。

号称“股神”的巴菲特将自己的成功归结为“专注”。除了商业活动以外，他几乎对一切，如文学、科学、旅行、建筑全部充耳不闻，只专心致志地追寻自己的激情。与比尔·盖茨一样，他认为人生最重要的便是专注，这是做事情成功的关键，也是健康心灵和幸福人生的一个特质。

一个专注的人，往往能够把自己的时间、精力和智慧凝聚到所要干的事情上，从而最大限度地发挥积极性、主动性和创造性，心无旁骛，一心一境，放松疲惫的身心，享受精进的乐趣。其实，专注与放松，就如同一枚硬币的两个面，不会专注的人，也就不会放松。著名画家吴冠中就是个很好的例子。他早期得肝病，心情沮丧，于是到深山里写生，一坐一天，不吃不喝，专注画画……结果，不仅使艺术水平得到极大提高，病也好了。

同学们可能成不了巴菲特、成不了盖茨、成不了吴冠中，但是你们可以和他们一样做一个“专注”的人。

当前，因为“读书贵、就业难”，就业低起薪的“寒流”和其他各种原因，社会上特别是大学生群体中开始流行新“读书无用论”，这是一种认识误区。有些从微观看来一时、一事无用的东西，从宏观看来却缺一不可。

《老子》指出：“合抱之木，生于毫末；九层之台，起于垒土；千里之行，始于足下。”一座大楼，从墙上拿掉一块砖没什么，拿掉两块、三块也没什么，但拿得再多了，楼就要塌了。

至于有用和无用的道理，庄子曾用哲学的观点举了许多例子。比如，树木因木材不好而不被杀伐、鹅鸭因不会叫而被宰杀……实际上，任何一种物质被使用的同时总伴随着人类的价值观，可用与不可用的界限重点在方法论，正如庄子阐述的“无用之用”实际上是另一种境界的使用。物本身是不在于用的，自在之物的实体是不会以人的观念为转移的。一个人站在地上，对自己有用的地方不足一平方米，但是也不能因为周围的土无用就挖掉吧？

荷马史诗《奥德赛》中有一句至理名言：“没有比漫无目的地徘徊更令人无法忍受得了。如果今天的你们还没有任何目标，那么明天的清晨，你们用什么理由把自己叫醒呢？”

青春梦想已经起航，同学们，希望你们永远记住：

梦想+目标+合适的路径=成功

以有为之身，展鸿鹄之志，成就“你们的梦”， 实现“青职梦”，托起“中国梦”！

谢谢。

自觉投身社会实践　争当“技高品端”人才

——在2013年夏季学期社会实践总结表彰大会上的讲话

各位同学：

大家好！首先，向获得2013年夏季学期社会实践优秀组织、优秀团队、优秀老师及优秀个人奖项的老师同学们表示热烈的祝贺！

我们学院是高等院校，教育必须跟社会实践相结合，这是党的教育方针明确指出的。教育立人，实践是另一个社会，学生离不开实践、离不开社会，老师更离不开实践、离不开社会。马克思主义的基本观点就是“物质决定意识，意识反作用于物质”。实践论的基本观点就是“实践，认识，再实践，再认识”。这是从理论上给我们指明了实践的重要性。

毛泽东有一句名言，“要想知道梨子的滋味，必须亲口去尝一尝”；
中国有句古话“纸上得来终觉浅，绝知此事需躬行”；
孔子也讲君子应该“讷于言敏于行”；
清华大学的校训是“行胜于言”。

这都是讲了实践的作用问题。

那么，应该怎样理解大学生社会实践呢？结合学院实际，我想从四个方面谈点意见。

一、大学生的社会实践活动是走向社会的重要一步

我们不能片面、孤立、静止地看待大学生社会实践活动，而必须跟我们的教学、管理、实训、文化、育人结合到一起，跟我们学校的定位结合到一起。我们是高职院校，是培养高端技能型人才的院校，所以我们强调社会实践性更有它的特殊含义。学生如果天天待在教室里，或是蹲在图书馆里面，不动手，不参与实践，那么说“高技能”就是纸上谈兵。所以，我们必须走向社会，只有这样，才能实现“技高品端”的人才培养目标。

今天的社会实践表彰大会互动性很好，会场外面有社团纳新、成果展示以及各种表演，会场里面有表彰、采访还有情景互动，这是一种活力所在、创新所在、实践所在，也是大学的作用、大学的定义所在，必须保持青年学生思想的活跃性。可能我们的一些社会实践活动显得有点简单，可能我们的情景剧表演没有专业演员那么精彩、老练，但是，它体现了我们的一种真情实感，体现了我们的思想活力。

所以，希望我们青岛职业技术学院的大学生做社会实践活动能坚持自己的特色、自己的定位、自己的方向！我们正在实施“品牌办学”战略，每一个社团搞出特色，就是一个小的品牌，比如，海尔学院的“小强家电维修社”；整个社团活动搞好了，就是学院的一个大的品牌。我们的品牌建设，要靠我们每一名老师和每一名学生的努力，要在实践当中创建、在社会活动中创建。就像我一直讲的，我们的品牌不是喊出来的、不是教出来的、不是写出来的，而是用行动、用实践创建出来的！

二、社会实践活动的目的，或者说方向，就是“技高品端”

这不仅仅是社会的期望，也是你们家庭和父母的期望；否则，我们的教育是失败的，我们的老师是失职的，我们的学校也是不合格的。所以，参与社会、了解社会、奉献社会，在社会实践中提高修养、丰富知识、增加责任心和使命感，才是我们的目的所在，也是需要我们共同思考的命题。刚刚大家看了情景剧《换心》，我相信在座的各位都有感触。我们是在活动中了解社会、发现问题，从而达到“见贤思齐，见不贤而内自省也”的目的，达到自我教育的目的，达到增强爱心和责任感的目的。

现在，我们的社团都是围绕着某一个技能或是某一个专业来开展的，与学习相辅相成、互相促进，其目标就是让我们的同学在活动中学到技能、掌握知识。今年6月份，我随教育部“高职院校海外领导力培训团”到美国社区学院学习了一个月，美国社区学院没有班级，没有党团组织，所有的活动都是集中在不同的社团里面。在我看来，我们的社团不管是组织形式还是活动内容，一点儿都不差于他们甚至于比他们的还要好。但是，现在大家在技能掌握和实践上还是底气不足。我希望，你们能对自己有一个清醒认识，能充分通过课堂、企业、社会实践达到“技高品端”的目标，这是我们对每个人的要求，也是你们每个人应有的追求。

三、要进一步完善学院社会实践工作评价体系

包括教材建设、导师评聘，都要有具体的指标考核，不能愿意干什么就干什么，处于一种无序的状态。要做好顶层设计，科学规划好各个层面的工作，确保有计划、有组织、有指导，自成体系。这样，才能规范活动秩序，提升活动层次，提高活动质量。就像路线教育活动所说的那样“过去好不等于现在好，现在好不等于将来好”。我们的社会实践活动过去没有问题不等于现在没有问题，现在没有问题不等于将来没有问题，这是一个动态的验证的过程。

四、社会实践活动要切实遵循一个规律

那就是“有教无类，发挥特长，尊重秩序”。不能为了组织活动，就把人集合到一起，那样不起作用，也没有人愿意参加。我们有些同学，可能长期蹲在实验室也出不来一点成果，但是一旦走向社会，进入企业，就会创造出极高的社会价值。我们的好多同学高考分数都不低，智商也很高，如果兴趣爱好更广泛，社会活动能力更强，自身要求更高，那么进步的动力也会更大。所以，我们一定要定好位，选好方向，调整好坐标，确保三年大学生活不虚度。

最后，借今天的表彰会，衷心地希望同学们能够积极地、大胆地参与我们的各项社会活动，在实践当中经风雨、见世面、长才干。我期待，在不久的将来，

我们的同学都可以成为社会中坚和国家栋梁，为实现“中国梦”作出自己应有的贡献。

谢谢大家！

从三个维度理解“中国梦”

——在第44期入党积极分子培训班上的讲话

（2014年4月28日）

同学们：

下午好。

很高兴有这么个机会和大家交流一下思想。今天在座的入党积极分子都是我们学校优秀的青年，是学生中的佼佼者。积极追求思想进步是件好事，如果我们所有的同学都在思想上、行动上积极要求入党，并且用实际表现来证明自己，那么我们的党就是一个充满希望的党，这也正是我们所希望看到的。作为年轻一代的同学们，入党第一步就是要通过党课来进一步了解和明确中国共产党是一个什么样的组织、你们为什么要加入中国共产党、加入以后应该怎么做，弄明白这些很关键。入党不是一件功利的事，如果你们只是随大流、图虚名、谋实惠，将来在学习生活中很难经受得住各种考验，也不可能成为一名合格的共产党员。

今天的党课，我将结合当今中国发展的大趋势，从理论、历史和现实三个维度，和大家谈一谈如何正确地理解和把握“中国梦”。

一、“中国梦”是理论的创新

我们大家都知道，每一届新的中央领导集体成立后，都会根据时代发展的需要，不断丰富和发展马克思主义理论，相应地提出富有时代特点的思想、理念和口号。从毛泽东思想、邓小平理论、“三个代表”重要思想到科学发展观，都是一脉相承的，都是对马克思主义理论的继承、发展和丰富。这些理论之间是紧紧相连的，精神实质是一样的。那么说到“中国梦”，可能有些人认为它称不上一种理论或思想，这种理解是浅显的、片面的。习近平同志在参观“复兴之路”展览时，提出了实现中华民族伟大复兴的“中国梦”。他在十二届全国人大一次会议上的讲话中系统阐发了这个思想，在出访俄罗斯、非洲国家，出席亚洲博鳌论坛，出访欧洲等讲话中又进一步作了论述。目前对“中国梦”的研究在内涵、特点、意义等方面已有不少成果，涉及国家与人民、中国与世界、理想与现实、合规律性与合目的性等重大关系，也讨论了“中国梦”的人民属性、重要意义、实践基础与实现路径等问题。所以，“中国梦”是一种理论创新和思维创新，也是新形势下的话语创新，它既符合中国传统文化的特点，又能为老百姓理解和认可。

那么，到底什么是“中国梦”，它的内涵又是什么呢？习近平总书记曾经谈道：“实现中华民族伟大复兴，就是中华民族近代以来最伟大的梦想。”所以，“中国梦”说到底就是强国梦，它的内涵就是国家富强、民族振兴、人民幸福。“中国梦”是国家民族的梦，也是每个中国人的梦，归根结底是人民的梦，最终目的就是要全国人民过上幸福的生活，每个公民都幸福、健康、快乐。如果再进一步解释，“中国梦”首先是中国人自己的梦，要走自己的路，凝聚中华民族的精神，汇集中国的力量。

党的十八大报告中提及，我们现在是道路自信、制度自信和理论自信，这三方面是可以和“中国梦”联系在一起的，就是说实现中华民族伟大复兴，就是要坚持走中国特色社会主义道路，坚持社会主义制度，坚持马克思主义、毛泽东思想、邓小平理论、“三个代表”重要思想和科学发展观等。

那么，为什么要提道路自信呢？我们知道，在中国的经济社会发展过程中，一直存在着争论和探索，受到不同理论的挑战和敌对势力的渗透演变，尤其是1989年东欧剧变苏联解体的时候，大家都在想，中国的路是不是还能坚持下去？共产党的领导是不是还要坚持下去？社会主义的制度是不是还要坚持下去？但是中国坚持了下去，事实也证明只有在中国共产党的领导下走中国特色社会主义道路才能救中国，才能发展中国。

中国特色社会主义不是笼统的社会主义。大家都知道笼统社会主义是从空想社会主义到科学社会主义，是一种理论上的社会主义，是脱离中国国情和实际的，是走不通的。后来，我们选择了社会主义市场经济体制，坚持中国社会主义初级阶段的基本国情，根据中国的实际发展自己的经济，这就是中国特色。

从中，我们悟出了一个道理，那就是要突出“自我”，即自己解决自己的问题，坚持自己，相信自己，这就是“中国梦”的核心。

美国也提“美国梦”，德国也提“德国梦”，“中国梦”不是美国的梦也不是德国的梦，是我们自己的梦，是根据我们自己的实际解决我们自己的问题，依靠我们自己的力量实现我们自己的目标，走自己的道路，这就是“中国梦”！

二、“中国梦”是历史的选择

为更好地理解“中国梦”，就必须了解中华民族为实现伟大复兴不断奋争的历史过程。理解“中国梦”，就有必要追忆中国近代史、回顾中国革命史。把问题放在广阔的历史视野中有助于我们更好地理解和把握“中国梦”。

18 世纪 60 年代，西方资本主义国家开始进行工业革命，到 19 世纪中期，西方国家用了不到 100 年的时间实现了工业化。马克思曾说过，西方资本主义国家用不到 100 年的时间创造的生产力比它以前所有世纪创造的生产力还要多还要大。与此同时，清政府还在闭关锁国、盲目自大，中国社会也远远落后于世界发展的潮流。

1840 年，英国入侵，第一次鸦片战争爆发，以清政府战败并赔款割地告终，签订了中国历史上第一个不平等条约——《南京条约》，香港割让给英国。自从英国的坚船利炮打开中国的大门之后，西方其他国家纷纷开始效仿，紧接着就是 1856—1860 年英法联军在俄、美支持下联合发动了侵略中国的第二次鸦片战争，迫使清政府先后签订《天津条约》《北京条约》和中俄《瑷珲条约》等一系列不平等条约，中国也因此而丧失了东北及西北共 150 多万平方千米的领土；再接下来就是 1894 年爆发了中日甲午战争，清政府北洋水师全军覆没，随后签订了丧权辱国的不平等条约——《马关条约》。这样，中国社会也开始由独立自主的封建社会逐渐过渡到半殖民地半封建社会，中国开始了一段屈辱的历史，同样也开启了民族复兴的历史，也就是开始了实现“中国梦”的历史。

在很长一个时期，中国人真是在做梦，找不到出路。毛泽东同志诗曰：“长夜难明赤县天，百年魔怪舞翩跹。”但中华民族是一个不朽的民族，即使到了最危急的时刻，我们的主流思想还是以救国图强为主线，诸如“天下兴亡，匹夫有责”“人生自古谁无死，留取丹心照汗青”等等。这些思想鼓舞着一批仁人志士为争取民族独立和复兴而奋发图强，这些正是中华民族文化的脊梁。这期间，也发生了许多起义和不屈不挠的反抗，像太平天国、义和团运动等，但都以失败而告终，农民阶级的局限性决定了他们不可能领导中国人民取得革命的胜利。

随着列强的入侵、半殖民地的形成，中国也催生出民族资产阶级。这个时候就形成了两派的资产阶级：一个是资产阶级的维新派，一个是资产阶级的革命派。资产阶级维新派以康有为、梁启超为代表，发起并推动了资产阶级政治改革，但最终以失败而告终。资产阶级革命派以孙中山为代表，发动了辛亥革命，为推翻满清王朝作出了重大贡献，但是也没有找到民族复兴的出路。

这说明，资产阶级具有软弱性、妥协性和革命不彻底性，他们不能代表最广大人民的根本利益，并不能承担起民族独立和复兴的历史重任。中国共产党成立以后，在马克思主义指导下，先是通过新民主主义革命完成了国家独立、民族解放的任务，然后又通过搞社会主义革命和建设来完成现代化的任务。

历史证明，救中国和发展中国都要靠中国共产党的领导，只有在中国共产党的领导下，才能最终实现中华民族伟大复兴的“中国梦”。

三、“中国梦”是现实的需要

中国在实现“中国梦”的过程中历经坎坷，到现在每一步都走得不容易。新一届中央领导集体提出“中国梦”的概念，是与当下的中国国情密不可分的，说明距离“中国梦”的实现还有很多差距，还有很长的路要走。所以，在实现“中国梦”的过程中，要分析我们存在的问题、认清当下的形势、明确我们现在的责任，走好自己的路。

“中国梦”是在我国已成为世界第二大经济体、综合国力明显提升、人民生活水平明显提高以及中国共产党人正带领全国人民全面建成小康社会过程中提出来的。但是，我们的现实是人口多、底子薄，资源相对贫乏。虽然我国经济已经连续35年保持高速增长，虽然我们经济总量已跃居世界第二，但我们的人口众多，人均GDP仍然较低。温家宝同志曾经说过，中国的问题是一个乘法一个除法。一个很小的问题，乘以13亿，就会变成一个大问题；一个很大的总量，除以13亿，就会变成一个小数目。经济社会快速发展的同时也带来了环境污染、资源浪费、结构不合理、缺乏创新等现实问题。

面对现实，我们既要看到成绩也要正视问题，做到既不盲目自大也不妄自菲薄。所以，实现“中国梦”，创造更加美好的生活，任重而道远，需要坚忍不拔的精神，需要众志成城的力量，需要我们每一个人的艰苦努力。

现在我们国家正在大力发展职业教育，社会急需具有一技之长的高技能英才。我们学校近几年迎势而上，抓住了中国职业教育发展的历史机遇，在办学方面取得了较显著的成绩。我们学校就业率已连续7年超过97%，毕业生受到了社会和企业的普遍欢迎。站在新的历史起点，学校又提出了“技高品端”的人才培养目标，同学们都要立志成为“技高品端”的人才，成为对社会有益的有用之才。

当然，对于在座的各位，就不是简单的“品端”了，而是要具有高尚的品德和修养，也就是不仅要有基本的做人准则，还要有率先垂范的思想和行动。你们将来都要成为中国共产党的一分子，实现“中国梦”与大家息息相关。“中国梦”是国家民族的梦，也是每个中国人的梦。在实现梦想的过程中，需要我们心往一处想、劲往一处使，用大家的努力和智慧汇聚起不可战胜的磅礴之力。

同学们，“中国梦”“青职梦”“我的梦”紧紧相连、息息相关。作为新时代的青年一代，作为青岛职业技术学院学子的优秀代表，大家应该意识到自己身上的历史使命和责任，为国家、为民族、为家庭脚踏实地地作出自己应有的一份贡献。

谢谢大家。

覃 川 简介

覃 川，青岛职业技术学院院长，教授，公共管理硕士。全国高职院校心理健康教育工作委员会副主任委员，教育部高等学校创业教育指导委员会委员，教育部职业院校文化素质教育指导委员会委员；中国教育发展战略学会改革与发展规划专业委员会常务理事；全国教育行政管理学术委员会委员；全国高职高专党委书记论坛学术委员会委员；中国教育国际交流协会中外合作办学专业委员会理事；青岛市教育学会副会长，华东师范大学兼职教授，青岛市政协委员。

爱，永不毕业

——在2012届毕业典礼上的致辞

亲爱的同学们、老师们，
尊敬的各位家长和合作企业的代表：

大家下午好！

今天是个爱意暖暖、情意浓浓的好日子，校园里充满了欢歌笑语，就连学院的常客——喜鹊们也一个劲儿地在枝头上歌唱着。今天是青岛职业技术学院毕业季中最重要的日子。同学们圆满地完成了学业，即将结束三年的大学生活，带着成熟的自信和着青春的活力，穿上毕业服，从我手中接受由我用钢笔亲笔为你们逐一签写的毕业证书。在这个特别值得庆祝和珍藏的日子，在这个庄严、激动而又充满希望的时刻，请允许我为你们圆满完成学业、即将踏上新的征途送上最美好的祝愿！向你们的父母，向曾经帮助、培养过你们的学院老师、企业师傅表示最衷心的感谢和最诚挚的问候！

亲爱的同学们，此时此刻，不知你们是否回想起在青职学院校园里所经历过的那些个“第一次”？

第一次在亲朋好友的陪伴下进入青职学院校园；第一次在青职学院结识“青春同路人”；第一次在学业考试中“金榜题名”；第一次在学校、在班里登台演讲；第一次在体育场、技能大赛上大显身手；第一次到学院合作企业顶岗实习、到社区参加社会实践；第一次作为先进典型受到表彰与奖励；甚至于第一次向自己喜欢的女生递过小纸条，第一次拥有了自己的粉丝……

当然，在这些“第一次”中，也有过因自己人生发展不尽如人意时失落、彷徨与惆怅的“第一次”。这些不管是“喜”还是“忧”的“第一次”，都是你们长大成人的一次次人生历练。

亲爱的同学们，当你们依次从我手中接过毕业证书与我合影留念的时候，那时，不管是欢乐也好郁闷也罢，所有的一切都将成为往事，被岁月沉淀为美好、难忘的记忆。此时此刻，我们聚集在这里，一起见证、共同分享人生中的第一次——你们第一次向留驻了青春时光的大学告别；而我作为新任的院长，第一次与我的同事们一起向你们送出毕业的祝福：Congratulations! God be with you! 祝你们平安!

亲爱的同学们，晨钟暮鼓，时光如梭，一千多个日日夜夜就这样从我们身边匆匆而过。你们是否还记得怀揣梦想在闻道楼、修能楼、致用楼的教室、实训室里，在图书馆里，在实习企业里勤奋学习、钻研技能的经历？是否记得心系社会志愿服务、为青岛市创建全国文明城市而积极奉献所付出的心血？是否记得在建设优美、和谐、生态的校园文化中作出的不懈努力？是否记得在回音广场、T-Gar-den 车厢、海悦海韵餐厅度过的惬意时光？青职校园并不是很大，但是，每个角落里都留下了你们走向成熟的足迹、取得成功的喜悦。

亲爱的同学们，在你们入校的三年来，学院与你们一样也在发展、进步。2009 年，在你们进入青职学院的那一年，历经三年的国家示范性高职院校建设，学院成为全国 1297 所高职院校中的前 28 强；2010 年，在你们大二的那一年，在全院师生的共同努力下，学院成为青岛市文明单位；2011 年，在你们大三的那一年，全国物联网应用技术专业人才实训基地等三个“国字号”基地先后落户学院，学院抢占了高新技术人才培养的制高点。

亲爱的同学们，学院走到今天，是因为有了你们，是你们出色的表现、优异的成绩和顽强的精神，铸就了学院昨天的辉煌。你们是撑起青职学院脊梁的坚实基石，你们是展示青职学院这片天地的靓丽名片。昨天，你们以学院为自豪；今天，学院以你们为光荣；明天，学院以你们为骄傲！在此，我代表青职学院，代表你们的老师，代表你们的学弟、学妹们，向你们表示衷心的感谢！

亲爱的同学们，青职学院作为你们的母校，在你们过去的三年校园时光里，一直致力于为你们创设优美、舒适的学习与生活环境，但由于种种原因，学院在软、硬件方面还有一些不尽如人意的地方，这也是我一直惴惴不安并感到遗憾的心结。尽管如此，你们却给学院以最善意的包容。在这里，我真诚地向你们表达我的歉意和感谢！希望同学们放下不愉快，把幸福和快乐带走！

亲爱的同学们，从今天起，你们就要结束大学的校园生活，告别母校，踏上人生新的旅程了，你们也将由青职学院的学生变为青职学院的校友。在这即将分别之际，我想，我的同事们和我此刻的心情是一样的，多了一些伤感，多了一些牵挂，甚至还多了一些唠叨……有很多要说的话，但话到嘴边却又不知该说些什么……相信在离校以后的日子里，你们的眼前还能时不时地浮现出老师的背影，更能经常地感受到以前老师对你们的关爱，而我们也会在校园里守望着、期待着，内心会时不时地念叨着：我的孩子们，你们在他乡还好吗？

亲爱的同学们，今天，我作为院长也好，作为老师也罢，也许，这是最后一次站在面向你们的讲台上来上完这“最后一课”了。思前想后，该说些什么呢？千言万语该怎么说呢?最后，我还是以你们朋友的身份送给你们三句话吧。

一、积累与坚持

希望你们坚定信念。常锻炼身体，保持青春活力；常读书学习，修炼职业素养。哈佛有一个著名的理论，人的差别在于业余时间，而一个人的命运决定于晚上 8 点到 10 点之间。每晚抽出 2 个小时的时间用来阅读、思考或参加有意义的演讲、研修，你们就会发现，你们的人生正在发生改变；坚持数年之后，成功会向你们招手的。

二、乐观与豁达

希望你们心态良好。生活是美好的，这是我们的期待与理想，然而，生活往往又是苦涩的，你们在获得事业成功喜悦的同时，也时常会伴有事业不顺时的沮丧。有成功也有失败，有顺风顺水也有崎岖坎坷。在我们那个时代，毕业包分配，住房不花钱；在你们这个年代，毕业不分配，买房还差钱。希望你们不要抱怨生不逢时，更不需要“恨爸不成‘刚’（钢）”。人总是要学会用自己的双脚行走在这个世界上。“往前一步是幸福，退后一步是孤独”。勇敢地面对人生吧！不要被眼前的困难吓倒，不要怕“伤不起”，坚强会让你们越过失落的过去，奔向美好的未来。

三、感恩与珍惜

希望你们“且行且珍惜”。在你们幼小的时候，你们的父母风华正茂；在你们青春飞扬的时候，你们的父母却已年近半百。要记得常回家看看。希望你们，学会珍惜爱情、友情，不要为爱情“毕业死”而抱怨，因为她们曾经用最火热、最真挚、最纯洁的情感照亮过你们的青春。希望你们个顶个地成为“高富帅”“白富美”。无论是蜗居还是裸婚，无论是坐在宝马车里哭还是坐在自行车后座上笑，我都祝福你们找到属于自己的爱情归宿。

亲爱的同学们，今天，你们将离开校园，留下青职足迹，带走青职基因。我相信，无论你们是成为兢兢业业、平凡而朴实的产业工人，还是成为不断创造财富的企业家，成为著作齐身的学者，成为保家卫国的战士，成为为民谋福利的政治家，成为技能卓越的工程师……你们都一定是自食其力而不是“打打酱油”的，一定是遵纪守法而不是去“坑爹”的。

希望你们一直关注学院的发展，学院永远是你们温暖的家，我们的老师永远是可以为你们排忧解难的知心朋友，我们的图书馆永远欢迎你们回来学习研究，我们的实训室永远欢迎你们回炉受训。

你们离开学院，变换的只是从学生到校友的称谓，不变的是从师生到朋友的情谊！多年以后，你们来或不来，母校都在这里，不舍不弃；见或不见，心永在一起，不分不离。因为你们把最美丽、最灿烂的青春年华留在了母校，母校也把最真诚、最不舍的牵挂印记在了你们身上。

同学们，在这神圣庄严的时刻，让我们感谢过去，期待未来。面对新的机遇和挑战，学院将在国际化、品牌化、生态化上创新发展。希望你们在未来的职业生涯发展的道路上创造辉煌的业绩，续写美满幸福的人生。让我们带着美好的梦想去追赶太阳吧！

最后我想说，爱，永远不会毕业！希望同学们时刻记住回家的路：“东经120° 13′，北纬 36° 02′——中国山东省青岛市黄岛区钱塘江路 369 号！”

谢谢大家！

梦想，你好

——在2012级新生开学典礼上的致辞

亲爱的同学们：

大家上午好！

很荣幸，在老师节即将到来的今天，在这里我结识了你们；也很高兴，今天我作为新任的院长，第一次在这里以致辞的方式，欢迎各位同学的到来。在此，我衷心地向大家道一声问候：亲爱的同学们，欢迎你们到家了！

感谢你们选择了自己的大学——青岛职业技术学院！祝福你们开始了实现人生梦想的新的征程。

同学们，从现在起，来自五湖四海的你们有了一个共同的名字——“青职人”，有了一个共同的家园——“青职学院”。从现在起，你们将度过激情燃烧的岁月，与你们的老师、学哥、学姐们组成特殊情缘的生命群体，从此在大家的生命记忆里拥有了你们，也拥有了我们，还拥有了他们。从现在起，我们一起在具有“东方瑞士”之称的青岛，在这座中国最具幸福感的城市之一，分享大海的气息，孕育大海的灵气，共同点燃梦想、追寻梦想、问候梦想！

同学们，梦想对于我们在座的每一个人来说，都是一个说来话长的故事。

童年间，我们曾有过能长上翅膀在太空中翱翔的幻想；
上学时，我们也曾有过“我的地盘我做主”的设想；
成人后，我们还曾有过励精图治建功立业的理想。

同学们，梦想有多大，舞台就有多大。不是吗？昨天，人们可以遨游太空13天，可以把“害死猫”的“好奇”送上火星；今天，你们可以以刷微博的方式，让我们此时此刻的开学典礼在一秒钟内实现“全球通”。

所以可以这样说，有梦想，一切皆有可能！

同学们，作为怀揣梦想的新生，此时此刻，与你们的师长们在这里一起见证踏入青职校园后题为“梦想，你好！”的第一课，让我们一起来问候梦想，来分享梦想。

为什么要说“梦想，你好”呢？这是因为，梦想为我们带来了点燃信心之火的希望；梦想，为我们带来了实现人生目标的期待；梦想，为我们带来了创造大千世界的激情；梦想，为我们带来了分享多彩生活的快乐。我们胸怀梦想！我们传承梦想！我们感恩梦想！

同学们，你们可曾知道，青职学院的发展史就是“梦想，你好”的真实写照！在这 61 年的光辉发展历程里，青职学院成为全国 1297 所高职院校中的“国家队”，不仅涌现出了著名生物学家童第周和国学大师陆侃如等一批杰出师长，更是留下了众多优秀校友实现他们人生梦想的精彩故事：

环境监测与管理专业 2006 届毕业生邓新，现为青岛中一监测有限公司副总裁，青岛市技术能手。毕业仅五年的他，每年都有新的突破、新的跨越。目前，由他负责的青岛中一监测有限公司设在学院内的环境监测实训基地正在建设中。

旅游管理专业 2005 届毕业生原泉，顺利通过雅思考试后赴澳大利亚留学，并取得了翻译和国际关系双硕士学位。2010 年，经过 5 轮面试，他从 400 多位竞争者中脱颖而出，成功竞得上海世博会澳大利亚馆“宴会经理”职位。

数控专业 2009 届毕业生姚彦强、周方朋、赵宇涛三名同学毕业后没有选择就业，而是选择了创业。他们带着自己的创业项目参加大学生创业孵化基地组织的“创业精英评选会”，并获准进驻基地孵化，现完成工商注册，公司年营业额 150 万元。

机电一体化专业 2005 级学生王从伟，在全国“正保教育杯 ITAT 就业技能大赛”中获特等奖。目前他成为海尔集团一名技术工程师。

人力资源管理专业 2009 届毕业生代晓飞，现为青岛特瑞德电气股份有限公司人事部门负责人，在其联系推荐下，学院先后有 21 名同学被该公司录用。

会计专业 2009 级学生刘力凯、郑路、蒋琳和 2010 级学生周伟四人组成的团队，在全国大学生创业大赛中获高职组第一名，同时获得创业基金 5 万元。

会计电算化专业 2005 届毕业生王恺，是山东省大学生第一例非血缘关系造血干细胞提供者。

装饰艺术设计专业 2007 届毕业生韩鸿滨、王越，毕业后两人合作创办了潍坊鸿涛网络科技有限公司，2009 年在青岛建立分公司，打造独立品牌的大型动漫与网游。2010 年他俩在母校设立了鸿涛网络奖学金，组织开展一年一度的鸿涛网络杯动漫大赛。

服装设计专业 2007 届毕业生李娜，在校期间就确立了做一名出色设计师的目标。她先后获得“青岛市十佳设计师”“中华杯中国国际服装设计大赛最佳工艺奖”等荣誉。目前，她在北京慧芝芳服装制衣有限公司担任首席设计师。

2008 年北京奥运会中，软外学院 100 名在校大学生作为奥运技术工程师在鸟巢、水立方、奥组委总部等工作场所提供了 IT 技术支持。

……

同学们，你们的优秀校友还有很多很多，他们都在自己的平凡岗位上追逐着自己的梦想、书写着自己的快乐人生。因此，只要去努力，只要有梦想，你们也会一样做得更好。

我很羡慕现在的你们：恰同学少年，风华正茂。你们思维活跃，富有创造力，什么“伤不起、有木（没）有、肿（怎）么了，为虾米，华丽丽，给力，萌……”这些都是你们发明创造的词汇。你们有较强的独立意识，有独特的批判精神……然而，在追逐梦想的路上，也许并不会是一路平坦的。

我们都曾有过长大后的梦想。这梦想曾是五彩缤纷的，这梦想也曾时常伴随着苦涩、辛酸，甚至还有些伤痛。

当我们在夜晚遥望星空时，或许曾追问过自己“我是谁”。

当我们第一次步入校园，面对着新的环境倍感“压力山大”时，或许也要追问自己“我从哪里来”。

当我们在临近毕业踌躇满志时，或许还会去追问自己“我到哪里去”。

有过兴奋、激动，也有过徘徊、惆怅，还有过沮丧、失落。这些都是我们生活的必修课，也是我们每一个人生命旅程里留在脑海的永久印记。但是，不管怎样，我们还是要感谢梦想。在这里，让我们大声地问候一声：梦想，你好！

那么，如何才能使梦想成就我们的未来呢？下面我提出四个方面的问题来与大家分享。

一、梦想与现实

同学们，你们知道梦想是什么吗？梦想是我们内心深处对于美好事物的一种憧憬和渴望，它既高于现实又源于现实。因此，我们不仅要仰望星空，而且还要脚踏实地。

重要的是要认识自己，恰当的自我认知才能准确地定位好自己的发展目标。你们现在大多处于 18 岁这个年龄段，可是，大家是否能读懂这 18 岁的内涵呢？白岩松说，当这十八构成一个“木”字的时候，你们就具有了可用之才的潜质。同学们，18 岁不是一个终点，它是一个新的起点。从现在起，你们步入了能够为自己、为社会负起责任的时候了。此时此刻，你们想到了什么？是不是应该静下心来，认真地倾听一下属于你们自己内心的声音：

我的特点是什么？

我的潜力在哪里？

通过三年的大学生活我将成为什么样的人？

20 年后，30 年后，我将实现怎样的人生价值、完成怎样的人生夙愿？

然而，梦想绝不是要求每个人都去做乔布斯，都能成为刘翔，也不是要求人人“拷贝”周杰伦，更不是个个“克隆”袁隆平。梦想是在大千世界里找到属于自己、适合自己的“位置”，快乐地做最好的你们自己，在服务社会的过程中实现个人价值。如果能够做到这一点，一位自食其力的劳动者，一位爱岗敬业的产业工人，同样也是被梦想成就人生的“阳光人”。

二、梦想与精神

在追寻梦想的路上，不能轻言放弃，更不能把梦想寄托在运气上。天上不会掉馅饼。如果说成功是有章可循的话，那肯定是努力；如果说成功是有矩可遵的话，那肯定是坚持。著名作家周国平说：“梦想永远是现在式，而决非将来式！”古希腊哲学家苏格拉底说：“有梦想就有希望。”如果你们坚信“我的未来不是梦”，那么就需要从现在起脚踏实地、持之以恒。

每一位“青职人”，都应该坚持“技高品端”的标准，坚持“卓越、唯是、协同、学习”的学院精神。

三、梦想与过程

同学们，你们该以怎样的心态去实现梦想？我认为，追求的不仅仅是梦想的结果，还包括追求梦想的过程。人生经历是不可复制、无法再生的，我们不必在意人生的起始点如何，也不必过虑人生的目的地怎样，在追寻梦想过程中的酸甜苦辣才是最真诚、最生动的人生财富。可能你们中有的同学的大学梦不是青职学院，而是北大、清华，或者是剑桥、哈佛，但我想告诉大家的是，没有必要再去叹息以往的遗憾，一切的过去都以现在为归宿，一切的未来都以现在为起点。如果你们一直纠结于昨夜的月亮，那么你们也将错失今天的太阳。

我们无法决定生命的长度，但是我们可以决定生命的宽度。我们无法计算人生的路途有多远，但是我们可以把握人生旅途中的每一个驿站、每一件事、每一道风景。希望你们能够经常、不时地在心中默念道：梦想，你好！在现有的条件下充实自己，挖掘自己，享受学习的快乐，满足生活的兴趣，激发工作的潜能，拥有幸福的人生，做最精彩的自己。

四、梦想与奋斗

同学们，你们的“梦想指数”高吗？武侠小说家古龙曾经说：“梦想绝不是梦，两者之间的差别通常都有一段非常值得人们深思的距离。”这个距离就是奋斗。眼睛一闭，就会做梦；打一个盹儿，可能就成了圣斗士；打一个哈欠，可能就穿越到了清朝。梦想，是需要行动的。有人说，梦想一旦被付诸行动，就会变得神圣。

实现梦想需要脚踏实地、求真务实，从现在做起；实现梦想，不能好高骛远，也不能谨小慎微，更不能夸夸其谈；既需要手脑并用地“做”，又需要有坚韧不拔的毅力；既需要过硬的技能，又需要高尚的品质与人格；既需要专业知识，又需要人文素养；既需要健康的体魄与心理素质，又需要合作与分享……还需要追求卓越的精气神。

我们现在倡导“学教做合一”，强调的是“学”字当头。从名词上讲，就是强调以学生为本，强调学生的自主、自立、自强；从动词上讲，就是强调先学后教、以学为主，之后才是老师与教学。“做”呢，顾名思义，就是动手、实践，“做”的真正含义是人们只有作出有意义的事那才是真正地做。

当下，大学生是如何“做”的呢？在我们周围经常可以看到，有的同学学得“激情澎湃”，有的同学学得“悠闲自在”；有的同学在追求梦想，有同学在“打打酱油”。这两者的区别在于，是否善待从儿时就伴随你们的亲密伙伴——梦想！

同学们，你们的梦想也是我和我的同事们的梦想，也是青职学院的梦想。在青职校园里，同学们除了在教室、实训室、车间里修综合素养、学专业知识、练职业技能外，还可以到校史馆品读青职学院历史的厚重，可以到“青职大讲堂”感悟传统文化的精髓，可以到心理咨询中心汲取心灵的养分，可以到创业孵化基地尝试创业，可以到社区、企业体验“工作课堂”，可以竞聘学生院长助理来锻炼自己的管理能力，可以勤工助学自力更生完成学业，可以出国去实训、去读学位，可以到技术博物馆感受工业文化，可以参加技能大赛检验专业所学，可以加入社团活动提升专业与人文素养，可以进行志愿服务传递社会公益精神……你们还可以与老师一起做科研，也可以成为一名学生技师，等等。校园里所呈现的这些梦想，就好比是一首诗、一幅画、一支歌，因我们各自的梦想而演绎出和谐、绿色、人文、生态的生命交响乐。

同学们，为助你们成人成才，在你们到来之前，我们对餐厅进行了整修，开设了更多可口的风味小吃；对公寓进行了标准化改造；对教学设施进行了更新和添置；对环境进行了整治与优化。所做的这一切，都是为每一位同学提供适合个性发展的教育，为每一位同学创设优雅的学习生活环境。尽管我们目前的硬实力还不够硬实，但请同学们相信，有梦想追求的青职学院一定会在今后通过自己的努力，不断地改善、提升、进步和强大起来。

同学们，你们期待的职业舞台已经为你们搭建起来了，唱戏起舞就要看你们的了。

为你们的梦想扬帆，青岛准备好了。作为世界性区域贸易中心、东北亚国际航运中心的青岛，是最具经济活力的城市之一。人才集聚，充满机遇。同学们，你们准备好了吗？

为你们的梦想起航，开发区准备好了。作为国家级经济技术开发区，67个世界500强企业的投资项目就落户在这里。随着西海岸经济新区的启动建设，又一个“新青岛”即将在这里诞生。同学们，你们大显身手的机会到了！

为你们的梦想护航，青职学院准备好了。青职学院战略性地提出“品牌办学”的发展定位和“技高品端”的人才培养标准，为你们选择适合自己的教育，最大限度地提供激活潜质、全面发展的广阔平台。作为高职院校的“211”院校，我们正在打造职业技术院校中的“北大”“清华”。同学们，你们赶上了享受优质教育的最佳时期。

亲爱的同学们，因为梦想，我们在青职校园相遇，即将携手一同去实现自己的人生价值。在今后的三年里，你们会慢慢长大，逐渐成熟，男生更帅，女生更美。三年后，当你们身穿毕业服走到我面前，从我手中接过毕业证书时，我希望你们自己能够自豪地发现，当初的“十八之木”的你们已经成为栋梁之材。

最后，我把信乐团的一首《海阔天空》送给你们：

日落是沉潜，日出是成熟，只要是光，一定会灿烂；
每把汗流了，生命变得厚重，走出沮丧，才看见新宇宙；
海阔天空，在勇敢以后，看未来，一步步来了。

同学们，点亮梦想，青春无悔！让我们和着实现梦想的青春旋律与生命音符一起去追太阳吧！

谢谢大家！

有一种义务叫责任

（2013年7月8日）

亲爱的同学们，尊敬的各位老师、各位家长以及各位合作企业的代表们：

大家下午好！

今天，是青岛职业技术学院 2013 年毕业季中最重要的一天，对在座的同学们来说，也是一个令人难忘的重要日子。莘莘学子，学业有成；谆谆师者，教有所获。孩子们，感谢你们选择青职！同学们，祝贺你们顺利毕业！

同学们，青职艺术厅，见证了你们三年美好的大学时光。在这里，你们迎接梦想，规划未来，聆听讲座，崇拜典型，参与晚会，欣赏音乐，经历竞赛，接受表彰……你们有过兴奋，有过感动，有过喜悦，有过期盼；当然，或许你们也有过失落，有过懊恼，有过泪水，有过遗憾。然而，这其中的一桩桩、一件件都比不上此时此刻这样让人心绪难平。因为，这次聚会之后，一转身，你们就将告别曾经属于你们的青职校园，告别曾经陪伴你们的绿荫热土。

一、作为院长，我不舍

同学们，时光如梭，我还来不及对你们道声感谢。感谢这三年我们共同走过不平凡的岁月，共同分享成功后的喜悦：2010 年，青岛市服务外包实训基地南苑奠基；2011 年，建院 60 周年华诞八方同贺；2012 年，青岛市文明单位标兵实至名归。

同学们，光阴荏苒，我还来不及向你们说抱歉。也许让你们在教室挨过虫叮，在宿舍受过寒冷；也许让你们在雨天盼望风雨操场，让你们在晚自习饥肠辘辘时期待餐厅能提供可口夜宵。我抱歉未能给你们提供更好的学习和生活环境，但是，感谢你们与学院共同分担发展过程中的一切，这一切包括艰辛，也包括体谅。

同学们，来去匆匆，我还来不及把你们都认全。想和你们一起在 T-garden，喝咖啡品人生；想和你们一起在艺术厅，展才艺话青春；还想和你们一起在教室，学专业修技能。遗憾的是，因为这样那样的原因，这些愿望最终未能如愿。校园六季轮转，两眼一睁一闭，一千个日夜悄然流逝；两眼一闭一睁，你们已穿上流光溢彩的毕业服。为弥补遗憾，即便要工作到午夜，我还是坚持为你们逐一亲笔签写毕业证书。只因为，想让你们的笑脸在我的心里再多“飞”一会儿。

同学们，还记得在青职校园里所亲历过的那些个“第一次”吗？第一次学站军姿的枯燥，第一次登上讲台的激动，第一次加入社团的好奇，第一次参加大赛的紧张，第一次悄悄牵手的甜蜜，第一次远离家乡的落寞……这一幕幕场景就像一张张生动的剪贴画，串连成刚才播放的视频：它们记载了你们快乐的生活，彰显了你们青春的活力，见证了你们成长的轨迹。

品尝甜蜜爱情，不再说“寂寞寂寞就好”；
收获珍贵友情，“彼此分担不分我或你”；
走出成长迷途，“害怕”过后“海阔天空”。

一路走来、共同经历的“那一段被遗忘的时光，已经渐渐地回升出心坎”，并积淀成属于自己的“独家记忆”。

专业学习、技能大赛、顶岗实习、社会实践、志愿服务、社团活动……你们用三年完成了从懵懂到成熟的蜕变。由过去不谙世事的稚嫩学子，到当下托起“中国梦”的新生力量，你们用过硬的本领，以实干的行动，自编、自导、自演了一部《致青春》人生大片。

二、作为院长，我骄傲

同学们，在去年的此时此地，我曾以《爱，永不毕业》为题，送给你们学长学姐们一份“爱”的礼物。今天，我同样也要送给你们一个礼物。如同“爱”一样，这个礼物，如影随形，永远不会变质，永远不会“OUT”，它就是责任！

责任是什么？有人说是坚守，有人说是担当，有人说是使命，有人说是价值。而我，更认同英国19世纪伟大的道德学家斯迈尔斯的解释：责任是一项不可推卸的义务，每个人都应该终其一生通过自觉的努力和决然的行动来履行自己的义务。

责任无处不在，无时不有。

作为儿女，孝敬父母是责任，也是分内义务；
作为父母，抚育儿女是责任，也是分内义务；
作为公民，爱国敬业是责任，也是分内义务；
作为学子，成才成人是责任，也是分内义务。
而作为学校、作为老师，教书育人同样是责任，同样也是分内义务！

同学们，此时此刻，你们是不是已经理解“责任”这个礼物背后所折射出的内涵了呢？那就是说：有一种义务叫责任！

责任带给我们光荣，也带给我们感动。

同学们，你们一定知道，那位为保护学生而被碾压在车轮下的最美老师；你们一定知道，那位为接住从高楼坠落的儿童而损折胳膊的最美妈妈；你们一定知道，那位在生命垂危之际将车稳稳停下避免重大伤亡事件的最美司机；你们也一定知道，那些传递邻里温情、升华岛城精神的“红飘带”使者，那些践行“微尘”行动、铸就城市品格的优秀志愿者群体……他们，用平凡诠释了品格；他们，用责任践行了义务；他们，用行动感动了社会。

其实，在我们周围，在你们身边，同样也有许许多多个“最美”老师、最美同学。是他们，用行动书写了“青职人”；是他们，用责任托起了“青职梦”。

三、作为院长，我钦佩

同学们，从我手中接过毕业证书后，人生将为你们打开生活的另一扇窗。从此，走路不用带跑的，吃饭不用带抢的，上课不用带装的，睡觉不用带管的，恋爱不用带藏的，你侬我侬情更浓！

改变生活方式，绝不意味着抹去责任；恰恰相反，放弃责任，就意味着放弃了你们在这个社会中更好生存的机会。因为，责任不仅是付出，更是回报。当你们在承担责任的“义务”时，你们的人生质量会因幸福指数的提升和心理感受的愉悦而得到升华。

所以说同学们，你们应该也必须做一个有责任心的人！

承担责任，为你们的家人。这里面，包括你们的父母、你们未来的爱人和孩子，你们是他们眼中的世界，他们的一生都会用生命去爱你们。你们有责任让他们的人生因为你们而更加幸福、祥和。

承担责任，为你们的母校。与办学历史悠久、大师云集的名牌高校相比，青职学院也许显得有些青涩和朴素，但她始终深爱着你们，并竭尽所能为你们提供最好的教育条件，育炼最高的职业技能，托起最美的职业理想。你们有责任做最好的青职名片，并在社会上秀出你们的青职 Style！

承担责任，为你们的祖国。学者崔卫平有一句话广为流传：“你们所站立的地方，正是你们的中国。你们怎么样，中国便怎么样。你们是什么，中国便是什么。你们有光明，中国便不黑暗。”青年未来就是中国未来，你们有责任传承“青职梦”，托起“中国梦”！

承担责任，为你们的未来。青春没有彩排，每一刻都是现场直播。你们的青春你们做主。你们可以犯错，但不能犯浑；可以不靠谱，但不能太离谱；可以“摊饼”但不能“摊事”，更不能“摊上大事”！你们可以做不成大将军、大学者、大企业家、大工程师，但一定要做大写的人。积极进取的理由有千万条，放任自流的理由没有一条，你们有责任做最好的自己！

四、作为院长，我期待

亲爱的同学们，履行义务、承担责任，不需要如“潜水”般隐身，也不需要像“骑马”般张扬，更不需要似“山寨”般功利，需要的是大家能像林肯那样，树立起这样的信心：人所能负的责任，我必能负；人所不能负的责任，我亦能负！

亲爱的同学们，工作去吧，拥抱生活去吧！工作是多彩的，生活是美丽的。你们不能再“蜗居”在父母的翅膀下去“拼爹”，而是要“栖宿”在责任的感召下去“拼搏”！请你们时刻牢记母校创始人童第周先生“我们的事业，需要的是手而不是嘴”这句名言，用行尽职，用心尽责！

今天，你们就要带着嘱托、带着责任，从熟悉的青职学院启程，奔赴幸福的远方了。此时此刻，无须道别，只需祝福。因为，从三年前彼此之间的选择开始，你们的基因里就植入了青职的元素，青职的记忆里就留下了你们的足迹，我们手拉手、心连心，谁也不曾分离。

亲爱的同学们，此时此刻，作为院长，在我的心里还是印着这么多牵挂，还有很多话儿想再和你们唠叨唠叨，但话到嘴边却又不知该从何说起了。思前想后，就叮嘱你们这句话吧：

转身时请一定记住，把我送的礼物——“有一种义务叫责任”，装进口袋，溶入血脉，化为行动，在担当责任的社会舞台上，在履行义务的人生旅途中，在追逐梦想的广阔天地里，释放“正能量”，传递“好声音”，昂首阔步，走出精彩人生！

谢谢大家！

做最好的自己

——在2013级新生开学典礼上的致辞

亲爱的同学们：

大家上午好！

祝贺你们走进大学殿堂，欢迎你们来到新的家园——青职学院！

今天，看到你们风华正茂的俊秀脸庞，看到你们顾盼有神的明亮眼神，看到你们开朗阳光的美丽笑容，让我这位和你们父母同辈的长者顿时感到年轻了许多。

感谢你们，让青职学院青春洋溢；感谢你们，让我打心眼里暖意融融！

亲爱的同学们，刚刚过去的火热夏天里，在你们热切等待着大学录取通知书的时候，你们的2013届学长们已经带着依依惜别之情，踌躇满志地从这里走向了广阔的社会舞台。当时，我请他们转身时一定记得把“有一种义务叫责任”的礼物装进口袋，希望他们在未来的路上，承担责任，勇于进取，收获人生的精彩。此时，面对刚刚跨入大学校门对接下来的三年大学生活满怀憧憬的你们，我有很

多礼物想送给你们，因为，我对你们有太多的期待。我挑选了很久，决定送你们一份这样的礼物，希望你们喜欢，这份礼物叫作“做最好的自己”。

那么，怎样才是最好的自己呢？

同学们，最好的自己，我以为，就是要敢于追求并成就梦想的自己。你们，可以修炼技能，就职于海尔、海信、青啤等知名大企业，做一名以技能、绝活贡献社会的优秀产业工人、职业经理人，成为先进生产力的中坚力量；你们，可以继续深造，就读于上海交通大学、中国海洋大学、山东科技大学等知名高校，成为本科生、硕士生、博士生；你们，可以大胆创业，成为资产过百万甚至上千万的创业明星；你们，也可以到美国、新西兰、爱尔兰、韩国等地的友好院校去留学，到20个海外实训基地去实习、就业，在海外舞台上施展抱负；你们，还可以扛起钢枪，成为一名保家卫国的钢铁战士……这些，都是你们的学长们曾经走过的路，而你们呢，我相信，一定会走得更好！

同学们，做最好的自己，我以为，就是要超越自我并追求成长的质量。不仅要找到人生价值，成就幸福人生，实现“我的梦”；还要有德有才，学知识，修技能，成就“青职梦”，托起“中国梦”！

做最好的自己，对于年轻的你们，必将拥有无悔的青春。

青春是什么？对正处在美丽的青春年华的你们来说，可能会在看过《致青春》后感叹道，只有长得漂亮，或者是有钱、有背景的人才会有“青春”。而套用到报考大学，所传递出的信息似乎只有读了一本二本的人才会有“青春”。其实，真正的青春就是发挥自己的潜能，随心所愿，做最好的自己。

做最好的自己，行行出状元。世界在这边关上一扇门，在那边就会打开一扇窗。高职生不是高考失利者，高职生同样也拥有属于自己人生的大舞台。今年，被青职学院录取的山东省统考考生中，有38%的同学高考分数超过了本科线，理科最高497分、文科最高518分。这些同学放弃了到本科院校就读的机会，主动选择了青职学院，选择了一段真正属于自己的“青春之路”。我想，你们的选择一定是慎重的，一定是经过了多方考量的。

也许，你们是通过在社会上建功立业的青职学子那儿丈量了青职学院的“身材”；

也许，你们是通过见诸报端、出现在电视或是在互联网上被广泛转载的报道中认识了青职学院的“相貌”；

也许，你们是通过亲朋好友口碑相传打探到了青职学院的“底细”。

总之，选择自己历练青春的大学，已经不是唯分数时代的简单切割，而是基于梦想的追寻和实现。我相信，你们的选择是基于信任的选择，是基于成功的选择，是基于梦想的选择。同学们，祝贺你们的正确选择！

同学们，在我因为你们的选择而心生自豪感的同时，也感到了一种沉甸甸的压力——青职学院要怎样承担起你们的信任，为你们描绘出美妙的前景？在这里，我向你们郑重承诺：

青职学院必须要为你们的成长担负起责任和使命。从接下来的入职教育、军事训练、主题班会、社团纳新、生涯规划、技能大赛等活动中，你们可以感受到，青职学院为你们今天的成长、明天的发展所倾注的热情与心血。

青职学院将努力为你们的成长创设优质的环境和条件，为你们成为“最好的自己”铺路搭桥。你们可以在实训基地里修炼技能，在“工作课堂”上积累经验，在海外友好院校中充实自我，在创业孵化基地里成功创业，在院长助理岗位上施展才华……

青职学院，千方百计为你们提供多样化的成长通道，不仅考虑三年后能马上找到一份好工作，还要考虑为你们日后可持续发展提供能力素养。青职学院，不仅要传授给你们知识技能，还要培养你们的沟通能力、团队精神、反思意识、坚强毅力以及卓越的领导力。

青职学院要竭尽全力为每一个优秀的、怀揣梦想的同学，创造心想事成的机会。

同学们，翻开青职学院的青春乐章，我们可以领略到青职学子们所走过的青春之路：

在海尔学院，机电一体化专业 2010 级的于志朋、陈际通、许传刚同学，在老师指导下设计研发的“锂电池负压封口机”作品，获得第九届山东省大学生机电产品创新设计竞赛一等奖，并在企业推广应用；2001 级学生任强，正在上海交通大学攻读博士学位；计算机辅助机械设计专业 2003 级学生隋鹏，专升本进入山东科技大学学习，尚未离校就与航空公司签订合同，毕业后顺利进入天津航空公司工作，成为一名出色的飞行员；小强家电维修社坚持 8 年进社区开展义务维修，被评为全国高校优秀社团。

在旅游学院，商务日语专业 2010 级学生张明，从零基础起步，获得“加计学园杯”日语演讲国际大赛决赛第一名；休闲服务与管理专业 2007 级学生刘英凯，已成为青岛伯爵山高尔夫俱乐部高球运作部经理；酒店管理专业 2004 级学生王伟欢，已在非洲成功创业，个人资产达千万元；旅游管理专业 2002 级学生原泉，现

已获得翻译和国际关系双硕士学位，2010 年，从 400 多位竞争者中脱颖而出，成功竞得上海世博会澳大利亚馆“宴会经理”职位。

在教育学院，人力资源管理专业 2006 级学生代晓飞，现为青岛特瑞德电气股份有限公司人事部门负责人，在其联系推荐下，先后有 21 名同学被该公司录用；学前教育专业 2007 级学生杨新，现为青岛市银海幼儿园团支部书记，带领学生参加青岛市第八届头脑奥林匹克竞赛获“优秀指导老师奖”；以教育学院学生为主体发起组建的大学生“创城”志愿服务团，为青岛创建全国文明城市作出了积极贡献。

在软外学院，应用电子技术专业 2010 级学生王丹丹，实习期间即成为青岛海信通信有限公司人力资源部主管；软件技术专业 2010 级学生李馨怡，2012 年当选中国高校传媒联盟职业院校学生记者团执行主席，与一些国家的志愿者一起完成在印度为期 21 天的公益项目的考察、调研工作；2008 年，101 名在校生作为 IT 设备、视频设备技术工程师出色完成了北京奥运技术服务工作，受到奥组委的高度评价，成为中国高等职业教育的一次国际性展示。

在生化学院，应用化工专业 2004 级学生曲宝妮，是青岛市技术能手、学院第一个在校生技师；生物技术及应用专业 2003 级学生姜恺，已成为中央电视台《科技苑》栏目记者、编导，被中国电视艺术家协会吸收为会员；环境监测与管理专业 2003 级学生邓新，已成为青岛中一监测有限公司副总裁；2002 级学生张璟，已获得中国海洋大学博士学位，并参与国家自然科学基金攻关项目。

在艺术学院，影视动画专业毕业生 2009 级学生丁骏，曾获得各级职业技能竞赛奖项 16 项，并在学报上发表学术论文；环境艺术设计专业 2008 级学生李宗州，2010 年获得青岛市第十一届技能大赛室内设计竞赛状元；装饰艺术设计专业 2004 级学生韩鸿滨、王越，毕业后合作创办潍坊鸿涛网络科技有限公司，2010 年反哺母校设立鸿涛网络奖学金；服装设计专业 2004 级学生李娜，现在北京慧芝芳服装制衣有限公司担任首席设计师。

在商学院，物流管理专业 2007 级学生全亚慧，微笑面对生活磨难，利用课余时间做过 12 份兼职，其事迹被教育部《希望——2009 年国家奖学金获奖学生风采录》一书收录；会计专业 2009 级学生刘力凯、郑路、蒋琳和 2010 级学生周伟组成“猎人队”，在全国大学生创业大赛中获高职组特等奖第一名，并获得 5 万元创业基金；电子商务专业 2004 级学生王珏勐，以全分行第一名的成绩进入交通银行青岛分行工作；会计电算化专业 2003 级学生王恺，是山东省大学生第一例非血缘关系造血干细胞提供者。

这些学长们成功的故事告诉大家一个道理：青春跟长得是否“倾国倾城”、跟是否“富可敌国”没有多大关系，真正的青春就是做最好的自己。

那么，怎样才能做最好的自己呢？作为院长，我有几条建议与大家分享。

一、做最好的自己，始于认知

同学们，从今天起，你们远离家乡、远离家庭的独立生活就要开始了。你们需要在迷茫中找到做最好自己的发展定位，需要在忙乱中找到大学学习与生活的规律，需要在审慎思考后规划出属于自己的职业发展路径。

做最好的自己，首要的前提是认识自己。

老子说：“知人者智，自知者明。”最近很多节目都在如火如荼地进行，“中国好声音”“中国梦之声”“快乐男声”……那里面是不是也有你们追逐的偶像？其实，很多艺人的成功，都源于深刻地认识了自己并相信了自己。比如赵传，意识到自己做不了型男，就勇敢地承认“自己很丑，可是很温柔”，于是火了；比如徐静蕾，意识到自己做不了女神，就果断地转行拍电影，于是火了；比如谢娜，意识到自己做不到知性，就勇敢地将“无厘头”进行到底，于是火了；还有小沈阳，意识到自己走不了“正道”，就勇敢地“跑偏”，于是也火了。

台湾著名的漫画家蔡志忠，也不是一开始就将漫画作为自己一生的事业，他经历了很多失败，最后才找到了适合自己的路。他说：“如果拿橘子来比喻人生，一种橘子大而酸，一种橘子小而甜，一些人拿到大的就会抱怨酸，拿到甜的又会抱怨小。而我拿到了小橘子会庆幸它是甜的，拿到酸橘子会感谢它是大的。”

每个人都有自己的特点和定位。长不成大树，可以做小草；当不了船长，可以做水手；成不了太阳，可以做星星。适合自己的才是最好的。尺有所短，寸有所长。做最好的自己，就是要始终沿着自己选择的道路，正确认识自我，充分发掘潜能，勇于实现自身价值。

好高骛远，会使我们脱离踏实的大地去建造空中楼阁，最终一事无成。

妄自菲薄，纠结于“高职生”的梦想落差，也会使我们失去更多成功的机会而去虚度年华。

同学们，青职学院是被称为“高职 211”的国家首批示范高职院校，我们“品牌办学”的道路已经越走越实、越走越宽。在青职学院里，没有什么“高考的失败者”，也没有什么学业上的“差生”，有的是那些将来个个都可以成为国家脊梁、社会人才、家庭希望的“潜力股”。同学们，正确认识自我，善于发现自己，筑牢自身的“职”点，勇于奋斗，你们的路最终就会越走越实、越走越宽。

二、做最好的自己，要有梦想

别林斯基说：“没有理想的青春，就是没有太阳的早晨。”如果我们的人生没有梦想，我们的生活将会因为缺乏激情而黯淡无光。同学们，考上理想的大学，曾经是在座的每一位同学的梦想。在这梦想成真的进程中，大家是否曾思考过自己的目标是什么，自己的梦想又是什么？

同学们，希望你们尽快完成一堂自己给自己上的“自修课”，那就是，在自己的内心世界里给三年后的自己写一封信，与未来的自己做一个约定：将来毕业后的我会怎样？是更高更帅、更美更靓，还是更加自信、更有本事？希望你们在青职校园的三年里，能时刻牢记着入校之初的约定，每天进步一点点，修炼出最精彩的自己。

讲到这里，我想起这么一个故事：15 岁的美国少年约翰，有一次听到父母的一位朋友说：“假若再让我回到约翰的年纪，我干的事就大不一样！”这句话深深触动了约翰的心灵，他在本子上写出了“我的终生计划”。约翰花了五个小时，一口气写下了 127 个梦想实现的目标。他的目标有探索尼罗河；登上珠穆朗玛峰；驾驶飞机；去南、北极；读完莎士比亚、柏拉图等 17 位大师的全部名著；登上遥远、美丽的月球。为了实现这些梦想，他制订了周计划和月计划。他每周都要量体重、清理衣橱、分析食谱和自我检查行动的得失。总之，他全力以赴地朝着自己订下的目标而努力着。每当他实现了一个目标，他便带着甜美的神情，在一个“目标”旁边画上一个代表成功的红色标记。结果怎么样呢？到他 61 岁时，他已经成功地实现了原订的 127 个目标中的 108 个。这个人就是美国著名的探险家约翰·葛达德。

人生，是可以由自己来掌控的。要紧的是有梦想，有为实现梦想而进行的人生规划。你们选择什么样的人生规划，就会有什么样的人生未来。古希腊哲学家亚里士多德说：“优秀是一种习惯。”因此，我建议，你们要时时刻刻将“做最好的自己”当成一种习惯，融入自己的人生规划之中。

为帮助你们做到这一点，青职学院将协助你们制订好自己的发展规划，将职业生涯规划教育贯穿于你们三年大学生活的始终，为每一位同学建立职业生涯规划档案，让你们能够真正把握好自己的职业发展，掌控住自己的人生轨迹。

三、做最好的自己，贵在坚持

骐骥一跃，不能十步；驽马十驾，功在不舍。做最好的自己，秘诀不在于一蹴而就，而在于你们是否能够持之以恒。

同学们，在你们成长道路上，也许并不总是一帆风顺。你们或许会暂时输在起跑线上，但未必会输在终点线上。做最好的自己，贵在坚持，而坚持的最大考验就是如何面对挫折。在电影《小时代》里，主人公们为获得一次展示才华的机会，赤脚在雪地里奔跑；为约到一篇稿件，要忍受“闭门羹”的折磨。影片中青年作家周崇光在一次即兴致辞里讲道："你们并不知道生活在什么时候就突然改变方向，陷入墨水一般浓稠的黑暗里去。……但是我们却总是在内心里保留着希望，保留着不甘心放弃的跳动的心。……这种不想放弃的心情，它们变成无边黑暗里的小小星辰。"你们都是耀眼的星辰，或许现在还不够亮，但是只要你们不肯放弃，你们就不会在浩瀚宇宙中迷失方向。

请记住，你们面对挫折的态度决定了你们最终发展道路的走向。希望大家做搏击风雨的雄鹰，不要做一有危险就把头埋入草堆以为看不见就万事大吉的鸵鸟。成功往往就在于你们的勇气和坚持。

希望你们能像贝多芬那样，尽管听力尽失但仍坚持创作，最终写下《第九交响曲》，成为经典；

像爱迪生那样，尽管历尽失败但仍坚持实验，最终发明电灯送来光明；

像王宝强那样，尽管受尽嘲讽但仍坚持北漂，最终成为"资深挤奶工"，踏上"囧途"。

同学们，从今天起，你们在青职校园的生活里会经历许多个"第一次"。在这些个"第一次"中，会有成功的喜悦，也会有失败的苦涩。我觉得，这是很正常的事情，没有什么可大惊小怪，既不必忘乎所以，也不必垂头丧气。这些都是人生经验的历练，是需要你们用平常心去对待的"生活课程"。

人生不是百米赛，而是马拉松；大学也不是终点站，而是一个新起点。与考入北大、清华的同学一样，你们都站在了迈向未来的新的起跑线上。在这里你们会发现：每个人都是独一无二的，勤奋与智商、分数相比更显出重要的本色！

四、做最好的自己，重在行动

同学们，不知道你们是否有这样的经历：自以为自己有无限的时间与精力，往往会说："等我有时间了，就回家看看父母；等我有钱了，就去环游世界；等我有本事了，就能创造奇迹……"其实，本可以一步一步实现的理想，不必在等待中消磨时光、徒耗生命。英国著名首相本杰明曾经说过，行动虽然不一定能带来幸福，可是没有行动却绝对没有幸福可言。心灵导师卡耐基也说过，如果你们想要变得积极，你们就必须有积极的行动。

同学们，做最好的自己，就是活在当下，Just do it！马上行动起来。这，不是要你们每天头悬梁、锥刺股，也不是要你们每天闻鸡起舞、日出而作、日落而息，而是希望你们将行动作为自己的一种信仰、一种习惯，内化为敢想敢为的决策力、追求卓越的创造力和坚定高效的执行力。

荀子说："吾尝终日而思矣，不如须臾之所学也。"行动，对于我们在座的每一位同学来说，就是要倡导勤学善思。有的同学说，经过了辛苦的高考之后，

到了大学就可以歇一歇了。有的同学说，职业教育没什么难的，轻轻松松就能混到毕业文凭。我想告诉同学们，学习和辛苦是相伴相生的，有付出才会有回报。技术本身是人类智慧的结晶，具有丰富的文化含量，不要让自己轻易陷入不高明的偏见里。告别无知与愚昧的方法就是学习。

青职学院倡导“学教做合一”理念，强调“学”字当头。学生是学习的主体，学院的教学、管理各方面工作都是围绕着学生的学习而展开的。“这不是一个需要等待的年代。想看到美好的未来，就要看你的现在。要自己为自己喝彩，跟自己竞赛”。青职学院准备好了，同学们，你们准备好了吗?

我相信你们！你们有专业的技能，有阳光的心态，有应对未来的力量，有对付挫折的耐力。无论专业选择是什么，也无论职业选择是什么，行动起来吧，只要你们以“优秀”的习惯来约束自己，以“品牌”的标准来要求自己，从思考中认识自我，在学习中寻求真理，于追求中获得力量，你们就会突破“小时代”的困惑，在“大时代”的社会舞台上找到属于自己的位置。

当然，正如孔子所言，“子欲为事、先为人圣”“德才兼备，以德为首”。做最好的自己，首先要学会做人，做一个大写的人。同学们，大学三年你们最成功的作品，就是一个大写的你们，一个最好的自己。而从现在开始，你们已经迈出了走向“最好自己”的步伐。新的大学生活开始了，青春的日子阳光灿烂。同学们心有多大，舞台就有多大。

你们一定会做最好的自己，I do believe，我相信“世界等着你们去改变，只要勇敢地大步向前，你们就站在舞台中间”，“我相信你们就是你们，我相信明天，我相信青春没有地平线”。

做最好的自己，我期待三年后梦想绽放，见证奇迹！

同学们，让我们一起共同努力吧！

谢谢大家！

我们都是青职人

——2014届毕业典礼致辞

亲爱的同学们：

上午好！

今天，是你们人生中最值得纪念的一天，因为，此后，大家即将带着自信、和着梦想、揣着技能走出青职校园，踏上职业征程。今天，也是陪伴你们三年师长们幸福的一天，因为，此时此刻，他们正分享着你们学业有成的丰硕果实。今天，更是我作为院长自豪的一天，因为，在此，我就要把“青职人”的名片——由我亲笔签名的毕业证书颁发给你们。

在这隆重、庄严的时刻，在这幸福、开心的日子，同学们的心情是不是和你们的师长们一样复杂？是不是也像孔夫子那样感叹“逝者如斯夫”——时间过得太快了？是不是也在追忆三年大学生活的一千多个日子——时间都去哪儿了？

是在路上聊天，还是在小树林里晨读？是在 T-garden 品咖啡，还是在北校门外嚼馅饼？是在烈日下站军姿，还是在运动场打篮球？是在课堂上记笔记，还是在实训室练技能？是在社区里志愿服务，还是在车间里顶岗实习？

三年里，你们将最美的生命时光留驻在青职校园，你们将“青职人”的身份印记在青职的历史长卷中。

三年里，你们用行动诠释着“青职人”，用青春书写着“青职人”。

“青职人”是谁？“青职人”就是你们我他。是那个在实习岗位上大显身手的男生，是那个在彝族山寨小学义务支教的女生；是那个挑战自我成功创业的他，是那个富有爱心乐于助人的她；是那些弘扬正能量的传播者，是那些托举“中国梦”的践行者。“青职人”在青岛的大街小巷志愿服务，“青职人”在全国的各行各业干事创业，“青职人”在海外的很多地方工作和生活。

同学们，我们都是“青职人”。

“青职人”是一种缘分，守望同一个约定，让梦想变得美妙。
“青职人”是一段记忆，打造同一份感动，让生命变得丰满。
“青职人”是一份温暖，融化同一个世界，让心灵变得纯净。

“青职人”的特质与内涵，就是由无数个像你们这样的毕业生所定义的。社会通过你们认识了青职、认可了青职、认同了青职。是无数个在社会上建功立业的你们，丰富了“青职人”的内涵。

如果你们是英雄，青职就是英雄的故乡。

如果你们是英才，青职就是英才的摇篮。

同学们，你们正处在“不是自己变慢了，而是世界变得太快了”的时代。这是一个“人人享有人生出彩的机会”的时代。我丝毫不怀疑你们的才华、聪慧与自信。但是，俗话说“男怕选错行，女怕嫁错郎”，当热情遭遇寒流，当坦途转入低谷，

当进退面临抉择，同学们，你们的青春该如何绽放？你们的梦想该如何实现？你们的人生该如何出彩？我想，那就是要时刻铭记着“卓越、唯是、协同、学习”的学院精神！

一、卓越是一种追求

小时候，当你们梦想到夜空中摘星星的时候，那时，你们就已经跨出了追求卓越的第一步。卓越是一种不断超越自我、自强不息、追求至善的精神。做得比别人优秀是一种卓越，超越过去的自我也是一种卓越。因为追求卓越，学院经过十多年的励精图治，成为全国高职院校的“国家队”；因为追求卓越，你们通过勤学苦修，走进大学学堂。我希望，你们走出大学校门后，在社会广阔的舞台上，依然秉持卓越的精神，做最好的工人、最好的工程师、最好的企业家，还有在家庭中做最好的爱人、最好的子女、最好的父母。总之，青职人就是要做最好的自己！

追求卓越，就应该有人生梦想，就应该高标准、严要求。苏格拉底说：“世界上最快乐的事，莫过于为理想而奋斗。”同学们，只要你们立志成为一个卓越的人，你们就可以在追求卓越的路上，成为拥有无穷魅力的“都教授”，你们就可以遇到生命中的“千颂伊”！

二、唯是是一种态度

唯是就是要尊重客观规律，唯是就是要解放思想、实事求是。秉持唯是就是不唯书、不唯上，弘扬唯是就是认真做事、踏实做人。哲学家康德说：“有两种东西，我对它们的思考越是深沉和持久，它们在我心灵中唤起的惊奇和敬畏就会日新月异，不断增长，这就是我头上的星空和心中的道德定律。”头上的星空是指宇宙普遍必然的规律，道德定律就是人类社会生活中的伦理法则。对于它们，我们需要始终保持敬畏之心。执着追求真理，勇敢捍卫真理，诚实守信，脚踏实地，这些就是唯是的精髓。

没有唯是的态度，就不能正确认识自身，就不能客观看待社会。眼高手低，目标即便是定得再高远，那也只是好高骛远；认知错误，即便是拥有一身本领，那也容易步入歧途。青职人坚持创新，也遵循规律；青职人坚持学习，更注重践行。坚持“学教做合一”，从实践中来，到实践中去，不跟风，不盲从。同学们，让我们做最靠谱的青职人吧！

三、协同是一种品质

单丝不成线，独木不成林。每个人都生活在社会人群之中。青职人不是孤独的个体而是聚合的团队，青职人摈弃的是“一个人在战斗”，倡导的是“抱团发展”凝心聚力。哲学家威廉·詹姆士曾经说过：“如果你能够使别人乐意和你合作，不论做任何事情，你都可以无往不胜。”

协同是一种能力，更是一种品质。科学家曾在风洞实验中发现，成群的大雁以 V 字形飞行，比一只单独飞行的大雁能多飞 12%的距离。我们与他人有着千丝万缕的联系，我们在给他人帮助的时候，他人也将自己的正能量传递给了我们。

“和”是中国传统文化的核心理念，人际关系讲“以和为贵”，家庭关系讲“家和万事兴”。和而不同，并不是忽略个性，而是求同存异。和谐能够产生生产力，就像有首歌所唱的那样，“同舟共济海让路，号子一喊浪靠边”，青职人该怎么做？我想，你们懂得！

四、学习是一种生活

打今天儿起，你们走向社会后，大家将不再被称之为学生，但这并不意味着就可以不用再学习。“学如逆水行舟，不进则退。”就在我们两眼“一睁一闭”的时候，世界并没有停息它的脚步，你们的微信朋友圈里还在不停地刷屏，一不小心，你们就成了时代的落伍者。解决的办法是什么呢？那就是学习、学习再学习，活到老，学到老。

其实，读书是学习，培训是学习，实践是学习，旅游是学习，健身是学习，上网也是学习，只要你们赋予了学习的意义，学习就在你们的身边。正如习近平总书记所说的那样，要“把学习作为一种追求、一种爱好、一种健康的生活方式”。

同学们，古人有诗曰：“腹有诗书气自华。”清代名臣曾国藩也曾在家书中写道：“人之气质，由于天生，本难改变，唯读书则可改变气质。”所以，读书、学习不仅可以增长才干，还可以“美容”，秀外慧中，内外兼修。我希望你们都能够给母校这样的底气，让她可以骄傲地说：我有最美“青职人”！

亲爱的同学们，在这离别之际，我把老子的“千里之行，始于足下”这句话送给你们。

我希望，每一位青职人有自己追求的事业、职业的精神、美满的家庭；

我希望，每一位青职人都多才多艺、热爱生活，不仅有技术、懂礼仪、会摄影，不仅喜爱读书、酷爱音乐，还会料理家务、能做出几种可口像样的饭菜；

我希望，每一位青职人都勤勉、可爱、友善；
我希望，每一位青职人都成功、快乐、幸福！

亲爱的同学们，从今天起，对于你们，青职有了另一种称呼，叫作母校；对于青职，你们也有了另一种称呼，叫作校友。今天，学院在南门出入处已经郑重地刻上了属于你们的数字“2014 2923”,你们将成为镌刻在学院历史上永恒的记忆和永远的骄傲！

亲爱的同学们，“qtc”是我们共同的微家园，想念的时候“摇一摇”，来或不来，她都在！“青职人”是我们共同的二维码，需要的时候“扫一扫”，见或不见，爱都在！

亲爱的同学们，天高海阔，风正帆悬，你们即将乘上“青职”之舟踏浪远航。我相信，作为“青职人”的新生力量，你们定会在实现“中国梦”的道路上，用自己的热血和汗水演绎出美妙动听的青春之歌！

谢谢大家！

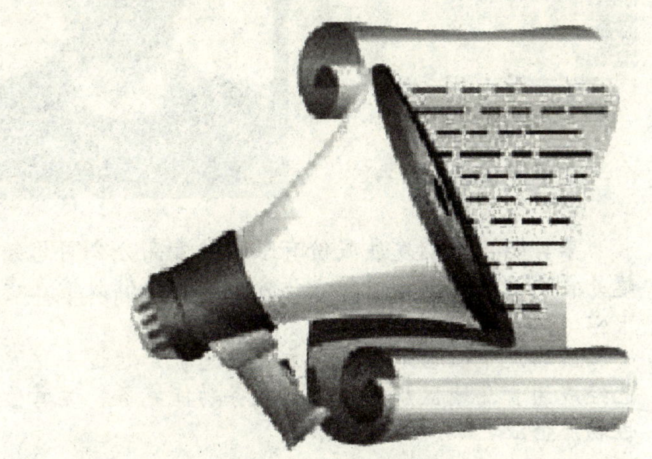

第二篇　职业指导

李勇昭简介

李勇昭，中储发展股份有限公司青岛分公司总经理，高级经济师。其负责筹建并管理运营的中储股份青岛分公司是中储股份在青岛设立的一处现代化的物流中心。

该物流中心占地十万平方米，总资产超过一亿元人民币。经过十年的发展，已经成为青岛地区规模较大、服务功能完备、运营管理水平领先的现代化、综合性物流企业之一。

如何做好适合自己的职业生涯规划

亲爱的同学们：

你们好！

能够来到美丽的青职学院，与这么多的同学一起交流和学习，我感到非常荣幸。今天，我们探讨的题目是“如何做好适合自己的职业生涯规划”。

一、什么是职业生涯规划

“职业”比较好理解，“生涯”却有诸多解释。美国生涯理论专家 Super（萨珀）认为，生涯是个人终其一生所扮演角色的整个过程，生涯的发展是以人为中心的，只有个人在寻求它的时候，它才存在。那么，什么是职业生涯规划呢？职业生涯规划是指个人发展与组织发展相结合，通过对职业生涯的主客观因素分析、总结和测定，确定一个人的奋斗目标，并为实现这一职业目标而预先进行生涯系统安排的过程。这个过程包括制订相应的工作以及每一时段的顺序和方向的顺序。

二、为什么要搞职业生涯规划

对现代企业的每一位员工来说，无论是刚毕业的学生还是在职员工；无论是拥有高等学历还是仅初中毕业，人人都想在事业上获得成功。俗话说“上进之心，人皆有之”，这是人的本性。然而，事业的成功并非人人都能如愿，问题何在呢？如何做才能使事业获得成功呢？职业生涯规划为你们提供了一条走向成功的路径。

职业生涯规划的作用在于帮助你们树立明确的目标，运用科学的方法，切实可行的措施，发挥个人的专长，开发自己的潜能，克服生涯发展困阻，避免人生陷阱，不断修正前进的方向，最后获得事业的成功。

常言道“种瓜得瓜，种豆得豆”，你们希望未来获得什么成就，你们就通过对自己的生涯进行精心设计与规划，实现个人预定的理想与目标。

我们说，理想与目标是事业成功的先决条件。人生的可贵在于对未来抱有理想和目标。有了理想，生活才会过得充实，生命才有意义。有了人生目标，挫折才能克服，困难才能得以突破，潜能才能充分发挥。所以，理想与目标是工作的原动力，是美好生活的源泉，科学的生涯规划是实现理想与目标的重要手段之一。

每个人都是自己人生事业的规划者、设计师，也是耕耘者。作为一个现代人，不仅要有短期的打算、中期的计划、长期的规划，还须有终生的目标。特别是近年来，随着社会的发展，人们文化素质的提高，多数人都想施展自己的才能成就一番事业来体现自己的人生价值。

然而，社会的快速变迁，经济竞争的不断加剧，一些不能体察时代变异和环境变迁的人，在这种多变时代往往手忙脚乱、不知所措，造成内心的惶恐、紧张不安，不知何去何从，其结果不仅事业无成，而且身心也受到严重的影响。因此，在新形势下，应及早做好职业生涯规划，认清自己，并在自己内在潜能上不断探索、觉察和发展，才能正确掌握人生方向创造成功的人生。

有人会问，不搞职业生涯规划也能成功啊。你们看那些科长、经理、处长们，也没有搞什么职业生涯规划，不是也当了吗？是的，不搞职业生涯规划，也可能获得事业成功，但是如果你们搞了职业生涯规划，你们的事业会取得更快的进展，取得更大的成就。下面我举个例子，你们便会从中悟出其道理。

假如你要装修现在住着的房子，当你确定了装修房子的这个目标后，就会注意装修材料市场，收集装修资料，挑选装修队伍，制订装修方案，安排装修时段，等等。如果你没有装修房子这个目标，走在街上，就不会注意装修材料市场，也不会注意收集装修资料，甚至一本室内装饰的参考书摆在你的面前你也不会认为它有用。这就是说，两个人在同一条街走过，一个有目标意识和一个没有目标意

识的人，其收获大不相同。人生在世，要干成一番事业，就如同装修房子一样，只有树立明确的目标，才能向着目标努力，才能有意识地收集有关素材，创造有利条件，使你的事业尽快获得成功。大家想想，是不是这个道理？

另外，从用人者的角度看，职业生涯规划也是满足人才需求、留住人才之手段。我们知道，人才的流失原因主要有三个方面。

一是报酬问题。待遇偏低，人才难留，这是人才流失的重要原因之一。

二是才能发挥问题。一个人才在某一岗位上，如果才能得不到发挥，专长得不到利用，也不会安心工作，迟早也会溜号。

三是社会角色问题。对于一个人才而言，尽管待遇较高，才能也得到了发挥，但如果没有适当的职务，心理也是不合平衡的。

因此，人们对能力的大小有一个认同理念，往往认为专业技术职务和职务的高低是一个人能力大小、贡献多少的体现。如果不能量其才任其职，担任一定的角色，人才也难以留住。

这里我们打个比喻，一个三条腿的小圆凳，凳面上坐着一个人，这个人我们称之为人才，三条腿比喻“才能发挥”“社会角色”“获得报酬”三个方面，如果这三条腿中的任一条腿出现问题，凳子都会倾斜，使人才“流失”。那么，怎样才能使这“三条腿”不出现问题呢？职业生涯规划就是使“三条腿”稳定而不出现问题的重要手段。

（一）才能发挥

我们知道，员工职业生涯规划的重要内容之一，是对个人进行分析。通过分析认识自己、了解自己、估计自己的能力，评价自己的智能；确认自己的性格，判断自己的情绪；提出自己的特点，发现自己的答案；明确自己的优势，衡量自己的差距，进而开发自己，改变自己，设计塑造自己，跨越自己的障碍，成功地把握自己、扮演自己，使自己的才能得到充分发挥，使自己得到适应发展。所以，职业生涯规划能解决“才能发挥”的稳定问题。

（二）社会角色

通过职业生涯规划，可选择适合自己发展的职业，确定符合自己兴趣与特长的生涯路线。正确设定自己的人生目标，运用科学的方法，采取有效的行动，化解人生发展中的危机与陷阱，使人生事业发展获得成功，担当起一定的社会角色，实现自己的人生理想。所以，职业生涯规划能解决“社会角色”的稳定问题。

（三）获得报酬

当一个人的才能得到相应的发挥并担任一定的社会角色时，他的地位及职务也得到了提高，其待遇和报酬也必然相应提高。例如，担任了工长、主管、项目经理、部门经理、副总经理、总经理或技术员、工程师、高级工程师等，随着职位的提高，其待遇和报酬也必然相应提高，所以报酬问题也就得到了解决 ，即“获得报酬” 的需求也得到了稳定。

综上所述，职业生涯规划是员工个人发展、企业留住人才的重要方法和手段之一。当然，员工的职业发展目标只有与组织的发展相一致、相吻合，才能发挥其作用、产生其效力。

三、职业生涯规划应遵循哪些原则

下面简述十个基本原则仅供参考。

（一）清晰性原则

目标措施是否清晰明确？实现目标的步骤是否直截了当？

（二）变动性原则

目标或措施是否有弹性或缓冲性？是否能依据环境的变化而调整？

（三）一致性原则

主要目标与分目标是否一致？目标与措施是否一致？个人目标与组织发展目标是否一致？

（四）挑战性原则

目标与措施是否具有挑战性，还是仅保持其原来状况而已？

（五）激励性原则

目标是否符合自己的性格、兴趣和特长，是否能对自己产生内在激励作用？

（六）合作性原则

个人的目标与他人的目标是否具有合作性与协调性？

（七）全程原则

拟定生涯规划时，必须考虑到生涯发展的整个历程，作全程的考虑。

（八）具体原则

生涯规划各阶段的路线划分与安排，必须具体可行。

（九）实际原则

实现生涯目标的途径很多，在作规划时必须要考虑到自己的特质、社会环境、组织环境以及其他相关的因素，选择确定可行的途径。

（十）可评量原则

规划的设计应有明确的时间限制或标准，通过评量、检查，使自己随时掌握执行状况，并为规划提供参考的依据。

职业生涯规划的期限一般划分为短期规划、中期规划和长期规划。

短期目标为三年以内的规划，主要是确定近期目标，规划近期完成的任务。

中期目标一般为 3—5 年，在近期目标的基础上设计中期目标。

长期目标规划时间是5—10年，主要设定长远目标。

四、职业生涯规划应考虑哪些因素

从职业生涯发展的规律看，每个人有不同的发展阶段与历程，职业生涯规划的重点也就有所不同，不同的人在做其职业生涯规划时，所考虑的因素也有所不同。一般而言，在做职业生涯规划时至少考虑以下四个方面的因素。

（一）关于自我认识方面的因素

（1）个人的兴趣、爱好与特长；

（2）个人的性格与价值观；

（3）个人所选定的目标与需求；

（4）个人的情商；

（5）个人的优缺点；

（6）个人的学历与能力；

（7）个人的工作经验；

（8）个人的职业生涯情况。

（二）关于外围环境方面的因素

（1）组织的需求；

（2）家庭的期望；

（3）社会的需求；

（4）科技的发展；

（5）经济的兴衰；

（6）政策、法规的影响。

（三）关于个人目标选择方向的因素

（1）设定该目标的原因；

（2）欲达到该目标的途径；

（3）欲达到该目标所需的能力、训练及教育；

（4）达到该目标可能得到的助力；

（5）达到该目标可能遇到的阻力。

（四）落实职业生涯目标措施方面的因素

（1）教育、训练的安排；

（2）获得发展的安排；

（3）排除各种阻力的计划与措施；

（4）争取各种助力的计划与措施。

俗话说“知己知彼，百战百胜”，这句话点出了职业生涯规划的要素。所谓“知己”就是自我认识与自我了解；“知彼”就是熟悉周围的环境，特别是与生涯发展有关的工作环境。知己知彼相互关联。若确定的个人职业生涯目标符合现实而不是一厢情愿，若对从事的职业极感兴趣而不是被动地去干，若从事的工作能发挥专长并利用了个人的强项，若对工作的环境适应而不是感到处处困难、难以生存，这就说明你的生涯规划不仅做到了"知己""知彼"，而且还作出了正确的"抉择"。所以"知己""知彼"与"抉择"就是职业生涯规划的三要素（图1）。

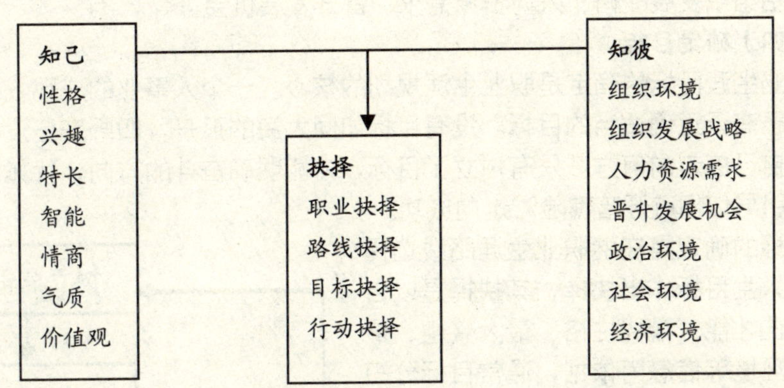

图 1 职业生涯规划要素关系示意

五、职业生涯规划的基本步骤

职业生涯规划是一个周而复始的连续过程，其过程包括确定志向、自我评估、职业生涯机会评估、确定目标、制订行动计划、评估与回馈等六个基本步骤。

（一）确定志向

志向是事业成功的基本前提。没有志向，事业的成功也就无从谈起，正如俗话所说"志不定，天下无可成之事"。立志是人生的起跑点，反映着一个人的理想、胸怀、情趣和价值观，影响着一个人的奋斗目标及成就的大小。所以，在制订职业生涯规划时，首先要确立志向，这是制订职业生涯规划的关键，也是你们的职业生涯规划最重要的一点。

（二）自我评估

自我评估的目的是认识自己、了解自己，因为只有认识了自己才能对自己的职业作出正确的选择。所以，自我评估是职业生涯规划的重要步骤之一。一般来说，自我评估包括自己的兴趣、特长、性格、学识、技能、智商以及组织管理、协调、活动能力等。

（三）职业生涯机会的评估

职业生涯机会的评估主要是评估各种环境对自己职业生涯发展的影响，每一个人都处在一定的环境之中，离开了这个环境，便无法生存与成长。所以，在制订个人的职业生涯规划时，要分析环境条件的特点、环境的发展变化情况、自己与环境的关系、自己在这个环境中的地位、环境对自己提出的要求以及环境对自己有利的条件与不利的条件等。只有对这些环境因素充分了解，才能做到在复杂的环境中避害趋利，使你们的职业生涯规划具有实际意义。例如，组织环境因素评估包括组织发展战略、人力资源需求、晋升发展机会等等。

（四）确定目标

职业生涯目标的确定是职业生涯规划的核心。一个人事业的成败，很大程度上取决于有无正确适当的目标。没有目标如同大海的孤舟，四野茫茫没有方向，不知道自己应走向何方。只有树立了目标，才能明确奋斗的方向，犹如海洋中的灯塔，引导你们避开暗礁险滩走向成功。

目标的确定是在继职业生涯路线选择后，对人生目标作出抉择，其抉择是以自己的最佳才能、最优性格、最大兴趣、最有利的环境等信息为依据，通常目标分短期、中期、长期和人生目标。

（五）制订行动计划与措施

在确定了职业生涯目标后，行动变成了关键的环节。没有达成目标的行动，就不能达成目标，也就谈不上事业的成功。这里的行动是指落实目标的具体措施，主要包括工作、训练、教育、轮岗等方面的措施。例如，为达成目标，在工作方面，你们计划采取什么措施提高工作效率？在业务素质方面，你们计划如何提高业务能力？在潜能开发方面，采取什么措施开发你们的潜能？这些都要有具体的计划与明确的措施，并且这些计划要特别具体，以便于定时检查。

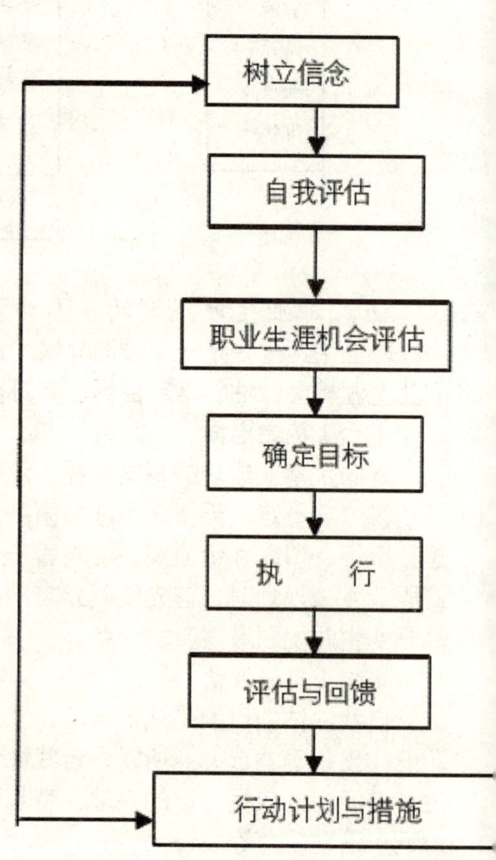

图 2 职业生涯规划的流程

（六）评估与回馈

俗话说："计划赶不上变化。"影响职业生涯规划的因素很多。有的变化因素是可以预测的，而有的变化因素难以预测。在此状况下，要使职业生涯规划行之有效，就须不断地对职业生涯规划进行评估与修订。其修订的内容包括职业的重新选择、职业生涯路线的选择、人生目标的修正、实施措施与计划的变更等（图2）。

六、职业生涯设计表

（一）个人因素分析

个人因素的分析也就是"知己"的过程，实质上就是自我认识的过程。自我认识是职业生涯规划的基础，关系到职业生涯发展的成功与否。人人都有梦想、都有希望，重要的是在规划或希望之前应先自我认识与了解，这样才不致使希望成为梦想。因此，只有充分的自我认识，才能确切地掌握自我、超越自我、促进自我成长。要充分地认识自我，特别是认识内在深层的自我部分；除了职能、兴趣、性格外，还要充分了解人格特质，即个人的优点、缺点和特点。唯有如此，这样才能为自己定位、确定目标，走出自己的路来。

然而，世界上最难认识的是自我。由于自己的眼睛总是忙于向外看，看自然界，看他人，看社会，看得眼花缭乱，很少有闲暇来看自己；即使有时间看看自身，也只是扫视一下自己的外表，很少有空来反观自我的内心世界。有时人借助于镜子来观察一下自我的外表，但这种"物镜"对于认识自我有很大的局限性，只能看到自我的正面。人可以借助于"心镜"来反思自我，但"心镜" 上总难免蒙有来自内在和外在的自然飘逸来的尘埃。所以，自我认识不是一件容易之事。

自我认识是对自我性格、行为、情感、价值、社会角色等与自我有关的一切因素的认识，包括生理自我、心理自我、理性自我、社会自我几个部分。

1.生理自我

在生理自我部分，自我认识主要包括自己的相貌、身体、穿着打扮等方面。

2.心理自我

在心理自我部分，自我认识主要包括对自我的性格、兴趣、气质、意志、能力等方面的优缺点的评判与评估。

3.理性自我

在理性自我部分，自我认识主要包括对自我的思维方式和方法、道德水平、情绪情商等因素的评价。

4.社会自我

在社会自我部分，自我认识主要包括对自己在社会上扮演的角色，在社会中的责任、权利、义务、名誉，他人对自己的态度，以及自己对他人的态度等方面的评价。

那么，如何对以上四个部分进行自我认识呢？其方法很多，如橱窗分析法、自我测试法、计算机测试法等等。这里仅对“橱窗分析法”作一个简单的介绍（图3）。

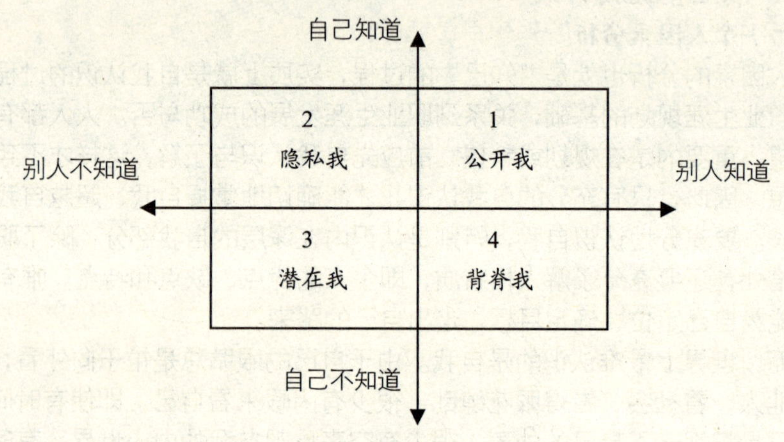

图3　橱窗分析法

我们知道，认识自我、了解自我是非常不易之事，所以有做事难、做人难而了解自己就更难的说法。

心理学家就曾将对个人的了解比如为一个橱窗，可大可小。为便于理解，我们把橱窗放在直角坐标中加以分析。坐标的横轴正向表示别人知道，坐标横轴负向表示别人不知道；纵轴正向表示自己知道，坐标横轴负向表示自己不知道。

橱窗 1

为自己知道，别人也知道的部分，称为“公开我”，属于个人展现在外，无所隐藏的部分。

橱窗 2

为自己知道，别人不知道的部分，称为“隐私我”，属于个人内在的私有秘密的部分。

橱窗 3

为自己不知道，别人也不知道的部分，称为“潜在我”，是有待开发的部分。

橱窗 4

为自己不知道，别人知道的部分，称为“背脊我”，犹如一个人的背部，自己看不到，别人却看得很清楚。

通过对四个橱窗分析可知，须加强自我了解的是橱窗 3 和橱窗 4。

橱窗 3 是“潜在我”。每个人都有巨大的潜能。著名心理学家奥托指出，一个人一生所发挥出来的能力，只是他全部能力的 4%，也就是说，一个人 96%的能力还未开发。由此可见，认识了解“潜在我”是自我认识的重点之一。

橱窗 4 是“背脊我”。如果自己诚恳地、真心实意地征询他人的意见和看法，就不难了解“背脊我”。要做到这一点，需要开阔的胸怀，确实能够有则改之，无则加勉；否则，别人是不会说实话的。

（二）环境因素分析

所谓环境因素分析就是“知彼”，也就是对他人的了解，对组织环境的了解，对社会环境的了解，对经济环境的了解。这些因素对职业生涯的发展都有直接影响，故要作深入的研究与分析。

1．对他人的了解

人的工作是一个群体性的组织活动，不管你所工作的单位与部门大与小，都由不同数量、不同年龄、不同专业、不同能级、不同性格的人所组成。你的发展与他人或多或少发生关系。因此，在制订你的职业生涯规划时，须了解他人的情况，通常要了解的情况包括以下方面。

（1）他人的学历如何?

（2）他人的工作业绩如何?

（3）他人的年龄层次如何?

（4）他人的专业技术专业技术职务如何?

（5）他人的性格如何?

（6）他人的情商如何?

（7）他人的竞争实力如何?

（8）他人的发展趋向如何?

只有全面地了解他人的情况后，才能确定自己的优势与强项，才能准确地把握自己的奋斗目标与方向。

2．对组织环境的了解

对组织环境的了解主要包括以下五个方面。

（1）组织特点：包括组织文化、组织规模、组织气氛、组织阶层、组织结构、人员流动等。

（2）经营战略：包括组织的发展战略、战略措施、竞争实力以及发展态势等。诸如组织是处于发展期，还是处于稳定期，还是处于衰退期，其发展态势不同，人的职业生涯发展速度也就不同。

（3）人力评估：包括人力需求的预测、人力规划、人力供需、升迁政策、培训方法等。

（4）工作分析：诸如工作基本能力的需求，工作绩效评估等。

（5）人力资源管理：包括人事管理方案、薪资报酬、福利措施、员工关系、发展政策等。

3．对社会环境的了解

人是社会的一员，无论从事何种工作，其发展均应适应社会环境的变迁。适者生存，自然界事物如此，人也不例外。社会因素主要包括以下四个方面。

（1）社会政策：国家的政策对人的成长与发展影响极大。如政策规定破格重用提拔年轻干部，就为年轻人开辟了升迁的渠道，使职业生涯的成功期提前。

（2）社会变迁：诸如手工业社会的没落，工业化、自动化、信息化社会的演进等，都对人的职业生涯发展产生较大的影响。

（3）社会价值观：随着社会的进步，人们生活水平的提高，人的价值观都在不同程度地发生变化。人的需求层次也在不断地提高，由过去的生存、安全的需求上升为人的尊重及自我实现的需求。这些价值观念的变化，对人的职业生涯发展无疑会产生直接的影响。

（4）科学技术的发展，诸如技能的补充、理论的更新、观念的转变、思维的变革等，这些因素在人的职业生涯规划中是不可忽视的。

4．对经济环境的了解

经济环境对人的职业生涯发展也产生影响，诸如经济增长率、经济建设的速度等等。当经济振兴时，百业待举，新的行业不断出现，新的组织不断产生，机构增加，编制产生扩容，为职业的选择及晋升创造了条件。

（三）职业选择

职业的选择是人生事业发展的起点，选择正确与否直接关系到人生事业的成功与失败。在认识了自己，了解了内外环境后，接下来就是选择职业的问题了。那么，哪些因素与职业有关呢？一般对个体因素来说，性格、兴趣、能力是最主要因素，因为无论从事什么工作都与这三个因素有关。

（四）职业生涯路线的选择

所谓职业生涯路线是指当一个人选定职业后，是向专业技术方向发展，还是向项目管理方向发展，还是向企业管理方向发展。由于发展方向不同，对其要求也不尽相同。因此，当你们的职业确定后，便可规划你们的职业生涯路线，是走企业管理路线，还是走专业技术路线，还是先走专业技术路线，再转项目管理路线？这些在规划中须作出抉择。

在抉择过程中，需询问自己三个问题。

1.我想往哪一路线发展

这个问题是通过对自己的兴趣、价值、理想、成就动机的分析，确定自己的目标取向。

2.我适合往哪一路线发展

这个问题是通过对自己的性格、特长、经历、学历的分析，确定自己的能力取向。

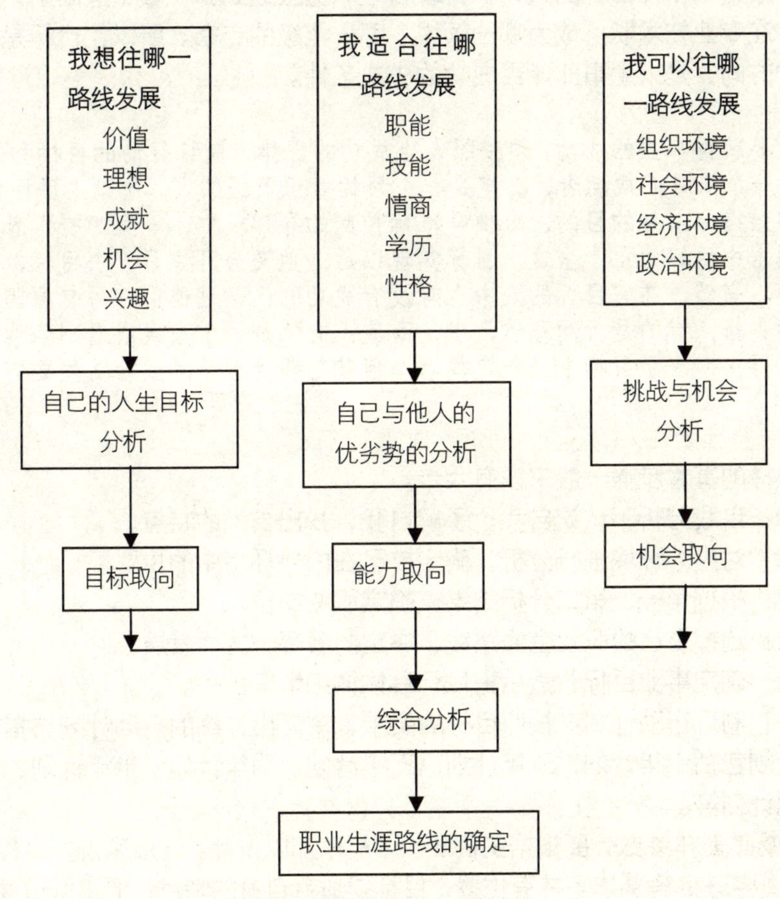

图4 职业生涯路线分析过程

3.我可以往哪一路线发展

这个问题是通过对自己身处的组织环境、社会环境、经济环境、政治环境的分析，确定自己的社会取向。

回答上述三个问题是对“知己”“知彼”有关情况的综合分析并加以运用的一个过程。

三个取向确定后，进行综合分析确定自己的职业生涯路线，其分析过程如图4所示。

（五）职业生涯目标的选择

在确定了自己职业生涯路线后，就是目标的抉择问题了。所谓目标抉择就是明确自己想成为一个什么样的人，在行政管理职务上达到哪一级（层面），担任什么角色，在专业技术职务成为哪一领域、哪一能级的专家。所以，目标是职业生涯发展的方向，是人生事业能否成功的先决条件。

一个人要获得事业的成功，须按照人生成功的规律来制订行动的目标和规划。一般来说，一个未来的成功者，必定是一个目标意识很强的人。所谓“目标意识”就是头脑中始终有清楚的目的，就像是准确控制的导弹一样，一直“咬”着目标不放，直到击中目标为止。当这个目标实现以后，他又会盯住另一个目标，直到事业的成功。当然，在有目标的人中也有没有成功的，不过他们都另有原因；有的由于目标失当；有的是行动不够，半途而废；有的是由于失误或遇到职业变迁等等。由此得出，有了目标未必一定成功，但若想获得理想的成功必须要有明确的目标。

目标抉择的基本步骤一般来说有六步。

第一步：自我分析，认识自我，了解自我，找出自己的特点。

第二步：对内外环境进行分析，确定自己在内外环境中的位置。

第三步：根据第一、第二分析结果，确定职业岗位。

第四步：选择自己的职业生涯路线，决定向着哪一方面发展。

第五步：确定事业目标，然后把目标具体详细地写出来。

第六步：制订行动计划。按照目标的要求，制订出详细的行动计划与措施。

行动计划包括十年计划、五年计划、三年计划、明年计划、半年计划、下月计划、下周计划等。

确定目标的基本参数，要根据主客观和可能来加以设计。一般来说，目标应符合社会与组织需求：有需求，才有位置；目标要适合自身的特点；要高低适度，长短结合；同一时期目标不宜过多；目标要求明确具体，没有余地。你们要明白，目

许振超简介

许振超，1950 年 1 月出生，山东荣成人，中共党员，山东省青岛港前湾集装箱码头有限责任公司高级固机经理。第十二届全国人大常委会委员，全国“五一劳动奖章”获得者，全国劳动模范，全国总工会兼职副主席，中国科协常委，青岛职业技术学院教授。

他在 30 多年的工作中，凭着坚韧不拔的毅力、刻苦钻研的精神，练就了“一钩净”“无声响操作”等绝活。他带领的桥吊队，创出了 11. 5 小时单船装卸箱量 5009 标准箱等全国最高效率，并创造了每小时单船接卸 381 自然箱的世界纪录，创造了扬名世界航运界的“振超效率”。

做一个有作为的产业工人

（2007 年 4 月 5 日，根据讲话录音整理）

尊敬的各位老师，同学们：

大家下午好！

今天非常荣幸能来到咱们学院。由于不久前大家可能在电视媒体上看到关于我的报道，对我并不陌生，我却从未见过大家。今天我一下车见到这么多的同学来到现场，看到这么热烈的场面，我的心情非常激动。所以我一进学校的第一点感受是，我们学校对普通劳动者特别的尊敬;第二点感受是，今天一进校门看到这么多年轻人欢迎我，这确实让我感到心里沉甸甸的，尤其是看到这么多同学都在场，我觉得我们非常有缘。论年龄我现在是你们的父辈。什么是父辈呢？父辈大概就是生活阅历比较丰富的一辈，他们毕竟对人生有着种种体验，特别是对我们生活的社会有着深刻的感受。所以，今天有这样的机会将我的一些感受和同学们标一经确定，你们的生命掌握在你们自己的手中。计划好你们的职业生涯，规划好你们的发展，这是你们的义务、你们的责任、你们的权利。

七. 职业生涯管理

职业生涯管理是指组织和员工个人对职业生涯进行设计、规划、执行、评估和反馈的一个综合性的过程。通过员工和组织的共同努力与合作，可以使每位员工的职业生涯目标与组织发展目标一致，使员工的发展与组织的发展相吻合。因此，职业生涯管理包括两个方面。

（一）员工的职业生涯自我管理

员工是自己的主人，自我管理是职业生涯成功的关键。

（二）协助员工规划其职业生涯发展

组织协助员工规划其职业生涯发展，并为员工提供必要的教育、培训、轮岗等发展的机会，促进员工目标的实现。

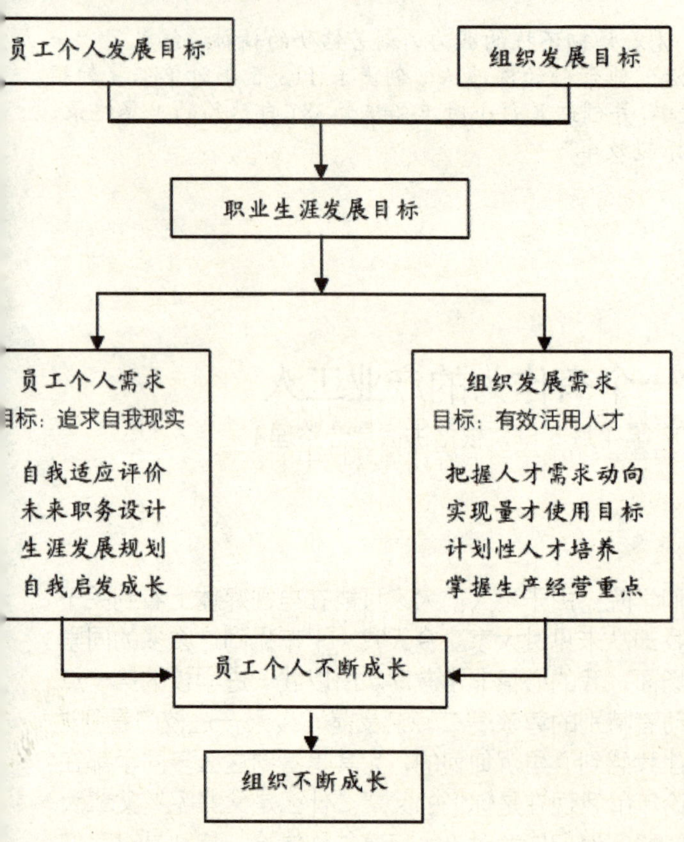

我们知道，人是无价的资源，是组织中最宝贵的资产，要通过员工的职业生涯发展和组织的职业生涯管理活动，使员工发挥其潜能，实现组织的战略目标。在职业生涯管理中，最重要的特征是员工和组织是伙伴关系，彼此有如一体之两面、车之两轮、鸟之两翼，相辅相成，方能相映生辉。通过组织与员工彼此之间的合作、鼓励和支持，自然能营造出信任、和谐、安全、诚恳、沟通的环境，最终实现员工个人不断成长、组织不断发展的目的。职业生涯管理发展过程如图 5 所示。

图 5 职业生涯发展过程

进行面对面的交流，我觉得非常有缘。现在我就以一个普通工人的身份给大家介绍一下海港的工作，让大家从一个老工人职业生涯的眼里看我们青岛港的发展。

我今天讲的是青岛港经济建设发展以及码头生产、装卸机械的一些情况，这个行业离我们同学和老师平时的学习、教学工作比较远。但是，我想世上万物都是相通的，我们职业学院的学生应是紧随时代潮流与时俱进的，我们之间的交流应该没问题。我觉得作为当代的工人，作为当代学生，我们肩上的担子很重，我们共同的理想就是振兴中华，因为我们都是中华民族的子孙。有个社会上普遍存在的令人不解的现象，好多人都移民到国外去，拿外国护照成为外籍公民，这种现象我也不好评论。但是我总觉得这样做不太好，因为他们都是华夏儿女，他们身上所流淌的血，他们平时的生活习惯，他们的言行举止，他们的一举一动，都带有我们的民族烙印。所以，我们个人的成就与国家的发展是密不可分的。今天我有一点感想和大家交流一下。在工作中我们什么困难都可以克服，个人面对困难并不可怕，但是，民族梦想要化为现实，就需要全体中国人的共同努力。在建设和谐社会的大背景下，每个人都应该为中华民族的伟大复兴而努力。

我把自己准备的内容和大家交流一下，首先讲一讲青岛港的历史。1892 年，那时帝国主义统治青岛，是一段中华民族饱受屈辱的历史。1949 年 6 月 2 日青岛获得解放。

在新中国成立之前，国民党多次想炸毁青岛港。码头工人在共产党的领导下采取种种办法比较完整地保留了青岛港，所以在后来的国内建设中发挥了巨大的作用。新中国成立之后，青岛港的生产很快便恢复了，但是由于装卸技术落后，装卸工作是一种繁重体力劳动，当时人们称码头工人是“出苦力”的，足显码头工作的艰苦。这种现象一直延续到 2 0 世纪 60 年代。那时，即使像我的师傅那样的人，他们的劳动也是非常的繁重的。像铁锨、手钩、杠子等工具，这些都是原始劳动工具，手钩是码头工人在生产中的一种发明创造，因为它减轻了工人的劳动强度、提高了效率，但现在禁止使用，因为能损坏货物被定义为野蛮装卸。

对手钩的定义我觉得时代不同，理解的方式也不同，过去对的，现在就不一定对。我们这一代人尤其是 2 0 世纪六七十年代的工人仍然从事这样繁重的劳动，后来国家为了减轻工人的劳动强度，不断地给码头工人装配机械如电瓶车、叉车等，但是很多工作、很多货物的装卸，仍离不开体力劳动。

我记得我刚开始工作的时候，100 千克重的货物全靠体力装卸。当时我们国家经济不像现在这样发达，100 千克重的古巴原糖一扛就是一包；水泥 25 千克 1 袋，一扛就是 4 袋。那时卸铁矿石不像现在 1 个小时 1 万吨以上，1 万吨铁矿石我们要干上 10 天，而现在 1 小时就解决了。大块铁矿石二三十千克重，一铁锨下去铲不动只能用手搬，所以装卸工又叫“老搬”。如果自己感冒了，上夜班咬

牙下舱去铲铁矿石，出一身透汗就好了，这就是当时码头工人的生活。我只是想告诉大家一段真实的历史。

后来，码头上不断出现了一些新的机械，这就相对减轻了码头工人沉重的体力劳动。一个普通码头工人不识字，没有文化，所以他才干码头工人，所以才被人称为做苦力的。像这样的工人生活很苦，想学习都没有机会，让他去当机械师，他可能胜任吗？肯定不能！我在 1974 年干电工的时候，每班定时检查电动机的温度，通过温度高低判断电机工作是否正常，看似简单的工作其实并不简单。当时我去了之后，检查电动机温度的时候，师傅教我要用手背不用手掌。为什么不用手掌?人家说“我让你们怎么干你们就怎么干”。

你们让我干，你们得让我知道为什么这么干。后来我通过学习后知道，师傅把生理现象和物理现象搞混了，用手背感知温度时，电机外壳如漏电，手能迅速脱离漏电部位，而不是什么左手右手定则。到后来技术上有所进步，当时我们国家的经济状况不是非常好，外汇储备非常有限，为了改变码头工人的劳动强度，青岛港花巨资从国外引进现代化的装卸机器。但是机械的使用是需要维护的，可连技术员都不知道怎么保养，只能参照国内机器的做法，不到一年的时间这些机器就坏了，只能从外面找一些工程师帮助我们修理，结果由于维修不当导致机器损坏更加严重。

其实这些技术很简单，但当时没人会教，也不讲什么培训，跟着师傅会操作了，不需要职业资格证你们就能上岗。20 世纪 80 年代，我们想看看外国技师怎么修机器，因为我们不懂这方面的技术，但是被老外拒之门外不让看。我从心里气不过，就想自己自学。问题是当你们在那儿学习时，别人就在旁边说：“你们整天在码头上干活，你们不就是个出大力的吗？这个时间你们睡一觉多好？”对于这些风凉话我慢慢地就适应了，所以说做什么事都需要勇气。

一个人在工作中会遇到许多问题，只有带着问题去学习、实践，才会取得很快的进步。

干好本职工作这是一个工人的本分，我在港口多年的实践中，在自己的努力和领导的开导下，取得了一些进步，也从中悟到一个道理：一个人完全可以掌握更高的本领。一个人可以没有文凭，但不能没有知识。因为只有知识可以改变命运，只有发奋学习充实自己才能胜任岗位上的工作。

记得 1984 年，我参加了青岛港现代化的改建工作。这期间，我得到了许多工作实践机会，积累经验，既增长了见识，又提高了技术。其实，我在学习外国先

进技术的时候也遇到一些困难，因为我一没图纸二没资料，可能工作两个小时毫无进展，但还是咬牙坚持。

维护工作中，考虑到这些设备是原装设备，只有用原装配件才能保证性能，可是买不到，国产的又装不上，困难多了，要克服这些困难就必须下苦功夫，用实践经验去解决困难。我经过摸索，用自己的办法修好了价值 1 万美元（现值 1 美元=6.134 元人民币）的重量传感器；还曾用 0.8 元 / 个的国产运算放大器替换了要价 400 欧元（现值 1 欧元=7.86 元人民币）的进口元件。我们的信念就是要为中国码头工人争口气，就是这种精神支撑着我，完成了一个个艰巨的任务。

当然任何工作不可能一帆风顺，既有成功的喜悦，也有失败的教训。有一次我们装卸一批运到欧洲的圣诞节礼品和集装箱，虽然事前做好了应急预案，但还是出了漏洞，一台新桥吊突然发生故障。当时我们对这套电控系统还不熟悉，明知道故障就在这块电路板上，可查了半天没找到故障点，我们也不知道从哪个地方去寻找突破口，真是急死人，大冷天的急出一身汗，但急也没用，最后把船期给延误了，也可以说这是我干这一行以来所经历的最大的耻辱。只因为我们的能力不行，最后给货主带来了巨大的损失，这是在 1990 年发生的事。这件事情告诉我还得亡羊补牢，尽量挽回损失。

由此我得出一个经验：对待知识、技术、科学要心存一种敬畏，既要有一步登天的雄心大志，又要有扎实的作风和态度。只有不断地学习才能跟得上技术创新，而且我也意识到不仅要学习还要超前学，不然等到新装备引进来再学习，黄花菜都凉了。后来经过我们几年的苦练内功，情况有了改善。从 1995 年开始，根据往来于青岛港的集装箱班轮运输的特点，我们确定的航线是从青岛到美国的旧金山，当时上级要求的也非常严格。要想使开设的新航线长期保持下去的话，外国船公司只有一个条件：“我的船到青岛港必须在 12 小时内完成装卸任务。”所以我们当时就抓住这个机会大练兵，提高司机的操作技能，提高维修工人的技术水平。

我确定了司机班和维修班组的训练计划，无声响操作就是这段时间提出来的，并定下了培训目标。怎么办？就是四个字“严细实全”，采取四个字的措施来保证任务的完成；然后又根据 12 小时连续作业制订了“一二三”工作法，经过两年的努力我们将青岛至美国西海岸的这条国际集装箱航线做成了精品航线；最后，我们获得了由国务院颁发的全国保班名牌航线奖牌。今天我们看一看走过的路，越是简单的工作越需要耐心，只要长期坚持下去，简单的办法同样可以创造一流的经济效益和社会效益。

由于社会的深刻变革，在人们心目中工人的形象和意识淡化了，各种场合下，“工人阶级是国家的主人翁”被提得越来越少。特别是，青少年追求和崇拜的偶

像也发生了改变。一些青少年追明星、歌星，梦想一夜成名，导致家破人亡的现象也有发生，当然这只是极个别的现象。由于人民物质生活水平的提高，对精神文化的要求也越来越高，这必然成为社会发展过程中存在的一种现象，也无须说三道四，但是有一点可以坚信：

工人作为现代企业的主体，不管社会怎么变化，我们的信仰都不能改变。工人，永远都是企业的主体，因为工人是国家财富的直接创造者，是建设和谐社会的主力军。从这个角度说，同学们选择了青岛职业技术学院，就是选择了通向成功的桥梁。

学习一门课程、一门技术，就要潜心钻研、苦练技能、作出成绩，这样同样可以成为国家的有用人才。所以我才斗胆说这样一句话："一个人可以不上大学，但是不能不学习；可以没有文凭，但不能没有知识。"我觉得无论是对工人来讲，还是对咱们同学来讲，我认为知识就是资本、技能就是价值，要通过不断努力学习来扩充知识、充实自己，来成就自己的未来。

我再给大家说一件事。2006 年 7 月份，中央电视台在新闻联播中播放了我们团队成功实现技术创新的事迹。其实在 20 世纪 90 年代我就有这个想法，当时的条件非常有限，我一直在努力，却无法实现。场地上的机械是采用柴油机发电供给动力，但是我们的工作还是比较受限制的。看到这么多的机械整天冒着黑烟，产生这么多的污染，一台车 1 小时烧 80 升柴油，你们就可以想象污染是多么严重，原来的蓝天白云现在很少见，晚上看不到的星星多了。所以，我想，怎样才能使我们青岛港码头实现无污染生产，降低能源消耗？我们从两年前就开始实施这个方案，先是设计了好多好多方案，但是每个方案都被否定，因为技术上实现难度太大。说句不太准确的话，如果这活好干的话，国内外这么多机器制造厂家他们早就干了。

事实上，国外的一些厂商也在不断研究这方面的技术。这几年国际上原油价格疯了一样往上涨，从 40 美元到 70 美元一桶，我们的生产成本大幅上升。这种大的国际环境也就促使我们加快对这个项目的研究。我们又搞了一些具体的方案，经过几次试验结果成功了。

应该说，那一段时间我们确实是在拼命地干，鼓励每个工人动脑筋，找到一个好的办法来解决我们的连接装置同步问题。后来在关键时刻，我们坚信知识给我们极大的支持，用一个巧妙的方法解决了这个技术问题。经过初步的测算，这个项目带来的经济效益仅燃油一项就可以降低 60%的成本，按目前的集装箱吞吐量，每年就可以给国家节约大量不可再生的能源。

这个项目成为目前世界上各国集装箱港口场地机械作业的创新技术。作为技术创新我们已经申请了国家实用新型专利，现在包括深圳、香港在内的许多港口和地区都在使用我们的这项技术。这给我们的启示是，工人一样可以创造专利，进行技术发明。

从 2006 年开始，国家科技创新奖项增设了工人农民科技进步奖，使得工人和农民的创新意识加强了。2007 年的 1—2 月召开的全国科技创新大会上，长春第一汽车制造厂的王洪军和鞍钢的一个电工两个人共同获得了全国科技创新二等奖，这是非常不简单的。大家想，国家的科技大奖这是许多科学家、工程师奋斗一辈子梦想得到的荣誉，工人拿到了，这说明什么？工人一样可以搞创新，一样可以搞科技，关键是在于你们想不想。这次我有幸受中央电视台邀请到长春参加 2007 年劳动榜样的评比，亲眼看到了当时现场的情景。

一些发明技术跟我们的一样，就是汽车钣金技术，但是王洪军发明的工具可以在不损伤汽车喷漆的情况下很巧妙地将凹陷的车门整修恢复原样。如果大家感兴趣的话，五一期间可以观看 2007 年劳动榜样的实况播出。这之后，王洪军被调到新的岗位，在工程师队伍之中唯独他是个工人。在此之前他选择当工人的时候，他家里人并不十分认可，但是后来他在自己的岗位上努力学习、潜心钻研，最后他取得了成功。他的父亲，他的哥哥、姐姐一直帮他整理材料，申请并获得了国家科技大奖。

他在一线做工人，他想干、肯干、用心去干，他从不感到苦闷。当然了，并不是所有的人都能得科技大奖，我们从中也受到了很多启发：

要做好本职工作除了要有责任心外，还必须要有敬业精神。工作要取得成绩就离不开知识，离不开技术，离不开技能。就这一点而言，我觉得我们现在所学得的都是书本上的知识，都是经过前人不断地探索得出来的经验，都是有价值的东西，确实需要我们认真地学习掌握、细心地积累；在这个基础上，再不断地发现不足，思考改进，也就是现在说的开拓创新，在创造中不断地增长新的知识，然后把这些新的知识、思路、方法运用到工作中去，就会得到新的技术成果，从而提高质量、效率。这样，企业的生产力才能保持先进，当代工人的价值才能得到体现。

同学们在这里经过几年的深造，学会了一门或几门的技术、技能，做好未来的职业规划，然后到社会上去谋生、去创业，实现人生的理想与追求。这个机会对我们那一代人来说是可望而不可即的事。今天看到这么多年轻而富有生气的同学，我感到非常的高兴。从国家的长远战略来看，我们在建设创新型社会，但是问题也跟着提出来了：建设创新型的国家需要创新型的人才，可是创新型的人才怎么培养？因为创新型的人才关键在于有创新型的思维。我想，这艰巨的任务就落到了同学们的肩上，落到咱们学院教职员工的肩上。

说到创新精神，我也谈一下关于目前学校教育的一些问题的思考，可能不是十分成熟。十几年以前，我们国家不少学校举办的数学奥林匹克竞赛，北京大学网罗了很多冠军，目的是培养精英，但是很多年之后的今天，这些冠军中却没有出现世界级的数学大师。这个问题让我一直在思考我们的生活中、我们的学习中是不是存在一些问题。我自己也发现，无论是小学生也好，初中生好，高中生也好，或是我们企业中的一些员工培训，都为了应付考试，都没有一个应有的态度对待学习，能通过考试就算完。我们所学的都是一些标准答案、正确答案，几乎不存在自己的思考、见解。我认为，你们学习中应该去思考，去提出问题，课堂上把老师问倒；不然的话，在这样的一个环境里面，你们的思维就固定了，所以当你们到了企业里面，就很难再有创新精神。我很赞成许多科学家所说的没有标准答案的问题才是好问题，如果每个问题都有标准答案了，那还叫什么问题？这些观点仅供同学们在学习过程中借鉴和参考。

希望同学们珍惜良好的学习机会，勤奋努力，刻苦学习。既然是职业学习，就应按照新材料、新知识、新工艺，多学习一点科学文化知识，这样每个人才能进步。如果你们真的学好了一定会用得上，学习这应该是对同学们最低的要求了。现在同学们的学习、生活条件比我们那时候的情况好多了。特别是信息时代网络技术的发展，更加提高了同学们的学习效率。但是我们不愿看到的一个现象是，有很多学生沉迷于网络游戏之中不可自拔。这严重影响了这些同学的学习和成长。很多学校在这方面有严格的纪律，我觉得关键还是在于同学们的自律。要把有限的时间利用起来，大家应该懂得“一寸光阴一寸金，寸金难买寸光阴”的道理。

作为新时代的学生，至少应该对自己负责任，不然的话怎么能算是一个合格的学生，又怎么能对得起自己的家长？在科学技术飞速发展的今天，无论是我们这个行业还是其他行业，不允许我们有一些不负责任现象存在于工作岗位，我认为这是个职业道德问题。这就需要同学们在学习知识、学习技术、学习技能的同时，要配合好学校教育，从一开始就养成良好的职业道德。

职业道德这个东西是看不见的，但是它会一直陪伴着你们并影响到你们今后的职业生涯，无论是你们的工作质量还是工作效率。从农业生产到工业生产，没有良好的职业道德，再好的产品、服务也不能长久，也不可能出名牌。比如我们的桥吊队，我们所创造的集装箱装卸技术以快速、准确和高效率完成任务的过程，其实就是培养良好职业道德的过程。换句话说，如果我们没有良好的职业道德，恐怕我们连国内的这几个港口也比不上。

良好的职业道德是引导我们坚定理想信念，培养工作兴趣和精湛技术的必备条件。现代化大生产不是一个人两个人能单独完成的，需要若干个工人协同作战，才能完成某项艰巨的任务。比如说，我们这个集装箱装卸，就是吊车吊着集装箱装装卸卸，看上去很简单，实际上它由很多岗位工种配合才能完成，是一个完整的生产链。所以说，一个岗位的失误就有可能影响其他岗位的正常工作，一个岗位的失误也可能造成严重的损失。

在这儿我给同学们举一个真实的例子。1985 年，日本发生了一起空难事故，这起事故震惊了世界航空业，因为这件事故影响太恶劣了。一架波音 747 客机起飞半小时后坠毁，飞机上的 521 名乘客加机组成员无一幸免。那么，这起空难是怎么发生的呢？波音公司经过三年的调查，原因找到了，是一个飞机修理技师在一次维修机舱压力板的过程中没有按照规定的工艺和标准来进行操作造成的。521 条无辜的生命就是因为这个技师不负责任，永远地离开这个世界。所以，当时美国这款飞机的总设计师知道了飞机失事的原因后便号啕大哭，因为他是清白的。事实上，波音 747 飞机到目前为止在世界上也是最安全的飞机，但是 521 条人命却告诫我们，作为一个技术工人有技术有技能还远远不够，如果没有负责任的职业道德，他就不是一个合格的工人。人们可以追究这个技师的违规违章，但我觉得更应该追究他的职业道德。

规章制度在今天许多企业都要求强制执行，你们必须执行，不愿意也得执行。如果你们具有良好的职业道德，你们就会自觉地去执行。比如什么地方不完美，他就会自觉地去纠正，所以良好的职业道德会促使一个人敬业精业。今天对职业道德说得这么多、这么重要，就是要求我们从平常的小事去做，用心去体验活是怎么干的、应该怎么干、怎么样能干得更好。我们要像洗脸刷牙那样去培养自己的工作兴趣。说到兴趣，我认为一个人要有信念、要有理想，就必须对自己的工作产生兴趣。对于不感兴趣的工作就必须强迫自己去干，慢慢地就产生了兴趣。我们现在最重要的是培养对未来重复工作的兴趣。劳动很光荣，但是劳动真的很累、很辛苦。在现实生活中也有很多工人吃苦耐劳，做到许多人做不到的辛苦，他们的子女往往就受其影响热爱自己的工作并产生了浓厚的兴趣。

在这儿我还想举一个老工人的事例。他今年 73 岁，在电焊工岗位上整整工作了 53 年，他拿手的技能就是在燃气管道不停气情况下对破损的管道进行焊接，这是一般人不能做到的。他说：“我就对这个活感兴趣，别人说这活不能干，我就想试一试。”我们想一想，一个 73 岁的老人且身患癌症，在比赛结束之后马上挂吊瓶住进了医院，为什么能做到这一点？其实，他就是凭着对工作的高度热爱和兴趣。经过我们一致推举，他直接获得了第一名。另一位电焊工技师，他为了练习高压焊接的手艺，在一次训练过程中不小心被高压水柱将整个右手切断，医生给接上了，但手指的功能没有了。就是在这种残酷情况下，他仍然没有放弃对电焊工工作的追求，最终掌握了高压水箱带压焊接的绝技。这就是执着，这就是贡献，这就是骄傲，也是职业道德的力量。所以，我认为良好的职业道德会伴你们一生好运。

这几年国家的建设和发展正进入一个新的时期，新时期就需要千千万万高素质的技能型人才。为培养这样的高技能人才，党和国家投入了大量的人力物力财力。我记得 2006 年党中央下发过文件，大家也看到全国召开的两会，温总理在政府工作报告中专门提到了职业技术教育的问题，要大力支持职业教育的发展。这说明咱们职业教育发展的新时期已经到来，这也为我们青年学子未来专业技术领域的发展提供了更加广阔的空间。

大家应该抓住机遇，珍惜自己的青春年华，抓紧在学校的时间努力学习科学文化知识，认真刻苦实作训练提高自己的技术技能。要提高质量，投入激情。大家只要有对知识、技术、技能学习的兴趣，就一定能在未来的岗位上实现个人的理想目标。我相信同学们只要现在努力学习，那么未来的高技能人才精英就是你们啦，中国技术工人的最高奖——中华技术大奖也非常有希望在你们身上产生。

同学们，努力吧！

谢金领简介

谢金领，男，文学硕士，英语专业教授。1987年7月参加工作。1993年毕业于华中师范大学英语语言文学专业。1999年10月，被公派到奥地利维也纳经济大学作为期一年的访问学者。2002年6月从江西财经大学调入青岛职业技术学院工作。现任青岛职业技术学院国际合作与交流处处长。

在长期从事的教学工作中，将英语与国际商务和计算机专业结合，开设多门特色课程，曾经担任过国际商务英语函电、国际贸易实务（英文）、全球市场营销原理（英文）、计算机科学、市场营销（英文）、电子商务、德语选修、大学英语、计算机基础与操作技能等多门课程的教学任务，涵盖从专科生到留学生和研究生多个层面的专业课程。公开发表论文、译文20余篇。参编教材、译著多部，主编教材《新编国际商务英语函电》和《世纪商务英语——翻译教程》。后者入选“十一五”国家级规划教材并连续获得首届和第二届山东省高等学校优秀教材二等奖。完成科研课题6项。2007年12月被评为青岛市黄岛区优秀人大代表。2010年2月，获山东省教育国际交流与合作工作先进个人奖励。

要做国际事　先做国际人

亲爱的同学们：

你们好！

作为国际学院的新生，你们一定带着对未来生活的无限向往，但同时也很可能又充满了迷茫。如何尽快地融入大学生活？如何尽快地提高专业技能？如何尽早地走出国门，迈向世界？一连串的问题都在等着得到答案。就让我们透过讨论今天的话题——要做国际事，先做国际人，来打开我们每个人生梦想的窗口吧！

首先，让我们来看一下为何需要讨论“要做国际事，先做国际人”这一话题。

一、全球一体化

所谓全球一体化，大多数情况是指由于科技、交通、政治等的急剧发展，有地界的世界各国之间、无国界的金融集团之间的经济以至文化交往日益频繁，结果，在此交往过程中，全球的文化、经济、法律、语言等日趋融汇合流，这便是全球一体化。

全球一体化是指朝着更为一体化和更为相互依存方向发展的世界经济。全球一体化由市场一体化和生产全球一体化两个主要部分组成。

二、经济全球化

经济全球化的主要表现形式有生产全球化，金融全球化，科技全球化，以及基于上述三者之上的投资全球化、贸易全球化等等。

让我们看几个生产国际化实例。

例如，目前各国公路上奔驰的汽车、办公桌上的电脑以及居民家中的诸多电器设备虽然标明美国、德国、日本制造，但其中很多部件是在他国生产的。如波音公司的客机，可能是在华盛顿和日本设计，在西雅图组装，尾部整流则来自加拿大，机尾部分产于意大利，发动机则由英国制造。

又如，日本生产的袖珍计算器，其微处理器芯片来自美国，外壳由印度生产，一部分零件从韩国采购，在新加坡、印度尼西亚或阿尔及利亚装配，然后贴上“日本制造”的标签，最后销往世界各地。

再如，全球闻名的“耐克”运动鞋年产 9000 万双，每年都推出 100 多种新产品和新款式。但是，美国“耐克”公司 7800 多名员工只负责设计、选厂、监制和销售，而生产却由分散在世界各地的 40 多家工厂来完成。

目前落户青岛的日资企业有 1100 多家，而韩资企业则超过了 6000 家，它们大多都是全球化生产的部分。

正因为经济的全球化呼唤大量国际化的人才，这一点已经直观反映在市场对人才的需求变化上。面对用人单位打出的招聘广告，你们会发现对求职者的要求越来越“苛刻”。作为一名专业技术人才，你们不仅要精通你们的专业技术，还要懂管理，懂进出口业务，能熟练使用外语，通晓国际贸易知识、金融知识、国际法知识、国际商务礼仪、跨国文化等。

三、经济全球化背景下的高等教育国际化

经济全球化的发展推动着国际化人才的强烈需求，从而也直接导致了高等教育的国际化，这是指世界各国和各地区高等教育的相互借鉴、相互渗透和相互对接。高等教育国际化当然包含着留学生在国际范围内的双向或多向流动，但高等教育国际化更重要的体现为各国和各地区的高等教育在办学理念、功能设定、运

行机制、管理方式、教学内容与方法等方面的沟通、交汇与整合，以及教学资源的共享等。

为满足国际化人才的强烈需求，当今，世界各国都在积极探索和实施国际化人才的培养战略。我国作为崛起中的大国，要参与全球竞争，特别急需一支高水平、国际化的人才队伍。如何更好地培养国际化人才，成为摆在我们面前的一项重要课题。

在此背景下，作为青岛职业技术学院国际合作办学的窗口，我们国际学院特别提出要在全体师生员工中深入开展“要做国际事，先做国际人”的主题研讨活动，旨在培育国际学院全体师生员工的国际视野和国际意识，帮助全体教职员工改善工作作风、提高业务水平，帮助全体学生明确学习方向、增强学习兴趣和热情，从而顺利成长为能做“国际事”的“国际人”。

四、“国际化人才”的标准

我们所说的“国际人”，也就是国际化人才。那么，什么样的人才算是国际化的人才呢？是不是所有蓝眼睛、高鼻子的人都是国际化人才？外国劳工能否属于此列？是不是拿到外国绿卡的就是国际化人才？是不是土生土长在国内的人才就不属国际化人才？判断这些问题，还需从国际化人才本身的内涵来理解。

能否成为国际化人才，可以从以下三个标准来衡量。

（一）必须为人才

人才即一定是人群中较为优秀的那部分，具有充分潜能，能够带来较大经济和社会效益的那一部分人群。从操作定义上来讲，国际化人才指能够在不同国家生存与发展的：

（1）具有专门技术并能够促进经济发展的专业人员；

（2）能够开发新理念、新过程、新产品、新服务的创新、研究和创造型人才；

（3）能够将新理念、新产品、新服务转变为现实，创造财富、催生市场、扩大市场份额的企业家人才。

（二）具备适宜在不同国家生存的素质和能力

所谓“国际”本意为国与国之间，后来被用作多个国家之间、不同国家之间乃至所有国家之间的泛称。由此可知，适宜一个国家或者地区而不能或不会到另一个国家生存与发展的人才，不能成为国际化人才。唯有在这个国家或者地区工作、生活得开开心心，到那个国家也能游刃有余的，才能成为国际化人才。

这包括硬、软件两个方面。其中：

硬的、外显的素质、能力包括语言沟通能力（外语和计算机）、生活技能、工作能力、国际知识；

软的、内隐的素质、能力包括个性、道德价值观、视野、环境适应能力、文化敏感度等。

我们需要注意，这里所说的素质和能力是国际化人才素质和能力的基础部分，具有通用性或者共性。

（三）具备能够在不同国家良好发展的素质和能力

应当看到，在经济竞争激烈的年代，各国并不是对所有人都开放的，概而言之，对优秀人才采取欢迎态度，对一般移民采取谨慎甚至关门政策。各国为什么能够对人才礼贤下士，关键在于其对于人才能够带来巨大经济和社会效益的预期，这就要求人才要有能够让所在国“趋之若鹜”“为之倾倒”的知识和能力。如果人才拥有“独门武艺”，拥有各国极其稀缺的知识能力，则发展和迁移的主动权就在于人才本身，他才更有可能获得按照自己意愿选择生活、工作在何处的自由。此所谓“一招鲜，走遍天”。这才是真正意义上的国际化人才。

由此，我们可以推断，国际化人才并不等同于“外国人”这一概念，虽然生活、学习、工作在国外的人才中很大一部分的确属于这一范畴；但在国内的人才也不一定不可称为国际化人才，只要他具备“走遍天下”的才能与素质。

另有一种观点认为，人才国际化是指“要有国际化的视野和与国际市场接轨的知识结构”，并不是“国外培养出来的就是国际化人才，国内培养出来的就不是”。他们主张“应该不讲背景，按统一的、国际通行的职业经理人的标准来衡量”。在国际化人才的衡量标准上，有专家认为：重在软指标。外语水平、计算机应用、专业知识等方面比较容易鉴定、把握，但是领导、决策能力、市场开拓意识与创新能力、国际视野、个人魅力、人际交往能力等偏差就比较难以衡量测定，也没有一套十分科学圆满的考核测量方法。

当今不仅需要国际化人才，更进一步讲，中国正在步入一个需要千千万万新型国际化通才的时代。国际化通才应当具备哪些基本素质？有专家总结了以下七个方面。

（1）具有宽广的国际化视野和强烈的创新意识；

（2）熟悉掌握本专业的国际化知识；

（3）熟悉掌握国际惯例；

（4）具有较强的跨文化沟通能力；

（5）具有独立的国际活动能力；

（6）具有较强的运用和处理信息的能力；

（7）拥有良好的道德和健全的个性。

五、国际化人才的培养

（一）充分利用国际合作办学的优势

加强国际教育的交流合作，并充分利用国际教育资源；在教育内容、教育方法上适应国际交往和发展的需要；培养有国际意识、国际交往能力、国际竞争能力的国际化人才是国际合作办学的基本宗旨。国际合作办学不仅拓宽了教育筹资渠道，还引进了许多国外先进的教育资源，实现学生不出国门就能“留学”。

国际学院自 2002 年成立以来，已经由最初的一个中澳合作办学项目、仅开设一个酒店管理专业发展成为现在拥有中澳、中新、中法三个合作办学项目，共开设有酒店管理、国际商务、物流管理、商务日语、旅游日语、应用韩语等七个专业，并且每年接收培养 150 名左右的外国留学生。

今天的国际学院拥有正式中、外教职员工 50 余人，全日制在校生近 800 人。国际合作是我们国际学院最大的办学特色，我们的所有专业都分别与澳大利亚、新加坡、法国、日本和韩国等国的高校建立了合作关系，通过引进国外优质教育资源和教育理念，为学生接受国外先进教育提供便利的条件，并为有意赴国外深造的同学搭建出国的桥梁，创造便捷的留学通道。现在，每年都有数十名同学从国际学院分别走向澳、新、日、韩等国留学深造，有的获得了国外的奖学金，有的已经获得或正在攻读硕士学位。

（二）培养国际意识

什么是国际意识？中国古代就有这样的话“不谋全局者不足谋一域，不谋万世者不足谋一时”，其实表达的是一种朴素的大局意识，同我们今天所讨论的国际意识有相似的地方。

国际意识是一种全球化的思维方式。国际意识指突破一国自身狭隘的范围，要求将目光放在全球的广度上，而不是局限于一隅；将自身放在全球发展进步的空间里，而不是局限于一时，只知道身边这方圆 1000 平方米的事是不够的。

国际意识是包括政治、经济、文化、体育、教育甚至农业等方面的全方位的国际意识。具有国际意识保证了一种向世界最先进的力量学习的能力，保证了在对比之中找出差距从而不断前进的动力，因此，国际意识是一种向先进看齐的意识。

在提倡国际意识的同时也应该明白，不能一味地迎合国外的东西，不能不加选择地对国外的东西什么都学，在国际社会中还是要保持一定的本民族特点和优秀的东西，尤其是指在文化方面。因此，国际意识又是一个应该留有限度的东西。

（三）培养国际竞争意识和能力

现今，许多跨国企业招聘人才是面向国际范围的。比如，英国 BP 石油公司，在《财富》全球 500 强中年销售额居第二位。BP 已在中国投资约 40 亿美元，拥有独资合资企业 20 多家，直接雇员和控股公司雇员超过 1000 人，是在华投资最大的能源公司。BP 在招聘大学毕业生时，其招聘范围不再局限于当地，而是面向包

括中国的整个亚太地区，中国大学生要与其他国家的大学生一起竞争。这就要求在人才市场国际化的背景下，中国学生不仅要有信心，也得培养自己的国际竞争意识和能力。

经济全球化，必然导致人才竞争全球化。人才不可能像过去那样，只简单地在某个企业、某个城市与其他人进行小范围竞争。现在人才必须面对整个人才市场的竞争，这个人才市场是跨区域的、全国性的乃至全球性的。在经济全球化的推动下，我国的经济发展是开放的、面向国际的，所以，具有国际竞争力的人才才能给企业带来全球竞争力。

（四）建立诚信，从我做起

从整体看，一个人的诚信、动机、潜能、理解力都非常重要，还有拥有的知识、所积累的经验。其中，最不重要的是经验，因为人们可以很快习得。诚信第一位，不能相信你怎么派给你任务？没有诚信，动机是危险的。没有动机，潜能就变成无能。不讲诚信，迟早要付出代价。有段时间中国食品在美国、日本等国遭到封杀，许多国内食品企业因此纷纷倒闭就是不讲诚信的结果。

（五）注重细节，培养严谨

有一本书，名字叫《细节决定成败》，书中说："泰山不拒细壤，故能成其高；江海不择细流，故能就其深。"大礼不辞小让，细节决定成败。在中国，想做大事的人很多，但愿意把小事做细的人很少；我们不缺少雄韬伟略的战略家，缺少的是精益求精的执行者；我们不缺少各类管理规章制度，缺少的是规章条款不折不扣的执行。我们必须改变心浮气躁、浅尝辄止的毛病，提倡注重细节、把小事做细……

我在欧洲留学时，常感叹于欧洲人的注重细节。实例俯拾皆是。……德国经济发达、基础牢固，得益于德国人做事的一贯严谨、一丝不苟。

1．细节的实质

看不到细节，或者不把细节当回事的人，往往对工作缺乏认真的态度，对事情只能是敷衍了事。这种人无法把工作当作一种乐趣，而只是当作一种不得不受的苦役，因而在工作中缺乏工作热情。他们只能永远做别人分配给他们做的工作，甚至即便这样也不能把事情做好。而考虑到细节、注重细节的人，不仅认真对待工作，将小事做细，而且注重在做事的细节中找到机会，从而使自己走上成功之路。

2．从小事做起

密斯·凡·德罗是20世纪世界四位最伟大的建筑师之一，在被要求用一句最概括的话来描述他成功的原因时，他只说了五个字"魔鬼在细节"。他反复强调的是，不管你们的建筑设计方案如何恢宏大气，如果对细节的把握不到位，就不能称之为一件好作品。细节的准确、生动可以成就一件伟大的作品，细节的疏忽会毁坏一个宏伟的规划。

3.细节创造完美

同学们，“今日你们以学院为荣，明日学院将以你们为傲”，你们的名字已经载入了青岛职业技术学院的史册，你们已经成为国家示范院校建设发展的生力军，学院会为你们的成长进步而自豪，会为你们走向成功而荣耀。希望你们在未来的学习和生活中，成为“要做国际事，先做国际人”的实践楷模，以饱满的热情和高昂的斗志迈向国际化人才的目标！

最后，衷心地祝愿各位同学学习进步，生活愉快，身体健康，梦想成真。

谢谢！

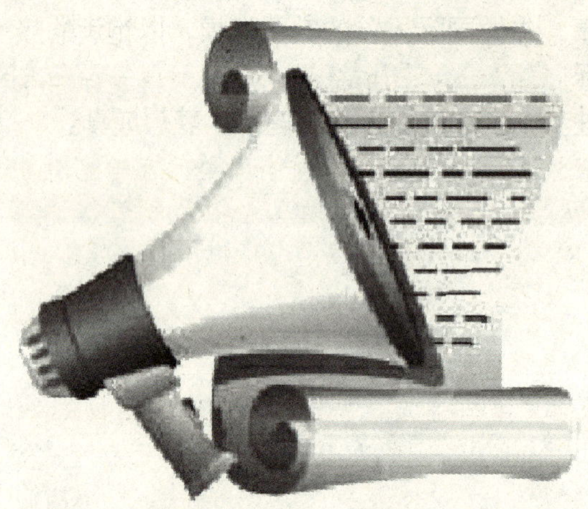

第三篇　专业指导

吴亚初简介

吴亚初，男，生于1961年2月，教授，1982年毕业于河南大学体育学院，国际级篮球裁判，全国高尔夫专业教材编写委员会副主任，复旦大学上海视觉艺术学院高尔夫运动管理学科带头人、文化产业管理学院副院长，广州体育学院、上海体育学院、河北体育学院、辽宁职业学院客座教授。

现从事《高尔夫概论》《高尔夫竞赛组织》《高尔夫俱乐经营与管理》等课程的教学工作。

发表的学术论文如《试论我国高尔夫产业社会发展特征》等多篇，出版的专著有《高尔夫概论》等三部。

当前高尔夫运动社会发展现状及未来发展趋势

（2008年6月12日）

亲爱的同学们：

大家好。

今天很高兴有机会与同学们交流与高尔夫有关的问题。我的发言题目是“当前高尔夫运动，社会发展现状及未来发展趋势”，从四个方面进行交流。

一、高尔夫运动的社会属性

1．来自一幅油画的描述

上帝游戏的地方

浓密的细草铺成翠玉般的地毯，
柔顺的球道勾出一个圆满的弧线，
连这山也不敢露出半点霸气。

在这一片天地浸浴着华贵的紫光之中，
不知名的花树一字排开，
像传说中彩带飘飘的舞者，
婀娜地摇啊摇。
正中央的红树炸起欢迎的火焰，
扇子一样的伸向天际。
左方的白云之中射出几线华光，
形成了在草地上几道强烈的光影。

2．来自文字的释义

GOLF
G —— Green 踏着绿色的草坪
O —— Oxygen 呼吸着新鲜的氧气
L —— Light 沐浴着阳光的普照
F —— Foot 健步走向前方

3．来自《辞海》的定义解释

《辞海》的定义解释为一种以棒击球入穴的户外球类运动。

4．从生命健康的角度

人们认为，高尔夫是人与自然最完美结合的户外体育运动，是生活在高强度、高效率、快节奏的都市人最有利于机体健康，缓解精神压力、解除身心疲劳的休闲运动。

5．从社会文化的角度

人们认为，高尔夫以其丰富的传统文化底蕴和现代文化发展的多种表现形式，不断提升和改变着人们的生活方式和生活态度。

6．从经济发展的角度

人们认为，高尔夫是21世纪最具活力和高附加值的社会产业之一。

7．从城市建设和城市绿化角度

人们认为，高尔夫运动的社会化发展，不仅可以提高一个城市建设与发展的文化品位和改善城市的投资环境，而且还是城市建设中一项可持续发展的绿色产业。

8．从旅游和酒店服务的角度

人们认为，高尔夫将为开发新的旅游资源、完善酒店服务功能带来新的行业发展商机，成为旅游和酒店服务业新的利润增长点。

9. 从房地产开发建设的角度

人们认为，高尔夫运动的社会发展，赋予了城市房地产开发建设新的文化内涵，为房地产开发建设注入了崭新的行业发展理念。

10. 高尔夫的基本属性

从高尔夫的基本属性来讲，高尔夫属于当代体育运动的组成部分。

11. 高尔夫的社会表现

从高尔夫的社会表现来讲，高尔夫属于当代社会发展进程中的一种文化。

12. 高尔夫的社会实践

从高尔夫的社会实践来讲，高尔夫是当代经济文化一体化社会发展进程中的新型产业。

二、高尔夫的起源

（一）现代高尔夫运动起源

关于现代高尔夫运动起源，有苏格兰起源说、荷兰起源说、中国起源说，如图 1—图 3 所示。

图 1《冬季里打 GOLF 的人们》（荷兰）

图 2 《打球图》（元）

图 3 《仕女捶丸图》（明）

（二）高尔夫运动的历史发展

1.以趣味游戏为娱乐手段的萌芽时期

高尔夫运动发展初期启蒙阶段的基本特征，表现为从事这种游戏的社会群体带有显著的社会劳动者的色彩，其游戏方法简单易学、器具粗糙笨拙，但已出现了专用器具和专用高尔夫球（图4）。其游戏主体表现单一，娱乐性是此间高尔夫游戏的主要文化特点。

图4 以趣味游戏为娱乐

2. 以体现“绅士文化”为主体的社会发展时期

这一时期，高尔夫运动发展的基本特点表现为，由于王室成员、贵族阶层的积极参与，其游戏主体的表现逐渐形成了以体现“绅士文化”的表现方式为主体的户外消遣运动。

人们参与的目的也逐渐形成了除乡间消遣娱乐之外的又一心理驱动，即田园社交活动。通过户外消遣活动，达到社交之目的，使得高尔夫又有了更加广阔的社会发展空间（图5）。

图5 田园社交活动

3. 以体现竞技比赛和社会交往为主体的竞技文化

高尔夫俱乐部或高尔夫球会的出现，把松散型的社会群体有组织地聚集在一起，为更多的高尔夫爱好者提供了一个极好的交流和沟通的“高尔夫社交场”（图6）。

人们通过有组织的比赛，把以消遣为目的的高尔夫游戏提升到了一个以竞技比赛获取荣誉为目的的户外运动。

因此，这一时期高尔夫运动的发展出现了职业与业余两大群体，把以消遣娱乐为目的的文化内涵，又提升到了以“竞技文化”为特征的新的历史阶段。

图6 高尔夫社交场

4.以文化发展为依托,以经济发展为杠杆，融现代文明和科学技术为一体的多元化发展时期

高尔夫作为一种特殊领域中的文化现象，现代经济发展浪潮为高尔夫又注入了新的发展活力，使其形成了文化向心力和经济发展互动性及包容性十分强劲的新的产业形式。在现代经济文化一体化发展的进程中，为社会经济的繁荣与发展，打造了全新的社会平台（图7）。

图7 经济文化一体化的多元发展

三、当前国内外高尔夫球运动发展现状

（一）当今国际高尔夫运动发展现状

（1）美国世界霸主的地位无人撼动。

（2）欧洲军团的整体水平构成了美国的强劲对手。

（3）澳洲、南非、亚洲形成了第三集团。

（二）当前我国高尔夫运动发展的基本现状

（1）职业高尔夫运动在亚洲地区属二流水平。

（2）高尔夫产业的社会发展形成了亚洲的热点地区。

（3）政府对高尔夫产业的发展政策与社会消费形成了反差。

（三）高尔夫运动产业化的社会发展动因

高尔夫运动产业化社会发展的两个主要因素。

1.经济文化一体化的社会发展

经济文化一体化的社会发展为高尔夫运动的各种社会实践，构成了良好的经济发展基础。

2.不断扩大的高尔夫消费群体

高尔夫消费群体的不断扩大，促进了高尔夫产品的社会再生产。

（四）当前我国高尔夫产业市场发展结构

1．高尔夫产业的社会发展基础

（1）经济文化一体化的社会发展趋势。

现代经济是宏观文化背景下的经济。现代企业的决策不仅仅是经济决策，也是一种文化决策。一个国家或一个企业只有体察民族和世界的文化发展趋势，才能作出具有重大经济效益和良好社会效益的科学决策。

（2）日益增长并不断发展的高尔夫消费群体。

高尔夫产业的社会发展是一个集多层次、多因素、动态发展的结构系统。并由此构成了以高尔夫相关产品的生产制作、产品营销服务、社会消费为主体市场，以及相关领域的功能渗透与社会延伸所形成的另类经济形式——高尔夫产业边际市场。

以体验和感受高尔夫文化作为消费价值取向的社会消费，伴随着社会文化消费的日益增长，成为推动高尔夫产业社会发展的重要的社会动因。

2．现代高尔夫产业的市场发展结构（图8）

3．当前我国高尔夫俱乐部的市场类型与特点

（1）我国高尔夫俱乐部的市场经营类型：

开放性的会员制俱乐部；
开放性的公众球场；
封闭性的私人会员俱乐部。

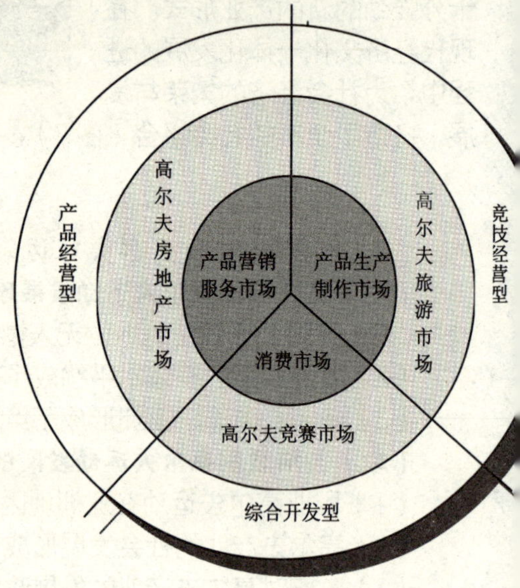

产品经营型
高尔夫房地产市场
产品营销服务市场
产品生产制作市场
高尔夫旅游市场
竞技经营型
消费市场
高尔夫竞赛市场
综合开发型

图8 高尔夫产业市场发展结构

（2）我国高尔夫俱乐部经营的特点：

专业优质的服务质量，完善配套的服务设施与功能，快捷高效的服务流程，实惠透明的服务消费价格，成为企业参与市场竞争的重要标志。

企业管理人员正在逐渐实现本土化的管理经营，球场管理水平也正在向着专业化和科学化的企业管理发展。

当前我国高尔夫俱乐部的企业经营模式（图9）。

四、我国未来高尔夫产业市场发展趋势

国内高尔夫俱乐部的企业经营，在不断强化企业市场竞争优势策略的影响下，企业的人力资源开发与管理将成为企业参与市场竞争的重要基础和保证。强化企业各级管理人员和从业人员的专业能力与专业素质的培养和训练，实现企业人力

资源的可持续发展，将成为全面提高企业服务质量和参与市场竞争的重要经营策略。

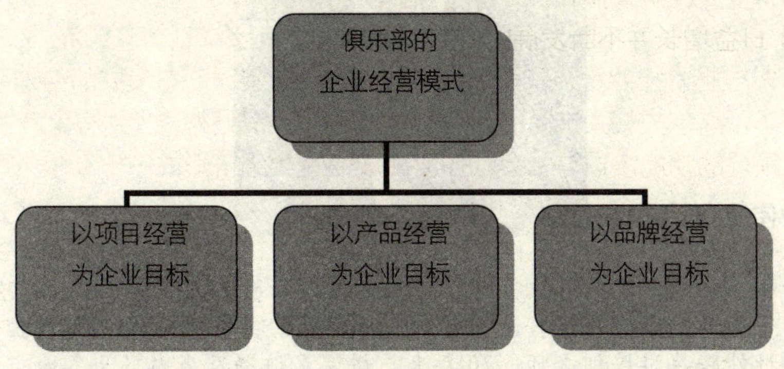

图 9 我国高尔夫俱乐部的企业经营模式

孙树伟简介

孙树伟，全国模范导游员、国家首批高级导游员。从事导游工作近20年，有着丰富的带团和出国领队经验，拥有众多海内外回头客。1994年受聘担任青岛市旅游局首批外聘导游培训老师。20年来，讲课足迹遍及省内，为各地市旅游局培训导游人员3万余人（至2007年底）。

先后出任第一届山东省首届（网络）导游大赛及多家地市旅游局和青岛市历届导游电视大赛点评员、评委，被数家高校聘为专家顾问 、客座教授。

2002年被青岛市旅游局命名为“青岛旅游活字典”，2004年4月创建了国内首个导游工作室——“孙树伟导游工作室”。2005年建成工作室网站。2006年10月27日，国家旅游局授予11位导游员为“全国模范导游员”，孙树伟名列其中，山东省只此一人获此殊荣。

2007年被青岛市职业技术学院旅游外事学院旅游管理专业聘为兼职专业带头人。2008年旅游外事学院校内实训基地引入“孙树伟导游工作室”服务品牌。

导游语言艺术

（2008年6月2日）

各位同学：

今天是个特别的日子，是“孙树伟导游工作室”揭牌的日子，也是青岛市解放59周年的日子。我今天讲解的题目是“导游语言艺术”。我叫孙树伟，大家以前可能经常听说“孙树伟工作室”这个说法。

谈到导游的讲解，如果在座各位要想让它达到“艺术”的水准，首先要使其达到炉火纯青的程度。任何技巧达到了炉火纯青的高度，就是一门艺术。比如做拉面的，我们会觉得很神奇，一个面团转眼间就变成了好吃的食物，这就是艺术。

虽然人人都会说话，大家觉得会说话没什么了不起的，但要想把话说好，其实却是最难的。导游本身就是语言工作者，能够把导游工作做到极致，也绝非易事。

1997 年，我们旅行社接了山东省第一个有关领养儿童的慈善活动，当时情况是一对加拿大夫妇要到青岛来领养一个福利院的孤儿，我就派了某名牌大学毕业的女大学生去当导游做讲解。在机场接机后把他们送回了宾馆，导游就和我联系，说带不了这个团，对话如下。

孙老师：为什么？

导游：第一，我是一个女人。

孙老师：我知道。

导游：我结婚了。

孙老师：我清楚。

导游：我有孩子了。

孙老师：我也明白。

导游：我是个母亲，我很疼爱孩子，今天在机场那个孩子一看到这对金发碧眼的外国人，当场就哭了。孩子一哭，我也哭了。

孙老师：你们可千万不能哭，你们要明白我们的角色，我们是导游，而且今天我们做的是一件善事。

导游：今天这个团我带不了，你们看着办吧。

孙老师：那这样吧，你们跟那对加拿大夫妇说明天我们换一辆车（加拿大夫妇对车不满意），换一个导游。交代好你们就可以走了。

导游答应了，可是到了半夜两点，总社慈善部打电话来说：今天你们的导游在现场看到孩子哭自己也哭了，导致老外不高兴。现在孩子倒是不哭了，导游不哭了，可是老外哭了。

我问为什么，总社说：导游讲明天车不来了，导游也不来了。可是，导游在表达时由于过于紧张，竟将汉语和英语掺在一起说了：Tomorrow，car 不来了，我也不来了——老外听后不哭才怪呐！

接下来再来说一说熟悉导游词的重要性。前一段时间，威海有个学校的男学生打电话给我说想加盟工作室。来了之后，我问他：你们导游词背过了？他说：背过了。孙老师又问：那你们背过了哪些呢？男孩说：我把《青岛导游》这本书都看了好几遍了。孙老师问：你们能说说“汇泉”的由来吗？他说不知道。孙老师又问：崂山被称为“海上第一名山”，是谁说的？对方仍然回答不知道。孙老师让学生打开书，告诉他在书的某页某行，学生立刻傻了眼。

我讲这个故事，只想说明一点：车上的沿途讲解很关键，前期导游词的准备尤为重要，所以，下功夫背导游词是每个导游的必修课。

下面我再来重复一下导游语言的几个原则。

一、语言正确

包括语音、语调、语法、遣词造句的正确性。不管讲什么语言，发音准确永远都是第一位的。假如你们只会讲 10 句英语但发音准确，那就可以认为你们很有潜力；假如你们会讲 1 万句，但是别人都听不懂，也是徒劳的。

二、要熟悉各种方言

作为一名优秀的导游员，还要熟悉各种方言。有一次，一名导游带的旅游团，客人强烈要求换导游，公司电话询问情况，导游说是一帮四川客人，但好像对山东很熟悉，而且特别挑剔，后来旅行社派了一个经理去了解情况才发现，这些客人根本就不是四川人，而是地道的山东胶东人。我们不要求导游会讲各地方言，但最起码能辨别出客人所讲的语言大致属于哪个区域，否则，我们怎么根据客人的情况，提供针对性服务？青岛话中的草莓、下水道都是源自德语的译音；全中国恐怕只有青岛人管冰糖葫芦叫糖球。导游在讲解的过程中，针对不同地区的客人，一定要换用客人熟知的词语。

三、学习语言要敢于突破“开口”这一关

在这方面，我有自己的体会，比如拿到一份报纸，第一版用粤语来读，第二版用英语来念，第三版用普通话来讲，既促进了语言的提升，又锻炼了自己的反应能力。

四、导游讲解要多使用敬语和谦语

有一个导游本来讲解得很精彩，但是有一件事让客人翻脸了。讲解一个景点的时候，导游说：大家看见那个石缝了吗？然后他解释说：这是什么意思呢？海狗望天。客人问：海狗在哪里？导游说：哈哈，我说的就是你们呀！客人马上就生气了。所以，导游所谓的幽默，一定要建立在尊重别人的基础上。

五、导游讲解还要注意细节

有一次我带团，讲乾隆皇帝的女儿下嫁孔家的故事，当讲到公主脸上生有一颗痣的时候，突然发现一位美女客人一言不发，这时候才发现客人脸上同样的位置也长了同样的一颗痣，结果搞得场面很尴尬。

六、导游讲解要生动

在千篇一律的导游中怎么让自己赢得机会，就在于不断的变通，让导游词具有艺术性。我经常把导游词编成快板书、相声的贯口等形式，令客人耳目一新。

谢谢！

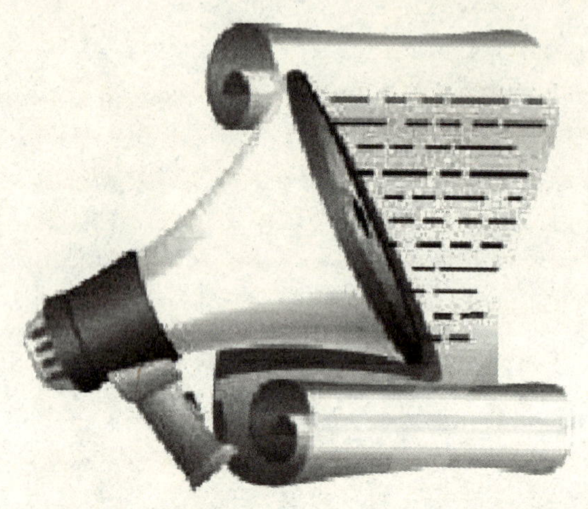

第四篇　国学讲座

陈道员简介

陈道员，1942年7月出生于湖南省郴州市，1966年毕业于湖南大学。曾任山东省科学院副研究员，现任青岛大学教授。中国计算机学会理事、山东计算机学会常务理事，青岛市计算机学会副理事长兼秘书长。山东省政协委员，青岛市政协委员，湖南郴州市人民政府驻青岛办事处主任。现被青岛职业技术学院聘为软件技术专业兼职教授。

20多年来完成科技开发、技术咨询、技术服务、技术转让等“四技”项目300余项，完成合同金额1100余万元，创造的社会经济效益约3亿元。主持编制《青岛市“十一五”经济和社会发展信息化专项规划》。2006年受青岛市信息产业局邀请，参加“2006—2020年青岛市信息化发展战略”的审订。发表论文50余篇，编写并出版《电子政务》《计算机史话》等专著3本。

青岛电视台《人物写真》节目对陈道员的事迹作过专题报道。

传承文明　弘扬美德

——中国儒家的典籍之《论语》

（2008年4月）

同学们：

下午好！

中华文化是中华民族生生不息、团结奋进的不竭动力。党的十七大号召全党和全国人民弘扬中华文化，建设中华民族共有的精神家园。要全面认识祖国传统文化，取其精华，去其糟粕，使之与当代社会相适应，与现代文明相协调，既要保持民族性，又要体现现代性。《论语》是中国儒家学派的经典，孔子是我国最伟大的思想家和教育家，他是儒家学派的创始人，历代的统治者尊称孔子为“大

成至圣先师”。今天，我主要从五个方面向大家介绍《论语》的主旨，提出应当弘扬的传统美德。

一、《论语》是一部什么书

（一）《论语》的历史地位

《论语》是记载孔子及其弟子言论的书，它由孔子的弟子及再传弟子编撰整理而成，最早的版本大约成书于春秋末年到战国初年（即公元前 500 年期间）。《论语》较为集中地体现了孔子开创的儒家学说的精华，体现了孔子深刻的思想内容。它记述了以伦理教育为中心的言论以及关于哲学、历史、政治、经济、艺术等方面的言论。《论语》作为儒家的经典著作，对中华民族的政治、思想、道德、文学艺术等都产生了巨大影响，被西方人称作是中国人的《圣经》。

《论语》曾遭到秦始皇“焚书坑儒”的祸害，现存的版本是经孔子的再传弟子们根据自己的记忆和理解重新记录下来的，后经过历代大儒（如东汉郑玄、宋代朱熹、近代杨树达等人）的注疏，俨然构成了今天这一个完整的体系。可以说，《论语》是一部历经沧桑的巨著。有人称《论语》是中国文化的“元典”，是我们中华民族引以为豪的优秀文化遗产。

（二）《论语》的作者

《论语》没有具体的作者，它的作者是以孔子为核心的一个儒家群体。这个群体经历了春秋战国及秦王朝的磨难，在磨难中产生了强烈的忧患意识和经世济国的思想体系，直到西汉中期《论语》才得到合法地位，儒家思想被汉武帝刘彻确定为正统思想。从此，《论语》逐渐成为士大夫阶层的必读书。后经宋代理学家程颐、程颢、朱熹等人的推崇和编排，《论语》被列入“四书五经”序列，成为“四书”中的重要一员。元朝以后成为朝廷科举考试的指定参考书。

（三）《论语》的结构

今天我们见到的《论语》都带有原文、注释和译文，适合于中等水平以上的读者阅读。《论语》全文分为 20 篇，每篇分成若干章，少则 3 章，最多达 44 章，全书共 528 章，每章为一段或数段孔子及其弟子的言论，每篇取第一章的开头或“子曰”后的两三个字作篇名。

二、孔子的思想体系

（一）“仁”是孔子思想的核心

一部《论语》充分阐述了孔子的思想体系。这个思想体系的核心是“仁”，儒家认为“仁”是一切道德的源泉。

在《论语》中，“仁”与许多概念有关，但“孝悌”是“仁”的根本（“孝悌也者，其为仁之本与？”）。所谓“孝”是对父母及长辈的尊敬、关心和赡养，是对上级领导的尊重和忠诚；所谓“悌”是对兄弟姐妹等平辈亲属及同事、同学等同龄人的关爱、帮助和信任。有孝悌之德的人能忠于祖国、恪尽职守、尊老爱幼、扶弱助贫，为人谦虚谨慎、清正廉洁、豁达大度，这些品德可以归结为一个“爱”字，这是一种广博之爱，是爱祖国、爱人民、爱父母亲友、爱劳动、爱生命之爱。以下所录内容为《论语》之述，括号内为注释。

孔子教导他的学生说“仁者爱人”（爱人就是仁）；

“克己复礼为仁”（将自己的行为约束在礼的范围就是仁）；

“能行五者于天下，为仁矣”（将恭、宽、信、敏、惠五种美德推行于天下就算是仁了）；

“夫仁者，己欲立而立人，己欲达而达人”（仁人想要立身就要帮助别人立身，想要自己通达也要帮助别人通达）；

“博学而笃志，切问而近思，仁在其中矣”（广博地学习钻研，坚定自己的志向，恳切地提问，多考虑当前的事，仁德就在其中了）；

“志士仁人，无求生以害仁，有杀身以成仁”（有志之士，仁德之士，没有为了偷生而损坏仁德的，只有牺牲自己生命保全仁德的）；

“仁者必有勇，勇者不必有仁”（有仁德的人必定勇敢，勇敢的人却不一定有仁德）；

“刚、毅、木、讷，近仁”（刚强不屈、果敢坚毅、质朴老成、言语谨慎，这四种品德接近于仁）；

“己所不欲，勿施于人”（有仁德的人，自己不想承受的，不要强加到别人）；

“仁者，其言也切”（仁人，说话慎重而有分寸）；

“我欲仁，斯仁至矣”（只要我想要做到仁，仁就会随着心念来到）；

“仁者先难而后获，可谓仁矣”（有仁德的人首先是付出聪明才智和艰苦努力，不计较能获得个人收获的大小，这才是“仁”啊）；

“苟志于仁矣，无恶也”（一个人如果立志去实行仁德，那他就不会做坏事了）；

“人而不仁，如礼何？人而不仁，如乐何？”（一个不讲仁德的人，如何正确对待礼与乐呢）；

“里仁为美”（居住在有仁德的地方才是最美好的）；

“当仁不让于师”（面对合于仁德的事必须坚持，即使对老师也不谦让）；

“巧言令色，鲜仁矣”（花言巧语者少有仁德）。

（二）孔子思想形成的时代背景

孔子及其弟子们处在奴隶制度社会崩溃封建社会兴起的历史转折期，代表奴隶制生产关系的井田制逐渐解体，原有的道德准则和行为规范土崩瓦解，诸侯争霸打破了周天子一统天下的局面，冲破了西周政治思想的禁锢，整个社会陷入结构失衡的危机，“强以凌弱，众以暴寡”“臣弑君，子弑父”，追名逐利等现象层出不穷。正是在这种情况下，孔子凭着悲天悯人的良知和济世救民的历史责任感，在总结、继承西周尊礼文化的基础上，致力于封建社会新政治和新道德的重建任务。孔子以西周礼乐文化作为道德参考坐标，结合当时的社会需要，提出了“三纲五常”的道德标准来规范人们的行为，协调社会的人伦关系，从而建立起新兴地主阶级所需要的新的思想文化体系。

（三）正确对待孔子思想的历史局限性

“三纲五常”是封建礼教所要求的人与人之间的道德规范。所谓“三纲”即君为臣纲、父为子纲、夫为妻纲。这里所说的“纲”是指封建法度、秩序、纲领和准则。所谓“五常”即仁、义、礼、智、信，这里的“常”是指封建社会人际关系的准则，即伦常。五常中的“仁”是孔子思想的核心；“义”是公正合宜的道德和行为；“礼”是规定社会行为的制度、法则和道德规范，“礼可以经国家、定社稷、序人民、利后嗣者也”；“智”是聪明人的智慧和知识；“信”是诚实和信誉，“信言不美，美言不信”。

孔子所提出的“三纲五常”被历代封建统治者用来维护王权、麻醉人民，曾经残害了成千上万的忠臣和贤妇，制造了数不胜数的悲剧，如各朝代忠臣谏官之死，又如《孔雀东南飞》中的刘兰芝与焦仲卿的爱情悲剧、陆游与唐婉儿的爱情悲剧、梁山伯与祝英台的爱情悲剧、贾宝玉与林黛玉的爱情悲剧等。

但是，不能否认孔子的本意是想用“三纲五常”来调和当时的社会矛盾，促进社会的和谐。他主张“礼之用，和为贵”，既要讲团结、要和谐相处，又要坚持原则、以“礼”来约束。今天，我们应当批判地分析孔子思想体系，对那些积极向上的思想应当传承和发扬，对那些被封建帝王和御用文人篡改的迂腐没落思想应当摒弃。

三、《论语》中的“君子”和“君子之德”

（一）“君子”的定义

“君子”一词在《论语》中出现了90多次，可以想象孔子及其门徒是如何尊崇“君子”的。中国古代“君子”是对统治者和贵族男子的统称。《诗经》称“彼君子兮，不素餐兮”，说这类人养尊处优不食素餐。但是《论语》中的“君子”则主要是指有学问有道德有作为的人，指人格品格高尚的人，或指有官职有地位的人。

在《论语》中“君子”和“小人”作为对立的概念常常并列出现，如：

“君子坦荡荡，小人长戚戚”（君子的心平坦宽广、胸襟开朗、小人却经常忧愁不安）；

“君子怀德，小人怀土。君子怀刑，小人怀惠”（君子关注道德，小人关心乡土；君子关心制度，小人关心恩惠）；

“君子喻于义，小人喻于利”（君子知晓的是义，小人知晓的私利）；

“君子周而不比，小人比而不周”（君子能在道义上团结他人而不徇私情，小人善于拉拢勾结而不讲道义）；

“君子成人之美，不成人之恶。小人反是”（君子成全别人的好事，不做坏事害人，小人则与此相反）；

“君子和而不同，小人同而不和”（君子讲求和谐而不盲从附和，小人则同流合污而不与人和谐相处）；

“君子泰而不骄，小人骄而不泰”（君子安舒坦然而不骄傲放肆，小人骄横跋扈而不安然舒坦）；

“君子上达，小人下达”（君子向上通达于仁义，小人向下通达于财利）。

由以上论述可以明了“君子”的定义。

（二）君子之德

1.“好学”为君子第一德

《论语》第一句话就说：“学而时习之，不亦说乎！”（学习过了的知识时常温习，不是很高兴吗？说是通假字通“悦”，高兴，愉快）

“温故而知新，可以为师矣。”（随时温习已学过的知识，由此能获得更深的知识，这样就可以为人师表了。）

“学而不思则罔，思而不学则殆。”（学习了而不深入思考，就会迷惑；但只有空想而不努力学习就很危险。）

“知之为知之，不知为不知，是知也。”（知道就是知道，不知道就不要假装知道，这才是明智的学习态度。）

“颜回者好学不迁怒，不贰过。”（颜回很好学，他从来不迁怒于人，也不会屡犯同样的错误。）

“文质彬彬，然后君子。”（把文采和素质相互融合，并恰当结合，才能成为一个君子。）

“默而识之，学而不厌，诲人不倦，何有于我哉？”（心中牢记所学知识，努力学习而永不满足，教导别人而不厌倦，这三方面我做到了吗？）

“多闻，择其善者而从之，多见而识之，知之次也。”（多听，选择正确的加以吸收，多看并加以理解。）

“三人行，必有我师焉，择其善者而从之，其不善者而改之。”（三人同行，其中必有做我老师的人。跟他学习优点，改正自己的缺点。）

“以能问于不能，以多问于寡；有若无实若虚；犯而不校。”（博学而多才的人可以向普通人请教，有才干的人，虚怀若谷，不以学问自傲，就是被人冒犯了也不计较。）

“敏而好学，不耻下问。”（聪明好学，向普通人请教不以为耻。）

“笃信好学，崇死善道。”（坚定信念，努力学习，誓死保全治国做人之道。）

“学如不及，犹恐失之。”（学习就像追赶别人那样，追上又怕落在他后面。）

“君子学以致其道。”（君子要以学习去追求真理。）

“慎学而笃志，切问而近思。”（广博的学习钻研，坚定自己的志向，恳切的提问，缜密的思考。）

以上都是关于君子好学的论述。

2.“忠信”为君子第二德

孔子的学生曾子说：“吾日三省吾身：为人谋而不忠乎？与朋友交而不信乎？传不习乎？”（我每天多次反省自己：为别人办事是否忠实？和朋友交往是否诚实讲信用？对老师讲授的知识是否复习了？）

子夏说：“与朋友交，言而有信。”（与朋友交往，诚实而讲信用。）

孔子说：“主忠信。”（做人最重要的是要忠诚，守信用。）

“人而无信，不知其可也。”（人不讲信用，那怎么能行呢！）

曾子说：“夫子之道，忠恕而已矣！”（老师所奉行的原则，无非忠诚和宽厚而已。）

“主忠信。毋友不如己者。过则勿惮改。”（做人应讲求忠诚守信。不要同不如自己的人交朋友。若自己有错，就不要掩饰，决心改正。）

“主忠信，徙义，崇德也。”（人要以忠诚守信为本，努力践行义举，这样才能提高品德。）

“言忠信，行笃教，虽蛮貊(mo)之邦，行矣。言不忠信，行不笃教，虽州里，行乎哉？”（说话忠诚守信，行为敦厚恭敬，即使在北方部落里也行得通；否则就是在本乡本土也行不通。）

“临大节而不可夺也。”（面临重大考验有气节而不动摇屈服。）

以上都是关于忠信的论述。

3.“廉洁”是君子第三德

孔子说：“君子食无求饱，居无求安。”（君子吃不追求美食饱足，住不求舒适安逸。）

“君子固穷，小人穷斯滥矣。”（君子贫困时能安分守己，小人贫困时会胡作非为。）

“贤哉，回也!一箪食，一瓢饮，在陋巷，人不堪忧，回也不改其乐。贤哉回也！”（这就是虽居陋巷，身处贫困而不改其志的颜回，孔子给予了高度评价，称赞他是品德高尚的人。）

“饭疏食，饮水，曲肱而枕之，乐亦在其中矣。不义而富且贵矣，于我如浮云。”（吃粗茶淡饭，以胳膊当枕头而寝，乐趣就在其中了。用不义的手段得到富贵，这对我好比天上的浮云。）

“君子谋道不谋食……君子忧道不忧贫。”（君子追求真理，不计较衣食的简陋，君子担心事业不成，不在乎暂时的贫困。）

以上是关于“廉洁”的论述。

4.“严己宽人”是君子第四德

“君子有三戒：少之时，血气未定，戒之在色；及其壮也，血气方刚，戒之在斗；及其老也，血气既衰，戒之在得。”（君子要警惕防备三件事：年轻时血气不成熟，切不可贪恋女色；壮年时，血气正旺，切不可争强好斗；老年时血气既衰，切不可贪求名誉地位和钱财。）

“君子有三畏：畏天命，畏大人，畏圣人之言。”（君子有三件敬畏的事：敬畏天命，敬畏地位高的人，敬畏圣人的话。）

“君子有九思：视思明，听思聪，色思温，貌思恭，言思忠，事思敬，念思难，见得思义。”（君子有九个方面要多加考虑：要看得清楚，听得明白，待人温和，态度恭敬，说话诚实，办事谨慎，虚心请教，不动肝火，见利思义。）

“有君子之道四焉：其行已也恭，其事上也敬，其养民也惠，其使民也义。”（君子的四种道德是：行为庄重，尊重上级，为民谋利，注重民生。）

“躬自厚而薄责于人”（严格要求自己，少去责备别人，待人宽厚大度。）

“君子矜而不争，群而不党。”（君子严于律己，不与别人争夺名利，与人和谐相处而不拉帮结派。）

“己所不欲，勿施于人。”（自己不愿意的事不要强加于人，自己不愉快时不要迁怒于人。）

“见贤思齐焉，见不贤而内自省也。”（见到先进模范人物，应向他看齐，看到不好的人和事则应引以为戒。）

以上是《论语》对君子严于律己的论述。

5.“孝悌”是君子第五德

子曰：“事父母几谏，见志不从，又敬不违，劳而不怨。”（侍奉父母，对他们的不对之处需委婉的开导劝说。若父母不愿意听从你们的意见，也需要恭敬地顺从，为父母操劳不要抱怨。）

“父母惟其疾之忧。”（对父母最担忧的是他们的身体健康，无疾病之困。）

“父在，观其志，父没，观其行；三年无改于父之道，可谓孝矣。”（看一个人，当父亲在世时要看他的志向，他父亲去世后要观察他的行为。如果三年一直遵从他父亲的准则，这个人可以说是做到了孝。）

“父母在，不远游，游必有方。”（父母在世时不要远离家乡。非要离开家乡时，也必先有个固定的地方。）

“出则事公卿，入则事父兄，丧事不敢不勉，不为酒困，何必于我哉？”（在外从政侍奉君主公卿，在家侍奉父母兄长，办丧事勤勉尽力，不贪杯酗酒，做到这些事我就没有什么可遗憾的了。）

“孝哉闵子骞！人不间于其父母昆弟之言。”（闵子骞为古代二十四孝子之一，其孝行被奉为典范，他的孝道得到他父母兄弟和乡人的称赞。）

“慎终，追远，民德归厚矣。”（慎重的处理父母的后事，虔诚地追祭久远的祖先，才会使民风敦厚。）

以上是《论语》对孝悌的论述。

四、《论语》的“为政之道”

子曰：“政者，正也。子帅以正，孰敢不正？”（政就是正。您带头走正道，谁敢不走正道？）

“子为政，焉用杀？子欲善而民善矣。”（为政重在教化，不在杀人，您要是想做好事，百姓也会做好事的。）

“其身正，不令而行，其身不正，虽令不从。”（本身品行端正，就是不下命令，人民也会照着去做；若本身品行不正，即使下令，百姓也不会听从。）

“苟正其身矣，于从政乎何有？不能正其身，如正人何？”（如果自身品行端正了，施政还有什么困难？如果自身不端正，怎样使人端正呢？）

“民之于仁也，甚于水火。”（教育人民树立仁德，比救水火之灾更意切。）

“礼之用，和为贵。先王之道，斯为美，小大由之。”（礼的应用要求达到遇事以和为贵。古代贤王治国之法的可贵之处就在于此，事无论大小都以此为原则。）

“孝乎惟孝，友于兄弟，施与为政。”（孝顺父母，友爱兄弟，把这种影响带到政界去， 就是不做官也等于为政了。）

“临之以庄，则敬；孝慈，则忠；举慈而教不能，则劝。”（你们要用庄重正直的态度对待人民，人民就会尊重你们；你们倡导孝悌慈爱的民风，人民就忠于你们，你们选贤任能，教育后进的人，人民就会相互勉励，努力工作。）

“君对臣以礼，臣事君以忠。”（领导对下级，以礼相待，下级对上级应以忠诚相敬。）

“成事不说，遂事不谏，既往不咎。”（从政的人对已做过的事不再翻旧账。）

“君子笃于亲，则民兴于仁。”（如果当官的厚待百姓，老百姓就会按仁德行事。）

“不在其位，不谋其政。”(不在那个职位上，就不要参与和过问那个级别的政事。)

“子贡问政。子曰：‘足食，足兵，民信之矣。’子贡曰：‘必不得已而去，于斯三者何先？’曰：‘去兵。’子贡曰：‘必不得已而去，于斯二者何先？’曰：‘去食。自古皆有死，民无信不立。’”(子贡问怎样治理国家。孔子说：“有充足的粮食，有强大的军备，有人民对政府的信任，就可治理好国家了。”子贡又说：”如果剩下的两项要去掉一项，那么哪一项可先去掉？”孔子说：“去掉粮食。人都要死的，但是人民对政府不信任，国家政权就立不住了。”)

“天下有道，则政不在大夫，天下有道，则庶人不议。”（天下有道，国家政权不会落在大夫手里，黎民百姓也不会批判朝政了。）

“子张问政于孔子：何如斯可以从政矣？子曰：‘尊五美，屏四恶，斯可以为政矣。’子张曰‘何为五美？’子曰：‘君子惠而不费，劳而不怨，欲而不贪，泰而不骄，威而不猛。”子张曰：‘何为四恶？’子曰：‘不教而杀谓之虐；不戒视成谓之暴；慢令致期谓之贼；犹之与人也，出纳之吝谓之有司。’”(子张问孔子：“如何从政？”孔子说：“要尊重物种美德，摒除四种恶政，就可以从政了。”子张问：“什么是五种美德？”孔子说：“君子为百姓谋利而不浪费钱财，让百姓出力而没有怨言，有正常人的欲望而不贪图财利，泰然自若而不骄横，庄重严肃而不凶恶。”子张又问：“什么是四种恶政？”孔子说：“事先不教育，犯了错就杀头这叫虐，事先不作交代和安排而要求马上成功这叫暴，不给充分准备却要限期完成这叫贼，要给别人东西却显得吝啬这叫司。”)

“子贡为莒父宰，问政。子曰：‘无欲速，无见小利。欲速则不达，见小利则大事不成。’”（子夏到莒县当地方长官，临行前请教孔子如何为政。孔子说：“办事不要速成，不要贪小利。想求速成反而达不到目的，贪图小利就做不成大事。”）

以上是《论语》关于为政的论述。

五、正确对待《论语》

《论语》是儒家思想的典籍，也是中华民族传统文化的典籍，传统文化的根本精神是人文精神，而人文精神的核心是要陶冶人的高贵人格和高雅情操。如果我们要成为有道德、有理想、有智慧的中华优秀儿女，就应当怀着敬畏的心情来研读《论语》，来探索和分析孔子的思想体系，批判地继承和发扬《论语》所弘扬的君子美德，用时代精神来创造新的美德。对于传统文化的经典，要以严肃的

态度去学习、去思考、去弘扬，绝不能把经典当成时髦的快餐去享用，更不能跟风追逐一些商业炒作的所谓“心得”，去当某些“名家”的“粉丝”。

同学们，传承中华文明，弘扬民族美德的责任已落到我们肩上，让我们振作起来，维护《论语》所代表的中华优秀传统文化的尊严，让青春在建设中国特色社会主义事业中焕发更加绚丽的光彩！

张 薇 简介

张 薇，青岛职业技术学院旅游学院副教授，文化学者，评论、随笔和小说写作者。

写作领域有文学批评、摄影批评、电影评论、文化随笔、小说。出版著作有《第三种水》《寻找杨志军——通向彼岸的多种可能》。

《弟子规》与生命教育

（2012年3月）

一、开 篇

时代前行到今天，很多传统文化都在时光的河流中消失了。它们曾经滋养过我们的民族，曾经在大河流域淘洗过人民的灵魂，也曾经是我们中国心灵最饱满的支撑。

但是，今天我们发现，对中国传统文化继承最彻底最完整的似乎不是中国，对传统文化进行改良并充分利用其优势的也不是中国，我们在韩国、日本更能体验到中国传统文化的精髓。那已经是一种气息，深植于他们的民族血液之中，成为强大他们民族肌体的内在力量，融化为他们坚忍的民族气质。我们看到传统文化的繁花结在异国他乡的树枝，当然有喜悦和安慰，那是我们这个民族对世界的惠泽，我们的祖先用他们的智慧与能量，为人类历史的发展，绵延出博大深远的声音，那声音从远古传播至今，仍然有它的生命力，可以影响和光耀人类生活。

然而，我们也痛惜地看到，在传统文化的本土，在我们自己的传承里，却缺失了许多文化的精华，在努力向西方靠近的过程中，我们忘记了对自己文化的仰望，这是一个巨大的损失。当别国借用我们的瑰宝强大自己的时候，我们却迷失在历史文化的长河里而不自觉。今天我们也同样发现，已经有很多先行者意识到

了这个缺失，他们传播国学、发现价值，探究传统文化中对现实能够提供参照并且可以身体力行的精髓，中国传统文化对世界打开了另一扇门，而我们也得以进入其中，品味与靠近我们民族厚重深远的文化古韵，重新领有芬芳的气息，温暖我们渴求丰盛华美的生命。

学习《弟子规》，就是这缺失链条上的重要一课。

二、《弟子规》的生命观照

（一）概述

《弟子规》原名《训蒙文》，为清朝康熙年间秀才李毓秀所作。其内容采用《论语》学而篇第六条“弟子入则孝，出则悌，谨而信，泛爱众，而亲仁，行有余力，则以学文”的文义，以三字一句，两句一韵编纂而成，分为五个部分加以演述；具体列举出为人子弟在家、出外、待人接物、求学应有的礼仪与规范，特别讲求家庭教育与生活教育。后经清朝贾存仁修订改编，并改名为《弟子规》。

（二）总叙

弟子规　圣人训　首孝悌　次谨信
泛爱众　而亲仁　有余力　则学文

《弟子规》这本书，是依据至圣先师孔子的教诲而编成的生活规范。它告诉我们在日常生活中：

首先，要做到孝顺父母，友爱兄弟姊妹，这是爱的出发点。从这儿我们可以体会出爱是什么、怎么爱，然后才能去爱与被爱，才能从小爱走向大爱。

其次，在我们的人生中要遵循的基本原则是小心谨慎，讲求信用。和大众相处时要平等博爱，尊重生命，靠近有高尚情操的人，善于向他人学习，持有一颗感恩的心。在不断学习成长的过程中，保持探究新鲜事物的热情，时刻警醒自我，用更多的学识和文化丰富完善自己。

印度有个人，被称为20世纪最卓越的心灵导师，这个人就是克里希那穆提。他主张真理纯属个人的了悟，一定要用自己的光照亮自己。我理解，这“自己的光”，就是来自我们内心的启悟、内心的感动、内心真实的动力。因为你们没有鲜活的内心，没有悲悯的心灵，没有从自己的内心真正生发出来的感动，没有来自你们灵魂的真诚的爱，你们做事情就是在做这件事，会不会感到愉悦、会不会感到幸福、会不会有自然的情感都是很难体验的。而当你们内心有爱，你们去做许多事的时候，就会发现我们自己内心有光亮，而且这种光亮还会照到别人。那是一种无法说出的喜悦，是对自己人生价值的极大肯定。

这样的生命会是内在繁盛而外在丰美的。

你们是否思考过这样的问题：在我们所处的现实环境中，我们内心最渴望的是什么？在每一次生命陷入困顿的时刻，是什么力量能够拯救我们，让我们走出黑暗？在每一个人类共同的灾难面前，是什么会让我们突然变得超越恩怨、狭隘、冷漠和自私，从而心胸博大、悲天悯人、富有情怀？我想，应该是爱，是我们每个人内心潜藏的善良和同情，是我们每个生命自身深处的怜悯。

在这个世界上，我们不是孤立的存在的，每一个人生命的过程都伴随着各种各样千丝万缕的关系，与家人的关系，与他人的关系，与社会的关系，与世界的关系，构成了我们生存的网，也成为我们生活的牵挂、记忆和情感的源泉。

我们身体里的生命更多的时候是沉默的，我们的能量潜藏在其中，当它没有被发掘出来的时候，我们很难意识到自己所具有的光亮。在一种平凡和平淡之中，我们每一个生命其实都不会是空白，他（她）在等待、在召唤，也在领受他们各自的命运。在我们一出生的时候，我们就与“他们”相遇。他们是谁？他们是我们的父母，是我们的祖父母，是我们的其他亲人。在我们成长的过程中，我们和很多人有着奇妙的生命遇合，比如老师，比如同学，比如朋友，比如同事……每个人都在他人的历史中成为一个存在。“我”与群体之间构成了一种神秘的呼应。

他们是谁，为什么存在？我之于他们有着怎样的关系？这些问题反复出现，迫使我们一次次回到内心，看清楚我们普遍的情感背后它的力量来源于何处。我们因此感叹：生命是如此不可理喻，每个人都可能成为传奇。

我们每天和不同的生命相遇，有些擦肩而过，有些则成为生命中深刻的印记。我们和那些生命彼此印证相互的存在，在普通人的哀乐中经历生活的真实滋味。

因为，我们的生命是与他人相关联的，我们的生活是与他人有关系的，所以我们要了解怎样与他人相处才是为人之道。

《弟子规》给我们解答了这个问题。它开篇就是“入则孝，出则悌”，实际就是在强调“礼敬”，告诉我们，无论在家里面对父母、兄弟姐妹等家人，还是在社会上面对老师、领导、同学、朋友、同事等他人，我们都应该持有一颗礼敬之心，这个礼敬之心归根结底就是爱。

从爱出发，很多我们生命中不能承受之重，就会变得无足轻重，对待任何事情，就会举重若轻、从容豁达。当我们心里有了爱，就会看万物花开皆有灵性，世间凡尘皆是风景。每个人的一生都和他人有关系，关系是我们生命中最重要的事情之一。关系处理好了，我们的生活会在愉悦当中；关系处理不好，很可能每天都是愁云惨雾。

那么，怎样面对这些关系呢？

三、《弟子规》与我们的生命关系

（一）首孝悌——生命的出处和家园

我们每一个人在自己出生的时候，都不是个人的选择，我们不知道自己会面对怎样的父母，也无从了解父母会怎样对待自己。但有一点是确定无疑的，是父母给了我们生命，我们与父母是无法割断的血缘亲情。当我们拥有了生命，就拥有了生活的权利，拥有了属于自己的人生。我们在人生里经历爱情、欢乐、幸福、悲伤痛苦，甚至苦难，这些体验，让我们的人生丰富，生命充沛，生活完整。有了生命，我们才有了机会选择与被选择，爱与被爱。而赋予我们这一切的是父母，是创造了我们生命的人，我们没有理由不尊重他们、不孝敬他们、不善待他们。这是天赋的权利和义务，也是我们为人的最基本底线。

这一段《弟子规》的内容表现的是我们日常生活的细节，告诉我们怎样对待生养我们的父母。其实，它没有说你们要作出多大的牺牲，都是我们只要用心就可以做到的常识。《弟子规》真的都是常识，但我们常常忽略了常识。父母呼唤的时候，为什么要及时应答？因为他们可能需要你的帮助，病痛、急事甚至有时可能仅仅是想听到你的声音，而你能够做到的时候，就不要怠慢、忽视他们的呼唤，这并不是困难的事情。父母的呼唤有时并不是一个具体的召唤，很可能是父母对子女的关爱。

一个在外求学的学子，回家后父母非常高兴，精心准备了你喜欢吃的饭菜，母亲问你：还想吃什么？你漫不经心地回答：随便。你可曾体会这时母亲的感受？你看不到母亲的伤心，因为她把落寞藏在心里；你听不到她的呼唤，因为她的爱是无声的行动。她的脸上依然是温婉的笑容，因为你无论怎样都是她亲爱的孩子。我看到一个视频说一个母亲有一天突然收到了在外上大学的孩子的短信：妈妈，今年放假回去的时候，我不会再让你做“随便”这道菜。那个做母亲的看着手机，泪流满面。她对孩子的爱的呼唤终于有了应答。

看一个人的修养，他的家教至关重要。父母有许多经历、经验和生活的积累，当他们指导和修正我们的行为时，我们有什么理由不安静地倾听？即使他们的言辞也许不符合我们的内心，我们也该耐心地听完，然后尝试着去与父母沟通。有的时候我们会面临无法沟通的难题，那么放一放，寻找合适的时机告诉父母：我知道你们希望我快乐，而我现在要做的事就是使自己快乐的。相信大多数的父母都愿意看到孩子们快乐地选择自己的生活，而我们也要了解，我们上路的时候，背后仍然有父母关怀的目光，他们的牵挂是绵延不绝的。

美国19世纪最富有传奇性的伟大女诗人艾米莉·狄金森生前为这个世界留下诗稿1700多首，死后才为世人所知，被视为20世纪现代主义诗歌的先驱之一。美国人献给狄金森的铭文是“啊，杰出的艾米莉·狄金森！”而她的一生只是一个家庭主妇。

艾米莉·狄金森一生未婚，她的父亲和哥哥都是当地著名的律师。她在接受了一年的高等教育后退回到家中，从此以家为她的人生舞台，开始用她闻名的形式写诗，奠定了她成为美国最伟大诗人的地位。

为什么？因为她的父亲要她和妹妹永不离开家，他只懂得自然分配给女性的角色（虽然艾米莉·狄金森也会怀疑这样诠释父亲是否公平），但的的确确，父亲只喜欢吃艾米莉·狄金森烘焙的面包。母亲健康状况有问题，艾米莉·狄金森负责家里的饮食供应，她的妹妹则承担其他的家事。艾米莉是一个天赋的诗人，她将她的生命托付给诗。她怎样接受和顺从命运的安排，以安慰她的父母？她又是怎样听从内心的召唤，让诗像是一缕金色的线穿过她的心，带领她往梦中才出现的地方前行？

艾米莉把烤面包与写诗放在同等重要的位置，经常一边烘焙面包一边在随手抓到的纸页上写下灵感忽至的诗句，一方面是满足父亲及家人的物质需要，一方面是满足自己的精神需要，她把一件烦琐的家事与诗歌联系在一起，生活便具有了诗意，不再那么单调乏味，而是生机盎然了。当她的手在工作的时候，她的心在宽广的世界翱翔，她把内心感悟到的事物用手捏出来，一件无趣的事变成了活色生香的诗行。

这就是我们通常意义上所说的“诗意的栖居”。本来“诗意的栖居”是一个哲学命题，艾米莉却把它与生活融为一体。这是艾米莉的生活智慧。她爱她的父母，她愿意顺从父母的愿望，让他们高兴；但是她也会在生活的间隙，为她的诗歌找到生存的位置，她知道自己的生命可以用来编织诗的金线，因为诗而充满乐趣，也强韧到能抗拒任何焦虑，那里完全没有老去的事物，一切都在萌芽、跳跃、歌唱。

艾米莉面对时间的态度：

> 我常常希望自己不用因为家事而浪费时间，但是完全的自由，会让我专注得失去了光彩；我们的黄金时刻，通常都会因为之前的浪费，而更显珍贵。

这里面有两个设定：

一是顺从父母的意愿和需要，安慰他们的心灵，安顿他们的生活；

二是尊重自己内心的要求，做自己真正想做的事。

艾米莉一面在诗歌中寻找她的人生位置，一面兼顾到父母的需要，这可能是最完美的格局了。

我们虽然不可能都像她一样，但是可不可以多表达一些爱给父母，让他们感受到哪怕是微小的快乐？我们应当恭敬地聆听他们在说什么，发自内心地感受他们的需要。冬天到来的时候，问一声是否安康；夏天来临时，递一把扇子送一阵清风，不都是举手之劳？儿女们最微不足道的关怀，父母都会视为珍宝啊。

面对父母的时候，可能我们最难做到的是“耐心”，也就是“色难”，即有没有好脸色。对朋友、对同学、对同事、对家人以外的人，我们很容易做到耐心，可是对身边的人，尤其是对最亲近的人，却最容易伤害他们。因为你习惯于他们的包容、他们的忍耐、他们的原谅，无论你做了什么，父母都会默默承受。

其实，很多时候当我们对父母发过火后，自己的心里是不是也会后悔，也会备受煎熬？更难当的是，当你想要弥补的时候，父母亲已经不在了。“子欲养而亲不在”，这会是怎样的伤痛缠绕我们的一生？也许以后无数个夜晚，你都会在一种最深切的悲哀中让往事折磨自己，痛悔自己对父母的漠视和忽略，而你再也不能对他们说：你们需要什么？我能为你们做什么？

在网上看到年轻的大学生黄妮超的“临终日志”，有几个数字令人动容：

14 岁查出患免疫性红斑狼疮，侵入肾脏；

每次三四万的治疗费用让贫寒的家庭一贫如洗；

15 岁独自上路去医院；

10 年求医路自己走过；

4 年大学曾经每天 4 份兼职，赚钱吃药付医疗费；

五个失学女童的资助……

2012 年 3 月 18 日离世，25 岁。

她说：苟活过，贱生过，最终躲不过死神的考量。我已经活得足够。我心满意足，除了没有照顾好父母。

黄妮超做这样的努力，只为了能够活下去照顾父母，从事国际援助的工作，让生命有意义……

那么，从现在开始，让我们都学会了解父母、关心父母，告诉他们：我的生命来自于你们，感谢你们给了我生命，感谢你们给了我爱，也让我学会了爱人、爱生命。

善待自己、独立自主、生命快乐就是对父母最妥帖的孝心，每个孩子的生命都系着父母的期盼，孩子的快乐与幸福就是父母的指望啊。

培养一种良好的人际关系也至关重要。这种关系不仅仅是指兄弟姐妹的关系，可以扩展到社会职场诸方面的关系。很多时候，与他人的关系决定了我们生活的舒畅度。人际关系是最难处理的问题之一。我只能说：你们试试看，能不能用爱来解决这个问题，或者能稍稍缓解一些内心的焦虑，让自己的生命在有限的空间里，获得无限的张力。

比如，凡·高与弟弟提奥的经历。荷兰画家凡·高是一个天才，但是在他生前仅卖掉了一幅画，还是靠弟弟提奥的帮助。凡·高一生都是在贫困和疯狂中度过，他赖以为生的唯一依靠是弟弟提奥，兄弟之间有长达一生的通信，弟弟也用经济支撑了凡·高的绘画生命。对于提奥而言，他并不能完全了解凡·高的绘画价值，但他知道一点，对于他这个哥哥来说，支撑他的生命的只有绘画，世俗生活是他无能为力的。一种最朴素的兄弟情谊，让他心甘情愿地为凡·高提供生活费用，珍藏凡·高的画。凡·高把他所有的画都交给了提奥，当时的提奥并不知道日后凡·高的画可以卖到天价。在他自己经营的画廊里，凡·高的画只卖出了一幅。有一次凡·高来到提奥的家里，看到满室无法售出的画作，兄弟俩在家里开了一个寂寞的展览会。提奥保护的是凡·高的艺术天才和艺术生命，他只知道因为爱他愿意付出。对凡·高来说，提奥不仅仅是一个弟弟，更是一位挚友，他在经济和精神上对凡·高的支持，使得凡·高能够一次又一次破茧而出，短暂的生命绽放永恒的光芒。他把他的画全部留给了弟弟。最后，凡·高安详地死在提奥的怀抱。6个月后提奥去世，他的妻子将其骸骨移往凡·高墓旁比邻而居，永不分离。

阳光照耀着一望无垠的田野，美丽的向日葵灿烂地盛开着，提奥安息在凡·高那明亮的向日葵花影之中。可以说，没有提奥就没有凡·高，这个世界就损失了最美的绘画。这段伟大的兄弟之情是艺术史上最动人的画面。他们似乎是以一个整体来到世上，又同时消失在天穹。当凡·高从弟弟提奥那儿获得资助与温暖的时候，提奥也获得了一种永恒的感情，一种珍贵美好的爱与信赖。

然后，我们来看看如果与上述情形相反会发生什么：

媒体报道，2010年12月12日，18名复旦等校的大学生在安徽黄山风景区登山探险时迷路，在当地公安消防官兵的全力搜救下，18名大学生全部安全脱险，但黄山风景区公安局 24 岁的民警张宁海在护送学生们走出危险区时不幸坠崖牺牲。媒体 12 月 16 日报道，一个生命的逝去，换来的却是挑战社会底线的冷漠——他们没向牺牲的警察感恩而匆忙撤离，后在论坛大谈面对媒体如何公关、登山社谁来掌权，以及可怕的“你们就该为纳税人服务”。

当人的内心与寒冬一样冰冷时，我们还能相信生命是有温度的吗？个别学子对待生命缺乏基本的尊重和敬畏，没有学会如何做人，更不懂得如何感恩与爱。当他们脑子里装满了各种书本知识和考试技巧以及技能时，他们的心却是冷的。而生命的确是有温度的，我们是需要相互取暖的也许我们做不到那么高尚、无私，但我们可以从小事开始，在自己的内心建立对生命的敬畏、对付出的感恩、对一切美好事物的珍惜。

学者崔卫平如是说，你们所站立的那个地方，正是你们的中国。你们怎么样，中国便怎么样。你们是什么，中国便是什么。你们有光明，中国便不黑暗。

当我们内心的阳光与爱惠及至周围时，受益的就是你们的老师、领导、同学、同事，甚至陌生人。因为我们会将心比心换位思考会感觉到，当你们能对别人施以援手、报以微笑、互相理解时，你们的生命能量增加了，你们对自己有信心了，你们的人生丰沛了。这样我们就可以理解为什么有那么多人去做志愿者，他们的快乐来自于何方。

（二）次谨信——诚信是一个社会发展的道德基石

诚信是一个社会发展的道德基石，丧失了这一点，社会秩序就有可能崩塌。

比如海子、骆一禾和西川。这三个人是我们这个时代最杰出的诗人之一，他们在“文人相轻”的社会成为最好的朋友加兄弟。

海子是一个天才的孤独诗人，他的诗歌声音只有骆一禾与西川倾听。当年轻的海子吟出《面朝大海，春暖花开》并最终离世的时候，骆一禾拼尽全力拯救着海子的诗歌，他要让海子没为世界听到的声音成为永恒。

而当骆一禾写出《海子生涯》也最终离世的时候，西川默默地、艰难地出版了海子诗歌全集。

当西川历时数年、克服重重障碍完成这项浩繁痛苦的工程时，他的心灵才得到了安宁。他把每一分稿费的收入与支出都详尽地告诉海子的父母。我们读者和世界也借此拥有了最可宝贵的文化财富之一，那是必将朗照我们心灵和世界文化长廊的永恒光芒。

这是我们看到的最美的情感。朋友间这样的肝胆相照，使这个世界多了希望与光明。

这样的情义与诚信，构筑起了我们大地最坚实的人文大厦。

有了这样的情义和诚信，才不会发生佛山“小悦悦事件”。

（三）泛爱众 而亲仁——倾听高尚灵魂的发声

1997 年 9 月 5 日，一位满面皱纹、瘦弱文静的修女在印度加尔各答去世，她就是享年 87 岁的特蕾莎修女。印度政府为她举行了国葬。 这位怀着信仰与对人性的尊重的女性，影响了世界，成为历年来诺贝尔和平奖获得者最无争议的人物之一。

12 岁特蕾莎确定献身修道生活，18 岁离开阿尔巴尼亚来到印度教会学校教书发下终身愿。目睹印度街头的贫穷，特蕾莎走出修道院的高墙，走进那些不避风雨的贫民窟，为贫民区儿童成立第一所学校，自设“仁爱传教修女会”帮助街头贫困者，抚慰垂死者，安顿孤苦无依者，在加尔各答的街道上扶起无数罹患重病的人，在世界各地最危险的地带救过数千万人，重建他们人性的尊严，其中包括战争受害者、儿童、残疾者、麻风病人、艾滋病患者……每一次，她几乎都面临生死的考验。她成立“慈善传教修士会”“无玷圣心之家”，数以万计的追随者被她感动而参与了她的救援工作。这个瘦小的修女怀着大爱亲手清洗病患溃烂的伤口涌出的蛆虫，给临终的人以生命中最后的温暖，而她没有自己的房屋，靠双脚走路，只有几身换洗衣物。

1979 年，特蕾莎修女被授予诺贝尔和平奖。授奖的理由是：她以最基本的方式，特别肯定人性尊严的不可侵犯，增进了世间的和平。她传达的信息是，真正的和平并不仅仅是不含恨，还应该是一种从人人以正义、慈悯相待的社会秩序中所散发出来的祥和。

特蕾莎修女有部著作是《活着就是爱》，她的一生生活贫穷，精神无限富有。她这样告诉这个不安的世界：

人们经常是不讲道理的、没有逻辑的和以自我为中心的
不管怎样，你们要原谅他们
即使你们是友善的，人们可能还是会说你们自私和动机不良
不管怎样，你们还是要友善
当你们功成名就，你们会有一些虚假的朋友
和一些真实的敌人
不管怎样，你们还是要取得成功
即使你们是诚实的和率直的，人们可能还是会欺骗你们
不管怎样，你们还是要诚实和率直
你们多年来营造的东西
有人在一夜之间把它摧毁
不管怎样，你们还是要去营造
如果你们找到了平静和幸福，他们可能会嫉妒你们

不管怎样，你们还是要快乐
你们今天做的善事，人们往往明天就会忘记
不管怎样，你们还是要做善事
即使把你们最好的东西给了这个世界
也许这些东西永远都不够
不管怎样，把你们最好的东西给这个世界

（四）有余力 则学文——终身学习，生命如莲花绽放

人的一生要做很多事，但并不是你们想做什么就能做什么，而我们也知道，每经历一些事，我们的生命段位就上升了一个阶梯。孤独不可怕，寂寞不可耻，我们的身体在什么地方也并不重要，重要的是在任何地方我们都能有宽广悲悯的心灵，保持对世界和生命的关注与同情，能够让我们始终保持尊严和希望的是不断地学习。在学习中我们才能看到沿途不同的风景，才能让我们的生命日趋完善并丰富。

一个来自安徽的女子，为这个世界用情感与心灵写了一本书《酥油》。这个女子叫江觉迟。与我们所知道的许多伟大人物相比，她的确名不见经传。然而，读她的书和她的经历，我们会深刻地了解，很多时候，我们在这个世界并不知道会遇到什么，但是经由书我们会遇到与自己相同的灵魂，而这一个相同的灵魂，与他的地位高低、身份贵贱、名声大小实在是毫不相干。有幸，我们生活在同一个时代。

江觉迟在 2005 年来到藏区草原义工支教整整 5 年，她写下 60 万字的日记，然后把它变成了一部小说。她说书中除了爱情，每一个字都真实，而我仍然认定那场爱情也是真的。一个汉地的女子，经过火车、汽车、拖拉机、摩托车、骑马、步行，翻山越岭来到的这个原始草原，没有电，不能洗澡，没有蔬菜水果吃，晚上睡在地上，大狗在头顶上方咆哮轰鸣，下雨的时候雨水泼洒在被毡上；一个所谓的学校，是一座破败的碉楼，年久失修，摇摇欲坠，荒草淹没了院落，而那些失学的孤儿，正散落在草原的每一次灾难背后不知所终。这就是江觉迟所经历的人生。在书里，她是一个叫梅朵的汉家女子，与一个叫月光的藏族男子相爱。

文化与信仰的冲突，终于使爱也如此无力。结尾，月光远赴尼泊尔闭关修行，梅朵一边在草原上坚持，一边断断续续回内地治病。每一次离开时，因为不知道还能不能回来，总是一个人望着那荒芜的天地泪流满面。

这是江觉迟的真实的故事，她不知道自己会支撑到哪一天，所以她要寻找下一个点亮酥油灯的人。她说：

我只有那么多的气力孩子

只能摸一摸你们的脸
向你们微笑一下

我只有那么多的精力孩子
只有酥油灯的亮光
给你们一星点方向

那个夜如果再黑起来
就让星星来照亮天空吧

不知道为什么有那么多星球
在宇宙里
它们撞击着
却不能迸发出温暖我们的火花

每个夜晚
我望着深蓝色天空
问月亮
为什么你们有光
却那么清凉

它们唱着那么深情的歌
到底在温暖谁的耳朵

酥油里的孩子
今夜我们什么也不做
也不唱歌
我们念经吧

因为除了向神祈祷
我无能为力
……

读江觉迟的书，这个比我年轻那么多的女子，她的生活，她的感受，她的痛，她的爱，一点一点进到我的心里，我能触摸到她的疼痛、她的呼喊、她的期望，因为她所经历的，我也曾感同身受。她作品里描写的每一个场景我知道都是真实的，甚至人物的对话中那一声“哦呀”都是我在深入藏区腹地时听到的应答……

但是，这些不是我要传播江觉迟的原因，而是关乎一种爱的不能实现与完成，于那些孩子的人生，于一些个人的爱情，大爱与小爱，都同样无力而悲伤。然而我们仍然要有勇气去承担，承担我们命运中应该承担、能够承担的部分。

可能很多人，从未想到过在这个世界上，还有人会这样生存，还有人要去做这样的事。我想说，不管你们能不能做、想不想知道，都没有关系。你们只要珍惜你们现在拥有的，不要抱怨，不要浪费，不要虚度，那就是今天你们在了解了这个世界还有那样悲伤的生活后你们对自己的成全，因为你们的生命是如此幸运。

我的窗外有一棵高高的树，树上有一个硕大的鸟巢，我是亲眼看着两只鸟一点一点筑起了它们的窝——一个温暖美好、能遮风避雨的家。狂风来的时候，我经常担心那个窝被刮跑，但是那个鸟巢在经过四季后仍是安然无恙地长在那儿。

我知道，在当下，读书的力量是多么微弱，它太难抵御外界那么巨大的诱惑。但是，今天我站在这儿，仍是希望，这是一粒小小的火种，能够发出微弱的光，让我们的内心生出光来，照亮我们自己，也能够照亮更多的心灵。

我期望，未来有一天能够有一棵小树，长成了参天大树，能够有很多大树，长出了一片森林。这个期望是我的，也是你们的，因为世界是你们的，未来是你们的。

学者鲍鹏山在《孔子是这样炼成的》有段话——

> 孔子这样定义“大学”：大学就是学大，学着让你们大起来。大学是培养人的价值观和价值判断力的，大学是培养人的高贵品性和气质的，大学是养成人的大眼光、大境界、大胸襟、大志向的。

作为一个人，要遵守的是礼、义、信，这就是价值。人生，就是要追求仁德，追求正义，追求价值。

这是孔子思想的核心，也是《弟子规》的价值核心。

这样的生命会如莲花绽放，内在丰盛，坚定自信，充盈智慧与灵性。这样的生命是世间最美的风景。

四、结 语

《弟子规》所传达的信息是一种源自于我们传统血脉的爱的回声，这回声在我们的体内循环往复、绵延不绝，它连接着个体与社会，自身与他人，这是一种持久地、缓慢地燃烧的力量，我们借由着这种爱寻找到能够与我们的灵魂呼应的声音。无论是亲情、友情还是爱情，或者是更为广泛意义上的爱，比如悲悯、同情、仁慈……都能让我们触摸到切实的生命存在，经历鲜活的生命体验而让世界远离杀戮、暴力、血腥、背叛、歧视、伤害、嫉妒……

人性好比硬币的两面具有双重性，如在适宜的土壤温度里，会结出或好或坏不同的果实。因着爱心，我们收获温暖和美好。怀着这样的心情，你们会看见人生最美的风景。

生命是脆弱的，也是短暂的，在我们实现自我人生价值的时候，也请善待自己、善待家人，更善待他人，让生命和生命能够感受彼此的温度。

感谢分享这一切!

庄子：智性生活与心灵自由

（2012年10月）

一、绪 言

每个人的生命都只有一次，这是常识。但是我们是不是真正从常识中了解到如何度过我们的一生，才算没有辜负了这只有一次的生命？没错，生命是自己的，怎么用是自己的事，我们完全可以顺其自然地度过一生，走到哪步算哪步，反正最后谁也逃不脱死。我们还可以用“赤条条来去无牵挂”这样的名言为自己注解，肆意地挥霍自己的人生。这些都没关系，只要你们确定你们喜欢这样的生活，这样的生命于你们不是浪费而是心安理得，你们不会在这种人生状态中感到痛苦和失望，那么，你们就拥有这样处置自己生命的权利。

然而，我想的是，有没有另一种可能，我们对自己的生命不做一次性的消费，而是让它更饱满、更丰富、更宽阔、更久远，纵使有一天这个皮囊不复存在了，一种灵魂和精神还在这个世界的某个角落日日生长?

或者，我们没有能力让自己的精神得以传承，那么，可不可以让我们的生命在这只有一次的过程中，拥有最大化的生命能量，从而绽放出不可思议的光亮?

换句话说，我们如何在平淡、庸常、琐碎、日复一日重复性的劳动和生活中找到我们生存的意义?

生命只有一次，唯其如此，我们更要善待并且用好，这是不辜负自己，也是我们对自己、对世界的担当，是一个人之为“人”的命运。

所以，我们的生活是可以选择的，取决于你们想做一个什么样的人，你们的一生想要如何度过，你们的路途会有什么风景，你们最终能够走到的远方。

选择一种智性的生活，会让我们获得更多的心灵自由，纵使现实社会有诸多的不完满、缺陷和幽暗，纵使我们自身的生活充满了烦恼、苦痛和挣扎，我们仍可以在我们有限选择的视阈内不辜负我们的生命，努力把我们的渺小与卑微、脆弱与无力，变成重建自我、突破局限、有所担当的心灵能量。如何选择，如何能够实现，庄子告诉了我们。

我们现今看到的庄子生平其实很少，后人对他的了解基本上来自司马迁的《史记·老子韩非子列传》和《庄子》这本书，因为庄子生前一直在“僻处自说”，不像其他的“子”一样去向“诸侯说”、向“大人说”，而且他向来认为“天下为沉浊，不可与庄语”，因此既不出山，往来的朋友也极少，即使“楚威王闻庄周贤，使使厚币迎之，许以为相”，他也“宁游戏污渎之中自快，无为有国者所羁，终生不仕，以快吾志焉”，因此，关于庄子的情况我们了解得很少。

但这并不妨碍我们对庄子的尊崇，因为庄子已然是一种生活态度、一种智慧高标、一种生命光照。他的存在，就是在告诉世界：人，还可以这样活着。

庄子姓庄，名周，生活时代为战国中期。根据司马迁的记载，庄子是宋国蒙人，应该是今天的河南地界。我回青藏高原，每每在火车上于深夜路过中原大地时就想，两千多年前的庄子，该有多么寂寞。我凝视那黑夜中大地的孤静，仿佛可以伸手触摸到庄子沉默中的智慧。这片土地有过怎样丰沃的历史，才盛载了庄子这样的先知？

庄子所处的年代，是中国历史上最混乱的时期，却也是学术思想最发达活跃的时期，所以历史上的“子”均出自这个时期，才有了我们的“诸子百家”。其时孟子游说各国，墨子门徒天下，唯有庄子选择了“僻处自说”，这也注定了他的贫困。

《庄子》一书中说他身住陋巷，以织草鞋为生，面黄肌瘦，遭人白眼。就是这样，庄子仍然坚持不为世俗名利所动，更不会蝇营狗苟到处去投机钻营，甚至连温饱都无法解决时他也不会屈己事人。

庄子为什么会做这样的生活选择？

庄子要解决的是人的人生困境的问题，即他期望寻找一条人类能够从现实中突围而最终抵达生命最高境界的路径。因此，世俗功名利禄就不能成为人的束缚和羁绊，人要不悦生也不恶死，顺应天然，找到真我，从而超越死生，获得生命的自由。

所以，庄子“独与天地精神往来”，因为“天地有大美而不言”。

《庄子》一书想象丰富奇诡，描述汪洋恣肆，那种宽阔开放、天马行空令人叹为观止。当然，《庄子》所描写的未必都是庄子的真实历史，比如庄周梦蝶，比如妻子去世后击缶而歌，但我们却深信这是庄子的必然命运，是唯有庄子才会承担的人生真实。我们不必去想庄子所说是否是真的，只需触摸那历史的肌体上皮肤的温度，感知他的生命鲜活的存在，就已经是我们最真实的靠近。

我们从庄子的《逍遥游》入手，开始我们的生命之旅，了解当一个人拥有了心灵自由之后他可以拥有怎样的逍遥人生。

庄子认为，道存在于天地万物之中，天地万物与人是一体的，这种“天地合一”的思想就是中国古代哲学的基本精神。“逍遥游”就是“逍遥于天地之间，而心意自得”，天、地、人都如此自然天成，遵从自然本性，与自然化而为一，乘天地之正，御六气之辩，最后做到“无所待”而游于无穷，获得最大的精神解放与心灵自由。

我认为庄子说到了生命的三个阶梯。

二、生命的第一个阶梯：有所待——御风而行

我相信绝大多数人对自己的生命都是有所期待的，每个人都渴望有个美好而理想的人生。而要实现这个愿望或者理想，靠家人、靠朋友、靠别人其实都是靠不住的，只有自身有力量了，强大了，你们才有可能面对任何困境都有力量突围。而自身力量的强大凭借的是什么？是所谓的“风”，就是能力。这个能力是个综合体，有学识、才情、阅历、经验等，所有这些，助你们上云霄，让你们成就自己的人生。

当你们站在高空向下俯视时，你们才能胸有丘壑，完成自己的夙愿。风力如此之大，你们不知道会飞到多远，你们的生命疆域会延展到何处。

贝尔·格里尔斯是个英国人，1974 年出生，美国探险节目《荒野求生》主持人，慈善家，空手道黑带高手，全世界什么都敢吃的人，专门为危险和死亡而生的野外体验生存家。几乎在他上小学的时候，他就有个梦想。他的人生就是一场冒险，为此他差不多在 10 岁左右就开始了知识储备和体能训练，以及初试身手的探险。

他那时就明白：荒野是他最亲密的朋友，而探险是一件再自然不过的事情。所以，他上伊顿公学，进行 SAS 魔鬼训练，一直坚持为梦想而战。那些早期的重大的使命塑造了他，在更早、更小的时刻已经开始引导他。当他开始主持《荒野求生》节目时，他已不再是仅仅教会我们如何在荒野逃生的技能，而且在向我们呈现生命与自由的无限可能。

我们看他的经历：在跳伞时由于没能打开降落伞而摔落沙漠，竟然奇迹般地生还；身陷白浪滔天的激流险滩，体验身体接近低体温死亡；在丛林中为了生存生吃蚯蚓；在澳大利亚的沼泽差点被巨大的鳄鱼吃掉……

1998 年 5 月 26 日贝尔历尽艰险，经过长达三个月的跋涉，几次与死神擦身而过，终于攀登上了少年时就认定的心中的圣殿——珠穆朗玛峰。下山途中，他们由于精疲力竭行动缓慢而幸运地避开了一场雪崩，难以置信地死里逃生。回望翻滚奔腾的破碎冰川，想起一路走来的痛苦与狂喜，贝尔放声痛哭。所以他说：人生是一场冒险游戏，活着的每一天都是礼物。

而在此之前，贝尔不知道《荒野求生》节目会成功。对于他而言，他选择的是属于他的人生，他的生命活到了极致，他到达了他的目的地，这就足够了。

这就是庄子告诉我们的：生命是自由夜行的旅途，人类的梦想没有终极，只有挣脱躯体的局限，才能继续上升。

三、生命的第二个阶梯：超越身体的限制——凌空远行

贝尔的身体是强健的，他要实现人生的梦想经过努力是可以达成的，而有些人的身体是残疾，他的人生几乎也注定了是残缺的。即使人们的身体是健全的，但目光短视、心理狭窄、思维生锈且还沾沾自喜、妄自尊大，不能看到更远的远方，又怎么会有更为宽阔高远的人生？

看看写了《人生不设限》一书的这个人：

澳大利亚人力克·胡哲出生时罹患海豹肢症，天生没手没脚，曾经三次尝试自杀。10 岁那年，他第一次意识到“人要为自己的快乐负责”。他是澳大利亚第一批进入主流学校的残障儿童，也是高中第一位竞选学生会主席的残障者，是第一位登上《冲浪客》杂志封面的菜鸟冲浪客。他在夏威夷与海龟游泳，在哥伦比亚潜水、踢足球、溜滑板、打高尔夫球，他似乎从未失去健全的四肢。16 岁时他第一次在小型聚会中跟同学分享自己的故事，然后在决定以“激励他人”为生命目标后，创设“没有四肢的人生”非营利组织，实行各种创意行善，在五大洲超过 25 个国家举办 1500 多场演讲。21 岁大学毕业后，他取得会计及财务规划双学位，投资眼光独到准确，于是拥有了自己的公司。

如果你们觉得自己很糟，力克说：当我的父母看到我出生时那没手没脚的模样，他们也不禁怀疑上帝到底在想什么。然而，今天我过着完全超乎我们想象的生活。

力克的感悟是：我那好得不像话的生命体验。

这样的生命，突破了生命的局限，让残缺的躯体生出了飞翔的翅膀。

而这个世界上，还有一类生命实践了庄子的大使命，这就是——

四、生命的第三个阶梯：见地、智慧、境界的云空——自由夜行

我理解庄子《逍遥游》的深意，实际上是在告诉我们，生命的时间长短其实并不能说明生命的价值实现，生命内在的丰富与深厚并不以活得短长来衡量。诗人臧克家的那首诗《有的人》已经诠释了世间的确有这样的现实存在："有的人活着/他已经死了/有的人死了/他还活着。"

1971 年，20 岁的史铁生因双腿瘫痪从下乡插队的地方回到北京，在一个街道工厂做临时工；1978 年 27 岁开始学习写作；1980 年 29 岁因败血症住院，1981 年 30 岁因急性肾功能障碍辞职回家；后发展到尿毒症，13 年需要靠透析维持生命。他一生自称是"职业是生病，业余在写作"，代表作有《我与地坛》《病隙碎笔》《务虚笔记》《我的丁一之旅》等。2010 年 12 月 31 日他没能迎接新年的到来和自己 60 岁的生日而告别尘世，死后遗体捐献于医学研究和需要器官的人。他说，生病的经验是一步步懂得满足，并终于醒悟：其实每时每刻我们都是幸运的，因为任何灾难的前面都可能再加一个"更"字。

在自己的"写作之夜"，史铁生用残缺的身体说出了最为健全而丰满的思想。他体验到的是生命的苦难，表达出的却是存在的坚忍和欢乐，他睿智的文字照亮的是我们日益幽暗的内心。

而人是需要唤醒的。人的禀赋、天性、能力不同，决定了你们的命运轨迹的运行，有的时候确实不能强求。这就需要深入了解自身的潜质，唤醒身体里沉睡的天然禀赋并善加利用。教育是唤醒，观照自我是唤醒，唤醒的程度取决于你们对自己生命理想的期待、你们希望有一个什么样的人生。当你们完成了这样的唤醒，并且按照被唤醒的本性去实现唤醒的目标，你们其实就真正地找到了自己，找到了你们在这个世界安身立命的位置。

我们来认识这个人：

法齐娅·库菲，阿富汗首位女议长，1975 年生于阿富汗北部的巴达赫尚省，与塔吉克斯坦和中国接壤。巴达赫尚省偏僻、荒蛮，保持着世界上最高的儿童死亡率。女儿在众人眼里"毫无价值"，这个刚刚出生的女婴在太阳底下躺了整整一天，人们完全是顺其自然，想让这个女婴自生自灭。小库菲的脸被太阳灼伤，脸颊上的疤痕很久没有褪去。然而，顽强的她死里逃生，后来又数次与死神擦肩而过。所以，她说："真主让我活着有他的理由。"也由于这样的经历，深怀内疚的母亲破例让她上学，从此彻底改变了她，甚至是阿富汗女性的命运。

阿富汗政权瓦解，各方权力的争夺让喀布尔城内混乱不堪。也正是在这混乱的年代，库菲赢得了2005年的议员席位并随后竞选上议长，成为阿富汗历史上第一位女议长。她是2014年阿富汗总统的有力竞争者，也成为那些不喜欢看到妇女占据重要位置并且要为这个国家的公平、正义与和平奋斗的敌对势力暗杀的目标。

《我不要你们死于一事无成：给女儿的17封告别信》是库菲的自传。因为时时面临着暗杀的风险，所以她在每次出门前都留下一封信给自己的两个女儿。作为阿富汗民主派的代表人物之一，库菲的生活中充斥着来自塔利班的恐怖威胁。自传中的17封信，是在每次出行前，她为自己可能回不来做的打算。她告诉女儿们："我之所以过这样的生活是希望你们——能够自由地过你们想要的生活，实现你们所有的梦想。"

法齐娅·库菲想要告诉世界，如果可能，她将成为阿富汗的另一种可能。

我由此看到庄子的《逍遥游》其内在的价值指向：理想生活的可能实现源于唤醒。

如果说法齐娅·库菲是一个过高的目标，那么我们再来看看一个普通人怎样唤醒自己身体和内心的渴望与灵性。

108岁的匈牙利陶瓷艺术家伊娃·蔡塞尔生于1906年，艺术生涯80多年。她一生始终坚持两个愿望：制造美的东西，看看这个世界。为此，她用制作陶瓷艺术品寻找生活中的美。在新浪视频的公开课里，有伊娃·蔡塞尔的讲座《嬉戏般的寻找美》。一个有着沧桑皱纹的老人，幽默诙谐地向学生和世界敞开了她的美丽优雅。她让我想起法国著名女作家杜拉斯在小说《情人》中开篇说的那段话：

"我已经老了，有一天，在一处公共场所的大厅里，有一个男人向我走来。他主动介绍自己，他对我说：'我认识你，永远记得你。那时候，你还很年轻，人人都说你美，现在，我是特为来告诉你，对我来说，我觉得现在你比年轻的时候更美，那时你是年轻女人，与你那时的面貌相比，我更爱你现在备受摧残的面容。'"

伊娃·蔡塞尔说，她的工作使她去了很多国家，因为她用工作来满足她的好奇心；她看了世界的很大一部分，她做东西特别，是因为她想用它们去看世界。

思维的自由与创新就在其中展现出来。

我把此理解为庄子的逍遥精神的内涵。

五、生命的最高境界：无所待——行而不行

当我们真正内心强大、无所依傍、自成世界，就是建立了一个自由王国，无论什么形式的行或者不行，无论你们在哪儿，你们都在自己心中。这个时候，"一览众山小"都不存在了，你们的伟大和平凡都在你们自己。你们超然而绝世，遗

世而独立，你们是山外高人，也是世间常人，荣辱成败于你们都是寻常等闲事，再也没有什么能够打击伤害到你们了。

周云蓬，最具人文的中国民谣音乐代表，9 岁失明，15 岁弹吉他，19 岁上大学，21 岁写诗，24 岁到处漂泊，以专辑《沉默如谜的呼吸》《中国孩子》而洞悉命运的渊薮。他说："我希望我可以和命运合二为一。"有人说他是庄子"水击三千里，抟扶摇而上者九万里"现实版的实践者。

周云蓬带着诗句奇幻漂流，沿途靠卖唱为生。"他去了上海、苏州、杭州、南京、长沙还有昆明，腾格里沙漠阿拉善戈壁那曲草原和拉萨圣城。"他热爱诗歌，他喜欢公益，他以灵性的耳朵听见"沉默如谜的呼吸"，这是生命存在的印记，亦是来自灵魂深处的觉醒。

《绿皮火车》是民谣诗人周云蓬的歌游记合集，不少文字出自他在《南方都市报》开的"首如飞蓬"的专栏。他把自己在大地的行旅以"行路，歌唱，遇人"的文字呈现给世界。他关心远方的事情，亦牵绊身边的朋友。这位盲人歌者的内心宽阔明亮，是我们不能想象亦无法到达的疆域。

而英籍奥地利裔的世界著名哲学家维特根斯坦，是 20 世纪西方最为重要的哲学家和思想家。他的著作和思想对当代西方哲学的发展起到了至关重要的作用：他不仅直接促成了当代英美分析哲学的形成和发展，而且对当代欧洲大陆哲学的发展也起到了关键作用。这位出身豪门、父亲是奥地利钢铁工业的大亨的天才哲学家，曾与阿道夫·希特勒是同学，10 岁时就制造出一台能够实用的简单缝纫机，经历过一战，当过小学教师、剑桥教授，一生努力研究数学，因极为推崇数理逻辑而放弃航空工程转而从事哲学，为我们留下了名言"凡是无法说出的，就应该保持沉默"；在剑桥大学以《逻辑哲学论》作为学位论文获得博士学位，也因此成为语言哲学的奠基人，被大哲学家罗素当作"天才人物的最完满的范例"：热情、深刻、认真、纯正、出类拔萃。

维特根斯坦一生从未停止严肃和深刻地思考哲学问题，他对人类生存本质的深刻感知，以及他在理智上的特殊天赋，使他在哲学上达到了其他哲学家难以企及的高度。

1951 年 4 月 29 日，62 岁生日的第 4 天，维特根斯坦与世长辞。临终前的话是："告诉他们（他的朋友们），我度过了极为美好的一生。"他一生未婚，没有房子，没有娱乐，没有头衔，没有财富，他在友人的房间里去世。

他说："仅仅关注这个已经发生了事情的世界本身，便能带来喜悦，它本身就是幸福。因此，清静无为便能保持幸福，像陀思妥耶夫斯基说的那样，这时生活本身便不再需要理由，仅仅是活着就是幸福。"

他的学生马尔康姆在回忆录里写道："当我想到他的悲观主义，想到他精神上和道义上遭受的强烈痛苦，想到他无情地驱使自己的心智，想到他需要爱，而他的苛刻生硬又排斥了爱，我总以为他的一生是非常不幸的。然而在临终时他自己竟呼喊说它是'极为美好的'，对我来说这是神秘莫测而感人至深的言语。"

英国南安普顿大学教授瑞·蒙克写了一部关于维特根斯坦的最佳传记《维特根斯坦传：天才之为责任》。

在时间的长河里，看看我们自己能够走多远；
我们的生活，能够超越自我承担什么责任拥有大自由？

那英志简介

那英志，山东师范大学文学硕士，青岛职业技术学院旅游学院副教授，研究方向为组织文化、高职专业文化。

儒学与职业发展之道

（2012年5月）

从校园到职场，如何让人了解你们、信任你们、亲近你们，愿与你们融洽相处、共事进取？我们今天一起分享最了解“中国人”的达人——孔子的人生智慧。

一、如何让人理解、认可自己

我们首先思考一个问题：你们有没有时常觉得别人不理解你们？爸爸、妈妈、朋友、同学、老师以及同事、领导……当你们觉得不为人所理解的时候，你们有什么感受？你们怎么想？你们怎么办？

你们觉得别人理解还是不理解，这重要吗？

先看一下，我们的星球上什么职业最不需要别人理解？今天的工作大都需要团队合作，仅靠个体就可以从事的就是艺术家，所以可以说画家是最不依赖别人理解的。

下面是世界拍卖价最高的前10幅画作中的4幅：

第八名：《没胡子的自画像》，售价7150万美元。

第五名：《加歇医生的肖像》，售价8250万美元，这两幅画的作者是Vincent van Gogh（1853—1890）。

第四名：《多拉·马尔与猫》，售价9520万美元，作者是巴勃罗·鲁伊斯·毕加索（1881—1973）。

第三名：《拿烟斗的男孩》，售价1.04亿美元。

从艺术的角度说，他们都是杰出的画家，但他们的现实生活是迥然不同的。凡·高一生仅仅卖出了一幅画，最后年仅37岁的他就自杀了；而毕加索则在生前就享誉世界，是首位活着的时候就有作品为罗浮宫收藏的艺术家。造成两位天才际遇不同的原因固然是多方面的，但一个重要原因是毕加索更善于与人打交道，从而使自己的作品获得世人的认可。由此可见，既然最有个性的艺术家也需要善于与人相处，从而才能在活着的时候实现人生价值，那么，让他人理解、接受就更是我们每一个平常人所不可或缺的能力。

你们的课程表里有这一课吗？如果没有，又去哪里学这一课呢？

有这样一个人，他出生于战乱年代，15岁的时候在香港的一家茶楼做跑堂小二，之后修表、卖白铁桶，最后成为华人首富。说到这儿，我们都已猜到他是谁了——李嘉诚。他曾讲过自己教育孩子的心得：以往我是99%教孩子做人的道理，现在有时会与他们谈生意……但约1/3谈生意，2/3教他们做人的道理。因为世情才是大学问。工商管理方面要学西方的科学管理知识，但在个人为人处世方面则要学中国古代的哲学思想，不断修身养性，以谦虚的态度为人处世，以勤劳、忍耐和永恒的意志作为进取人生的战略。也就是说，面对人生问题，中国古代先哲的思想是我们不可忽视的资源。

回到不为人所理解这个人生在世不能不面对的问题，先师孔子在《论语》中从不同角度阐述其解决之道。子曰：

> 人不知，而不愠，不亦君子乎？
> 君子病无能焉，不病人之不己知也。
> 不患无位，患所以立。
> 不患莫己知，求为可知也。
> 不患人之不己知，患不知人也。

首先，别人不了解自己，自己却不生气，这不就是君子吗？那么“人不知而愠”的是什么人呢？孔子还有一句话是：君子坦荡荡，小人长戚戚。小人为什么常常生气呢？从当代积极心理学的观点看，如果一个人因为别人不认可自己而不高兴，本质上是他对自我价值不自信，而且他对自己的价值判断依赖于外界，这在心理学上叫作“依赖性自尊”。而不因他人看法或喜或悲的人，恰恰是因为对自我价值有高度的自信，拥有“独立性自尊”。从另一方面看，“生气”的起因往往是对方对某事负有责任却没有履行这一责任，任何一个人恐怕都不会因为一头牛不能欣赏自己的歌喉而感到愤懑——因为我们都知道“牛”不对此负有智力上或者道义上的责任。

当一个人因为别人不了解、认可自己而生气的时候，实际上他是认为对方对此负有义务，但却忘了自己也对此负有责任。

所以，面对人与人的理解这一问题，“不愠”首先意味着一种积极、负责任的心态。

不愠，然后怎么办？一天天什么也不想，这不叫乐观，这是没心没肺。君子也不是什么都不担心，只不过他担心的不是别人不了解自己，而是担心自己有没有本领。而有了本领，恃才傲物也是不行的，还要把本领变为业绩，有所作为，方能取得自己的一席之地。

小王毕业后到了一家印刷公司，但是总觉得自己没有得到老板的重视，有怀才不遇之感，于是准备辞职。恰好一个朋友来看望他，听了他的想法后，朋友对他说：你对印刷业务的运作、营销等都了解了吗？小王说还不太熟。朋友说，那你为什么不先把这儿当作你了解印刷行业的实践基地，等你把所有的业务都掌握了再离开？这样做，你学到了东西，而且能让老板意识到他的损失。小王觉得有道理，于是没有当即辞职。过了一年，小王又和这位朋友见面，朋友问你辞职了吗，小王却笑着说，上次我听了你的建议，认真钻研业务，结果过了不到一年公司就给我升了职，薪水也涨了，我就不用辞职了……

有“能”仅仅是你们拥有某种有待于实现的潜力，而有为则是你们的实力，只有当能力变成业绩，你们的能力才真正得到证实，而不只是个人的想象。

那么，是不是说只要埋头苦干，我们就可以相信金子总是会闪亮的，总是会有人慧眼识珠？现实告诉我们并非如此，而孔子之所以讲“求为可知也”，就是敏锐地看到这一现实，所以提出不要担心别人不了解自己，但是你们一定要主动地让别人了解你们。

我们以往有一种成见，孔子认为“巧言令色”是负面的，应当“慎言敏行”。但是，慎言不是不言。实际上，孔子主张一个人要“求为可知”，意味着在让别人了解这个问题上，我们自己要负起主动的责任，而且要有意识地通过沟通“宣传”自己。

世界最大的流通企业——沃尔玛的创始人沃尔顿从年轻的时候就这样做了。他年轻时就很有志向，又具有竞争精神。在密苏里大学上学时，沃尔顿决定竞选大学学生会主席，用他的话说：“我很早就学到了成为校园领袖的秘诀，那就是主动上前与人行道上的人说话。我总是注视着向我走来的人，并主动和他说话。

如果我认识他，我就会叫他的名字。即使我不认识他，我仍会和他说话。所以我在大学里认识的学生比任何人都多。毕业后，我一直用这种方式竞争领导职位。”积极主动的沟通意识是求为可知的前提。

关于如何获得他人的理解与认可，孔子提出的最不同凡响的见解是："不患人之不己知，患不知人也"。不要担心别人不了解你，你该担心的是自己不了解别人。这是一个根本性的心态转变，彻底从等待别人了解自己转变为主动地了解他人。

我们理解了别人，自然就能与对方有共同的语言、价值观，双方的彼此理解就成了水到渠成的事情。

美国大科学家富兰克林青年时在斐拉岱尔斐亚省开了一家小小的印刷所。有一段时间，他被选任为宾夕法尼亚议会的书记。在选举之前，有一位议员，发表了一篇很长的反对演说，把富兰克林批评得一文不值。遇到了这样一位出其不意的敌人，该怎么办才好呢？我们听听富兰克林是怎么办的：

"对于这位新议员的反对，我当然很不高兴，不过，他是一位有学识、有修养的绅士，他的声誉和才能在议院里有一定的地位。尽管如此，我也绝不会对他表现一种卑鄙的阿谀，以取得他的同情与好感，我只在隔了数日之后，运用了一个适当的方法。我从一个朋友口中了解到，他藏书室里有几部很名贵、很罕见的书，于是我就写了一封简短的信给他，说明我想看看这些书，希望他慨然答应，借我数天。当他收到信以后立刻就把书送了过来。大约过了一个星期，我就将那些书送去还他，另外附了一封信，很热烈地表示了我的谢意。他以前从不和我谈话，自从借书后，当我们下一次在议院里相遇的时候，他竟然跑上前来和我握手谈话，而且非常客气。他对我说，他乐意在一切事情上帮助我，于是我们成为知己，一直维持着良好的友谊。"

人，只有在社会中才能生存，只有与他人和谐相处为他人所理解才能有更快乐的生活，实现自己的抱负。孔子告诉我们要获得理解，要有积极的心态，致力于提升自己的能力与作为，主动理解他人，从被动的等人知转向主动的知人，实现从被管理者到领导者的角色转变。

二、如何与人融洽相处，让人愿意与你共事

香港长江实业集团董事局主席李嘉诚要会见由20余位大陆企业家组成的访问团，假设你们是负责接待的工作人员，请你们设计一个接待方案，你们会怎么安排？考虑哪些因素？

国内著名地产商、万通控股董事长冯仑曾讲述了他的亲身经历。

“有一次，班上组织我们去香港见一下李嘉诚。李先生 76 岁，是华人世界的超级大哥。大家可以想象，这样的人会怎么样？没见面之前，心里先有个情景假定：第一见不到大哥先见到沙发、椅子；第二伟大的人来了，我们发名片人家不会发名片；第三人家跟你们握手然后你们站着听讲话，就像我们被接见，在人民大会堂听人家讲话我们鼓掌就完了；最后吃饭肯定有主桌，有个名签，我们企业界 20 多人中相对伟大的人会坐在他边上，其余人坐在其他桌，大哥在那儿坐一下，吃两筷子说忙先走了；然后我们回来激动写感想，因为我们做小人物很习惯，被接见能力很强，经常被轻慢已经习惯了，没有发现自己很重要。我们老觉得自己在大人物面前不重要，被委屈是应该的。如果他是这样，我们也不会怪他，因为他是伟大的人物。

但是我非常感动的是，首先电梯刚一开，长江顶楼，70 多岁的大哥在门口等我们，这样的开场很不一样。其次一见面，大哥先给我们发名片，这已经出乎我们意料——因为李先生的身家和地位已经不用名片了，但是他像做小买卖一样给我们发名片。发名片后我们一个人抽了一个签，这个签就是一个号，就是我们照相站的位置，是随便抽的。我当时想为什么照相还要抽签，后来才知道，这是用心良苦，为了大家都舒服，否则怎么站呢？

抽号照相后又抽个号，说是吃饭的位置，又是为了大家舒服。最后让李先生说几句，他说也没有什么讲的，主要和大家见面，后来大家鼓掌让他讲，他就说我把生活当中的一些体会与大家分享吧。用普通话和粤语讲了几句，然后看着几个老外，又用英语讲了几句，把全场的人都照顾到了。他讲的是“建立自我，追求无我”，就是让自己强大起来要建立自我、追求无我，把自己融入生活和社会当中，不要给大家压力，让大家感觉不到你们的存在，来接纳你们、喜欢你们。之后我们就吃饭。我抽到的正好是挨着他隔一个人的位子，我以为可以就近聊天，但吃了一会儿，李先生起来了，说抱歉我要到那个桌子坐一会儿。后来，我发现他们安排李先生在每一个桌子坐 15 分钟，总共 4 桌，每桌都只坐 15 分钟，正好 1 小时。

临走的时候他说一定要与大家告别握手，每个人都要握到，墙角站着一服务员，专门跑到那和他握手；然后又送大家到电梯口，直到电梯关上才走。这就是他的追求无我，显然，在这个过程中他都做到了。吃饭的时候我想起看过他的一个演讲，问他们有没有关于这个的书，当时没准备，他交代下面一下，结果下车的时候那个书就送到我手里了。

一个成功的人对生活的态度非常重要。比如我们在生活中经常看到一些人，做一些事情偶有所得，有点成功，他的自我就会让别人不舒服，他的存在让你们

感到压力，他的行为让你们感到自卑，他的言论让你们感到渺小，他的财富让你们感到恶心，最后他的自我使别人无处藏身。李先生不一样，他要追求无我，建立自我的同时又要追求无我等等。这是一种生活的态度，对人生与对周围世界怎么相处。”

从这个故事里边，我们能得到什么启示？李嘉诚的做法体现了什么样的为人处世之道？

一视同仁——无论是对企业家还是服务生都做到谦恭有礼；
守时而信——言出必行，信守约定；
敏行慎言——言语宽容谦和，行动迅速细致。

这也正是儒家思想的体现。

《论语·阳货》中记载：子张问仁于孔子。孔子曰："能行五者于天下为仁矣。""请问之。""曰：恭、宽、信、敏、惠。恭则不侮，宽则得众，信则人任焉，敏则有功，惠则足以使人。"

仁是儒学的核心价值观，所谓仁者爱人，其本质是对人的关爱，那么如何做到呢？

首先是恭敬有礼。

对待他人有恭敬的态度，则能得到大家的尊重，而不会遭到侮慢。恭是内心的态度，怎么表现呢？恭近于礼，远耻辱也。就是说，恭敬的态度要符合礼仪。例如《弟子规》中写道：

或饮食　或坐走　长者先　幼者后
长呼人　即代叫　人不在　己即到
进必趋　退必迟　问起对　视勿移

无论是饮食、出行，都要让长者先行。当长者找人，要替他代叫；如果要找的人不在，就主动问一下有什么事要做。见面的时候要小步快走，告辞的时候要慢慢地退出。与长者谈话时，视线不要飘忽不定。这些小节中的礼仪体现着对人的尊重，不仅仅适用于长者，实际上对领导、同事、朋友、顾客乃至需要帮助的人都是适用的。当我们这样做，就能更顺畅地与人形成和谐友好的关系。礼仪是因时而变、因地而变的，但“恭”的态度则是一以贯之的。

20世纪50年代的一天，周总理前去机场欢送西哈努克亲王离京，前往送行的还有军队的一些高级干部。大家笑容可掬、毕恭毕敬地亲切握手、拥抱、告别，又目送着西哈努克进了舱门。因为飞机起飞之际，有场足球出线比赛，这些送行的高级将领一见西哈努克进了机舱，便迫不及待地四下散去，就像电影散场一样。

周恩来满面春风地站立着，静等飞机升空，突然发觉周围气氛异常。他转头一看，勃然变色。但他马上镇定了自己的情绪，只向身边的秘书轻语："你们跑步去，告诉机场门口，一个也不许放走，我等下有话说。"整个送行过程中，周恩来始终立正站立，看着飞机起飞，在机场上空绕一圈，摆摆机翼，然后渐渐远去，渐渐消失……将军们也回来了，站在那里目送着飞机离去。随后，周恩来和前来送行的外交使节告别。直到外交使节全离开了，才面对那些将军说："你们都过来。客人还没走，机场已经没人了，人家会怎么想？你们是不是不懂外交礼节？那好，我来给你们上上课！"周恩来声音不高不低，语速不紧不忙地讲起了基本的外交礼节："按外交礼仪，主人不但要送外宾登机，还要静候飞机起飞，飞机起飞后也不能离开，因为飞机还要在机场上空绕圈，要摆动机翼……"

周恩来同志不仅对外国政要恪守礼仪，他也总是不忘记普通人。每次出国访问结束时，一定要找到汽车司机、宾馆和饭店的厨师、机组人员和保安人员向他们告别，感谢他们使他进行了愉快的访问。

正是这种一视同仁的尊重，让周恩来这个名字一直为人所敬仰，时至今日我们仍能感受到他的人格力量。

恭敬有礼甚至能赢得对手的尊重。

在金庸的武侠名著《神雕侠侣》中，郭靖去会见忽必烈，在离开蒙古军营时，突然旁边抢出八名蒙古大汉，当先一人说道："你是郭靖吗？你在襄阳城头伤了我不少兄弟，今日竟到我蒙古军营来耀武扬威。王爷放你走，我们却容你不得。"一声吆喝，8名大汉同时拥上，各使蒙古摔跤手法，16只手抓向郭靖。但郭靖幼时在蒙古长大，骑射摔跤自小精熟，眼见8人抓到，双手连伸，右腿勾扫，霎时之间，四人被他抓住摔出丈余，另四人被他勾扫倒地。……郭靖向众军一抱拳，除下帽子转了个圈子。这是蒙古人摔跤获胜后向观众答谢的礼节，众官兵更是欢声雷动。得体的礼仪让郭靖虽战胜对手而不遭嫉恨。

礼仪所讲都是小节，但我们是否都能自然而然地做到呢？2012年我去参加在青岛举办的国内旅游交易会。在一家旅游企业的展台前，一名30多岁的男士一边发放宣传资料，目光却不是看着对方，而是划了一道弧线看到别处。如果你们是拿资料的人，你们会有什么感受呢？我会觉得这个人既无礼，又少自信。也许他在生活中是个好人，但这种行为举止却难以让人产生愿意与之打交道的愿望。

宽则得众

宽容则能得到众人的拥护。中国有句古话：水至清则无鱼，人至察则无徒。中国最广为人知的“将相和”的故事是宽则得众的典型体现，蔺相如不计较廉颇的不满，宽容他的过错，最终保障了赵国的政治安定。但是在今天宽容不只是一种道德上的胸襟，更是一种现代基本的价值观，相信唯有对多元化思想的包容才能得到真知灼见。

斯隆是通用汽车的第八任总裁，被誉为20世纪最伟大的CEO。有一次，他在通用汽车公司的一次管理会议上说：“先生们，我想我们大家对这项决策都一致同意，是吗？”所有的主管异口同声地说：“是的，斯隆先生。”接下来斯隆却说：“那么我必须把这个行动延后一个月，再对这项决策作进一步讨论，以便我们有时间来提出不同的意见。”

1944年，根据当时美国汽车市场的竞争形势，有一名年轻的行销主管提出将雪佛兰从通用分立出去的建议。那时在通用总部的高级主管一听到这个年轻人这么说，脸都绿了，其中以斯隆的怒火最旺。他们从此不把这个年轻的行销主管当作“人”。资深主管一致同意：“给他一笔钱，叫他滚。”斯隆却说：“不行，我们不能以言废人，我们希望公司人人都有自己的看法。”于是，斯隆让这个年轻人高升做芝加哥电机部总经理。

正是这种宽容，让通用汽车人才辈出，从20世纪20年代的风雨飘摇一跃而为当时世界最大的汽车制造商，而且成了美国经济的重要标志，而斯隆则成为企业管理史上的传奇领袖。

信则人任焉

诚信就能得到别人的任用。李嘉诚曾说：人要去求生意就比较难，生意跑来找你们，你们就容易做。那么，如何才能让生意来找你们？那就要靠朋友。如何结交朋友？那就要善待他人，充分考虑到对方的利益。

新东方的创始人俞敏洪曾回顾他的创业历程。在北大当学生的时候，我一直比较具备为同学服务的精神。我这个人成绩一直不怎么样，但我从小就热爱劳动，我希望通过勤奋的劳动来引起老师和同学的的注意，所以我从小学一年级就一直打扫教室卫生。到了北大以后我养成了一个良好的习惯，每天为宿舍打扫卫生，这一打扫就打扫了四年，所以我们宿舍从来没排过卫生值日表。

另外，我每天都拎着宿舍的水壶去给同学打水，把它当作一种体育锻炼。大家看我打水习惯了，最后还产生这样一种情况：有的时候我忘了打水，同学就说“俞敏洪怎么还不去打水”。

又过了10年，我希望找合作者，结果就跑到了美国和加拿大去寻找我的那些同学。后来他们回来了，但是给了我一个十分意外的理由。他们说：“俞敏洪，我们回去是冲着你过去为我们打了四年水。”他们说：“我们知道，你有这样的一种精神，所以你有饭吃肯定不会给我们粥喝，所以让我们一起回中国。”

敏则有功

行动迅速高效就会取得功绩。孔子在这里提到了现代企业一个至关重要的问题：执行力。有一本书曾在企业界广为流传，它就是《把信送给加西亚》，虽然是美国人写的，但其中的思想却极好地阐释了孔子的思想。

作者哈伯德在书中写道：世界会给你以厚报，既有金钱也有荣誉，只要你具备这样一种品质，那就是主动。什么是主动？让我告诉你们：主动就是不用别人告诉你们，你们就能出色地完成工作。次之，就是别人告诉了你们一次，你们就能去做。也就是说，把信送给加西亚。那些能够送信的人会得到很高的荣誉，但不一定总能得到相应的报偿。再次之，就是这样一些人，别人告诉了他们两次，他们才会去做。这些人不会得到荣誉，报偿也很微薄。更次之，就是有些人只有在形势所迫时才能把事情做好，他们得到的只是冷漠而不是荣誉，报偿更是微不足道了。这种人是在磨洋工。最等而下之的就是这种人，即使有人追着他，告诉他怎么去做，并且盯着他做，他也不会把事情做好。这种人总是失业，遭到别人蔑视也是咎由自取。

惠则足以使人

与人恩惠就能让别人愿意与你共事，听从你的领导。李嘉诚谈到处理商业合作和管理公司的问题时讲道，有钱大家赚，利润大家分享，这样才有人愿意合作。假如拿10%的股份是公正的，拿11%也可以，但是如果只拿9%的股份，就会财源滚滚来。管理一间大公司，你不可以样样事情都自己亲力亲为，假如今日,假如没有那么多人替我办事，我就算有三头六臂，也没有办法应付那么多的事情，所以成就事业最要害的是要有人能够帮助你们，乐意跟你们工作，这就是我的哲学。首先要让员工有归属感，使得他们安心工作，那么，你们就首先要让他们喜欢你。

一位长江实业集团的司机对采访李嘉诚的记者说：“我们真是很喜欢我们老板，他对我们非常好。他知道公司的公积金投资在外面，遇金融风暴损失很多，老板填了那笔数，不让员工的公积金受损。”

你们说我不是李嘉诚，我也不是宋公明，我没有什么恩惠可以给别人。果真如此吗？有人比较了中日幼儿教育的差别，孩子从幼儿园放学后，中国妈妈常常问的第一句话是“今天学到了什么”，日本妈妈常常问的是“你们今天帮助了哪个小朋友”。如果幼儿园的小朋友都可以予人帮助，我们又有什么不可能的呢？

三、结 语

你们的人生高度不是加法，而是乘法，它的因数就是两个：一是做事，一是为人。

这两个因数哪一方的增长都会使你们的人生高度倍增；同样的，哪一方若是缩减，也会使你们蒙受成倍的损失。

我们追求的是快乐、成功、幸福、健康，这些都离不开与人的和谐相处、彼此关爱。要怀着理解人的心态去求得理解，以仁者爱人的心态去赢得关爱，以恭、宽、信、敏、惠的原则影响他人乃至世界。

刘 慧 简介

刘 慧，沈阳师范大学对外汉语硕士，青岛职业技术学院旅游学院讲师。2012年9月赴美国纽约州阿尔弗莱德大学讲学。

《弟子规》与处世之道

——内心宁静与人和谐

（2012年6月）

一、开篇语

幸福是每个人所追求的，我们刻苦学习、努力工作，最终目的可能都是为了得到幸福，或者说使自己变得更幸福，但要说清什么是幸福、怎样才能得到幸福，却并非一件易事。我个人很喜欢看一些访谈节目，喜欢听别人特别是那些有人生阅历的成功人士谈人生。一次我看杨澜采访一个叫海蓝的心理学女博士，海蓝对幸福的定义是“内心的宁静、与人的和谐”，我个人十分认同。那么，怎么才能做到“内心宁静，与人和谐”？这在我们最近讲读的《弟子规》中随处可见。

从古至今，中国是一个崇尚道德、尊崇礼仪的民族，中国人也非常讲究修身养性、注重处理人际关系。

在如何对待他人（父母、师长、兄弟姐妹和周围的人）这个问题上，《弟子规》给出了很多解答，诸如“亲有过，谏使更；怡吾色，柔吾声。谏不入，悦复谏；号泣随，挞无怨”。虽然这次讲座的主题不是讲父母和子女关系的，但我还是特别想跟大家分享一段视频（It a sparrow）。自小到大，和同学们关系最近的便是父母，对待父母的态度体现着一个人的人品和素养。也许大家有时对父母的

絮叨也会感到不满，但想想父母曾经对我们的耐心与呵护，我想《弟子规》中所说的对待父母的信条也不难做到。

从对待父母的耐心与理解出发，对待周围的人时也要做到“言语忍，忿自泯”“恩欲报，怨欲忘”，意思是在处理兄弟之间的矛盾时，要懂得忍让，不能说过激、伤感情的话；在处理与他人的恩怨时，要记得别人的恩惠，时时找机会报答；和别人结了仇，则应该想办法早点儿忘却。不难看出，其中蕴含的待人之道是宽以待人。

那么，古人又怎么对待自己呢？这从《弟子规》中我们也能找到答案。例如“冠必正，钮必结”“对饮食，勿拣择”“刻薄语，秽污词；市井气，切戒之”“勿谄富，勿骄贫”“勿自暴，勿自弃”等，其中包含的意思是衣着要整洁，吃东西不能挑挑拣拣，不能说肮脏不雅的话语，不能流露出街头无赖的市井之气，不要去讨好巴结富有的人，也不要在贫穷的人的面前表现出骄傲自大的样子；遇到挫折不要自暴自弃。由此可见，古人对自己的要求是相当严格的，体现了儒家“严于律己”的信条。

下面我们首先一起分享一下待人之道。

二、待人之道

（一）导入

人生在世几十载，最大学问便是待人之道。不管是现在的求学阶段，还是将来求职、工作阶段，在每个人的人生道路上，必须面对的一个现实是：天天和别人交往，也必须不停地学习待人之道。

历史清楚地向我们展示：任何人，穷一生之力，最难参透的学问还是待人之道。因为太难，先贤圣人才为我们定下了处世待人的诸多标准，留下了那么多传诵千古的警句格言，让我们后人学习、遵循。因为太难，人们对彼此相处时所发生的不合适言行，就要不停地反躬自省。

我们在评价一个人时，常常会说：“这个人不大会处世。”一些人，尤其是年轻人，也总是自我评价，说自己“缺乏处世经验”，或者苦恼于不知怎样与他人相处。因为不会待人处世，一些人总也弄不好与周围同学、同事的关系，搞得自己心情不愉快；一些人工作挺努力，人品也不错，可一遇到民意测评时，总是过不了群众关。可见，“与人和谐”做起来也并不容易。

（二）课堂调查

大家可以思考几个问题：

（1）你们的人缘儿怎么样？

（2）跟周围的人相处是否十分融洽？

（3）在学校中，最难处理的关系是什么？

下面公布有关方面关于大学生人际关系的调查结果。

有人做过一个关于大学生人际关系的调查，其中一个大一新生是这么描述他刚刚结束的第一个学期的宿舍生活的。他说，自从同宿舍的两个同学因琐事争吵后，只有四个人的宿舍生活变得尴尬和别扭起来。一直到现在，两位吵架的同学还丝毫没有要缓解的样子，这让他和另一位同学夹在中间左右为难。他甚至担心，自己几年的大学生活都会在这么糟糕的室友关系中度过。

我想，在今天的大学校园里，这位大一新生面临的“宿舍危机”的并不是个案。有人做过调查，调查结果是，大学生中的人际关系紧张更多地表现为宿舍的矛盾。我们中的很多同学，过去在家都是自己独处一室，上了大学后，至少六人同处一屋。学习生活中，难免发生各种矛盾，一些学生相互间又不能包容和谅解，致使矛盾激化，有的家长也被卷了进来，甚至需要院系老师出面才能解决。

其实，宿舍关系只是大学生人际关系的一个很小的方面。对于一名大学生来说，大学是人际关系走向社会化的一个重要转折时期。进入大学，势必会遇到各方面的人际关系：师生之间、同学之间、同乡之间，以及个人与班级、学校之间的关系等。如何处理好这些人际关系，对于大学生的大学生活和以后的事业是极其重要的。

（三）引发思考

那么，如何处理好与他人的关系？很多人在看一些关于处理人际关系和如何有效沟通的书。当然，善用各种交际手段固然重要，但更加重要的是我们应该从内心尊重每一个人，对人对事要心存感恩，帮助别人不一味地追求回报，要有一颗善良、宽容的心。

（四）待人需遵循的信条

1．尊重

《弟子规》总叙中有这样几句话：“首孝悌，次谨信；泛爱众，而亲仁。”其中包含着对父母要有孝心，对兄弟姐妹要团结友爱，和大众交往时要平等博爱。要想学会爱人，首先要学会如何尊重别人。

事例一：马加爵事件

2004 年，一位云南大学的学生用石锤残忍地杀害了他的四名同班同学，那个人就是马加爵。围绕着他的杀人动机和现象，当时在社会上引起了广泛的思考。这件事时隔 8 年，现在还是留在人们的记忆中挥之不去。那么，马加爵难道一开始就是一个残忍的人吗？让我们看一看马加爵短暂的一生中所经历的几个零散的片段：

马加爵获得过“全国奥林匹克物理竞赛二等奖”。——智商高

马加爵母亲靠给人熨衣服过活。烫一件衣服 5 毛钱，一次母亲丢了 100 元钱（熨 200 件衣服的钱），马加爵看到母亲伤心，故意把自己做苦工赚来的 100 元丢在过道里让母亲捡到。——有孝心

马加爵 5000 元学费，是从家到学校借了一路得来的。

为读大学，马加爵已经负债 1 万元，打零工补贴生活费。

马加爵在监狱中穿上了囚服后，说“这是我一生中穿过的最好的衣服”。

马加爵因为没有鞋子穿，在助学贷款没发的几天里光脚，逃课。

在冬天温度比较低的时候，马加爵宿舍的同学曾经给马加爵一二块钱，让他替自己洗衣服，马没钱就洗了。——生活贫困

马加爵宿舍的同学曾在马加爵的被子上撒尿。

马加爵给女生写得第一封情书，被那个女生当众撕碎，而且无数次成为同学取笑他的谈资。——备受侮辱

这是他在狱中写下的遗书的一部分：

我在这种氛围下再也难以立足了。是他们残忍地对我，是他们不给我活路，他们没有给我留后路。他们淋漓尽致地侮辱完我后居然还那样嚣张与快乐！我伤痛的心找不到归处，总浮现出他们淋漓尽致侮辱我的样子。我没有退路了，我决定玉石俱毁……

这件事发生后很多人很困惑，一个当初在父母和老师眼中，有孝心、智商高、勤奋、自强的孩子怎么会沦落成一个残忍的杀人犯呢？这么多年过去了，我们静下心来想一想，其实马加爵的问题并不是完全由他自己造成的，社会、学校和他身边的同学是否给了他理应给予的理解和尊重呢？

《弟子规》中有提到“言语忍，忿自泯”，意思是说跟别人讲话不要太冲动，不要说些伤感情的话，如此不必要的冲突怨恨就会消失无踪；还提到“人有短，切莫揭；人有私，切莫说”，意思是别人有缺点，我们不要当众揭露，别人有不想让别人知道的小秘密，我们不要到处去宣扬。

同学之间朝夕相处，生活中难免有磕磕碰碰，很多时候本来关系很好的朋友之间会为此恶语相向、剑拔弩张，抓住别人的短处淋漓尽致地宣扬，说出来的话一定要像刀子一样句句恨不得都刺在别人最痛处方能痛快。年轻气盛、血气方刚不能成为我们此类行为的挡箭牌。

试想，假如当时周围的同学没有高高在上地戴着有色眼镜去看待马加爵，给他最起码的尊重和理解，学校对贫困大学生给予真正理解之上的“关注”，也许惨案不会发生。不得不说，对马加爵之类的失足青年，我们也是罪人。

事例二：同是商人

有这样一个故事：某商人看到一个衣衫褴褛的铅笔推销员，出于怜悯，他塞给那人一元钱。不一会儿，他返回来，从卖笔那儿取出几支铅笔，并抱歉地解释自己忘取笔了。然后说："你跟我都是商人，都有东西要卖。"几个月后，再次相遇，那卖笔人已成为推销商，并感谢他说："谢谢你告诉了我，我也是个商人。"

"你跟我都是商人，都有东西要卖。"—— 一个商人这么一句简简单单的话，竟使一个非常自卑的人顿然树立起了自尊，使一个处境窘迫的人重新找回了自信。不难想象，倘若当初没有那么一句尊重鼓励的话，纵然给他几千几万元也无济于事，也一定不会出现从自认乞丐到自信自强的巨变。

这两件事也告诉我们，尊重的力量有多大，它在人与人的关系中有多重要，它能成就一个人，也能毁灭一个人。所以，给予周围的人足够的尊重吧，毕竟尊重别人就是尊重自己。

2．宽容

事例：赵承熙事件

2007年，美国弗吉尼亚理工大学发生了美国历史上最严重的恶性校园枪击案，枪击造成33人死亡，枪手本人开枪饮弹自尽，枪击案疑犯为23岁的韩裔青年赵承熙。

枪击案悼念仪式中，33块纪念遇难者的花岗岩悼念石被摆成一个半圆形放在操场上，其中也包括了凶手赵承熙的悼念石。悼念者认为，赵承熙虽然犯下残忍的罪行，但学校和社会此前没能对精神有问题的他提供适当的治疗和心理咨询，他们对此感到遗憾，这样做同时也是为了安慰失去他的家人。

美国民众写给赵承熙的话中，有一句是"希望许多人能把心中对你的怨恨，转化为宽恕"。这是一种何等宽阔的胸怀?

"恩欲报，怨欲忘；抱怨短，报恩长"。仇恨永远不可能化解仇恨，相反，仇恨只会引发更大更多的仇恨；只有宽厚仁慈的爱，才能消释天大的仇恨。人的胸怀，之所以比大海天空还要宽阔，是因为人懂得包容和宽恕。

3．理解（换位思考）

《弟子规》中有一句话是"将加人，先问己。己不欲，即速已"，体现了儒家"己所不欲，勿施于人"的理念，意思是你自己不愿干的事就不要强加于别人。你不想挨骂，就不要骂别人；你不想受欺侮，就不要欺侮别人；你不想受骗，就不要骗别人，如此等等。这个道理，恐怕古今中外，全都会适用的。

切身事例

我做学生的时候是个自尊心很强的人，努力学习，不违反纪律。上初中我刚开始学几何的时候，特别感兴趣，成绩也很好。可是，发生了一件事之后，其实是一件很小的事，我的成绩一落千丈。还记得也是这么一个夏天，是下午的第一节课，上课前坐在我后边的同学把我的笔袋借去了，上了一会儿课后老师让我们记板书，到处找笔找不到，我才想起笔都在后排的那个同学那儿，就转身要。结果当我拿着笔转过身时，几何老师已经黑着脸站在我的身边，教训道："上课这么长时间了，连个笔都没有，你在这儿坐着干吗？"我当时觉得周围的人都在看我，恨不得找个地方钻进去，眼泪就稀里哗啦地流了下来。整个一上午我一点儿上课的心思也没有，极其没出息地琢磨自己那点儿事儿。直至今天，想起自己的初中生活，我还会想起那个下午。所以当了老师后，我就告诉自己，千万别在大家面前训斥学生，特别是女生。就算学生做得太过分，不得不批评时，我也搜肠刮肚地想着办法给学生留点儿面子。不过，我相信现在当学生的你们一定会比当年的我皮实不少。

人活在世上，无论你们地位高低、财富多少都是生而平等的。每个人都是一个独立的生命，每个生命都是一样尊贵的，无论什么时候都不要忽视、损害他人的权利和人格。推己及人，给予对方充分的理解和体谅，凡事学会换位思考，也许你们就能做到我们前面讲的宽容和尊重。

4．利他

想在待人方面达到更高的层次便要学会"利他"。

稻盛和夫一生创立了两家公司（京瓷公司和日本第二电话电信公司），这两家公司又都在他的有生之年进入世界 500 强。他在自己的一部著作《活法》中，用这样一句话总结自己的成功之道"自利则生，利他则久。"

稻盛和夫说，自利是人的本性，自利则生；没有自利，人就是去了生存的基本驱动力。同时，利他也是人性的一部分，利他则久；没有利他，人生和事业就会失去平衡并最终导致失败。所以我觉得做生意也罢，做人也罢，这八个字都是要牢记的。其实，他的"利他"信条早在几千年孔子已经总结了出来，那就是"己欲立而立人，己欲达而达人"。

切身事例一

装修房子的时候，楼上楼下户型相同的邻居是会互相取经的。前一段装修房子，虽然已经联系好让亲戚的施工队负责装修，但还是会去楼上的装修现场瞅瞅，那家装修公司的负责人是楼上邻居家的朋友，听说是××学院的毕业生，自己创业办了一家小型的装修公司。几次参观下来，觉得楼上邻居家的设计师很专业，施工、用料什么的也很讲究，期间跟他请教了几个问题，比如水电怎么改、有的空间怎么利用，他也都一一回答了，还热情地到我们家现场指导。我和老公都很感激，心里也有点儿纳闷儿：他也知道我们不可能找他装修，为什么还这么热情，跟我们透露一些类似商业机密的信息？

有问必答，有求必应，帮我们解决了很多难题，甚至帮我们买到了预期的地板，比我们自己去买便宜不少。我想问大家，如果你们是那个装修公司的老板，你们会这样做吗？——几次交往之后，我们和楼上邻居及楼上邻居朋友的装修公司的人成了朋友，看到他们近乎完美的装修效果，我们有些后悔碍于亲戚的面子没有更换装修队。所以身边的朋友、同事跟我们咨询装修事宜的时候，我们总会向他们推荐给楼上邻居装修的那家公司，而且还同意他们公司的宣传牌摆在我们家朝街的阳台上，无形中成了他们义务的宣传员。

所以，现在我对那家装修公司或有意或无意的帮助我们的做法，不仅是感激，而且从心底里佩服，我想他们的装修公司一定能走得远。看似无用功般的利他行为，最终的结果是利己的。

切身事例二

我 1999 年上的大学，当时考研的人已经很多了，一个班一半以上的人都报考了研究生，竞争也越来越激烈。好学校、好专业报考的人必然多，很不幸的是我们班有好几个人跟我报的是同一个学校、同一个专业，也就是撞车了。古人说：本是同根生，相煎何太急。可那时的情形是大家你死我亡似的暗自较劲：你学到 12 点，我得到下 1 点；你早上 6 点起床，我五点半就带着早饭去教室了，火药味儿很浓的。离考试还有一段日子的时候，我无意中得到了一本我所报考学校的那个导师上课时学生记的课堂笔记，可谓是如获至宝。但是欣喜过后焦虑也就来了。到底是自己看，还是跟那几个竞争对手一起看？与其自己藏着掖着看，还不如拿出来共享，省得每次看的时候都觉得自己自私得很。结果，共享之后，大家就其中的很多问题共同探讨，收获很多，而且自己也觉得自己很阳光很坦荡，整个备考的过程心情都不错。

在利人和利他的关系处理中，我想跟大家分享一下爱默生的一句话——“人类最棒的补偿，是任何人在帮他人时，都会从中得到一种自我满足。”

5.提升境界，活得有尊严

《弟子规》中有一句话是“勿谄富，勿骄贫”，意思是说你不要看到人家有钱就去讨好他，献媚于权贵；你也不要因为别人贫穷就瞧不起他，骄傲自大。

张爱玲的《雨伞下》有着相似的阐释：下大雨，有人打着伞，有人没带伞，没伞的挨着有伞的，钻到伞底下去躲雨，多少有点儿遮掩，可是伞的边缘滔滔流下水来，反而比外面的雨来得更凶。挤在伞沿下的人，头上淋得稀湿。当然这是说教式的寓言，意义很明显：“穷人结交富人，往往要赔本。”

没伞的挨着有伞的人走，靠得再近也躲不过雨，反淋得更湿。倒不如躲得远远的，就是无伞也有雨过天晴的时候，即使不靠近，也能拥有属于自己的阳光天地。

穷人为了能在富人的伞下躲雨，他们只能赔着笑脸、蜷缩着自己的身体；在不想放弃自己尊严和害怕弄湿富人衣服的矛盾作用力下“头上淋得稀湿”。

这就好像在关系网越织越密的现代社会，一些平头老百姓有求于人的时候，比如说，为了孩子能上一个好一点的学校、能买到经济适用房、能找到一份好些的工作，自己备上厚礼，去找自认为能帮上自己的“达官显贵”“风云人物”。到了“贵”人的家里，诚惶诚恐，好像是第一次进大观园的刘姥姥。看着“贵”人他们翘起的二郎腿，把困难说得那么大，“挤在伞沿下的人”只好用自己最后的资本——尊严来增大自己求人的筹码，希望自己所求之事成功的概率更大一点。

切身事例

中国的父母是极其有责任感的，在这个关系无处不在的社会中，很多父母为孩子上学、工作想尽了办法，用尽了关系。但托人办事并不是一件容易的事，孩子找工作也不是父母的义务。我可能是咱们国家实行独生子女政策的第一拨独生子女，工作前都是在父母的庇护下生活，在父母眼里是个需要人照顾的、不谙世事的、有点儿小任性、时常要点儿小脾气的孩子。孩子总归是要长大的，只是每个人长大的时间段不一样。

我的父母真正意识到我长大了是在我研究生毕业找工作的时候。我大学毕业的时候找工作特别容易，在同时有三所学校准备录用我的时候，我选择了一个离家最近的学校，从此过上了稳定、平淡的生活，父母特别满意。可那时候我才22周岁，还不想过一眼能望得到头儿的生活，于是在父母并不十分支持的情形下，我考取了研究生，而且读了自己喜欢的专业。三年研究生快毕业时，很多学校已经是一个萝卜一个坑儿，就业形势十分不乐观。我清楚地意识到自己遇到了一个坎儿，不管自己多惧怕、多艰辛都得自己迈过去。那段时间上网查信息、打电话、投简历，把自己伪装成一个无所不能的女超人，拿着简历跑遍了青岛地区所有招收双语专业毕业生的高校。

现在我还清楚地记得，我穿着很不习惯穿的高跟鞋跑了一天后，躺在沙发上，我妈给我揉着被鞋子磨破而且还有点儿肿胀的脚的情景。找工作的时间整整折腾了大半年，我不停地游走在希望和失望之间。期间，我爸郑重其事地召集我和我妈开了好几次家庭会议，谈到找工作他总是悲观的，而我却尽量表现得乐观。我给他们罗列种种机会，告诉他们我这个萝卜也一定会找到自己的坑儿。乐观是很容易感染别人的，父母也渐渐放下了包袱。那段时间，我们家很少相互埋怨，更没有兵临城下、大敌当前似的鸡飞狗跳。事实证明，我这个萝卜也的确在这儿找到了自己的坑儿。直到现在，父母在听到别的父母跟他们说帮自己的孩子攀关系找工作如何不易时，总会拿出我找工作时的“英雄事迹”歌颂一番。

我作为过来人跟大家说这些，是因为一年或几年后，你们也要面临着找工作的问题，我希望大家不要把这件自己分内的事转嫁给父母，不要逼着自己年迈的父母牺牲尊严往别人“伞下挤”，你们现在多学一点儿本领，就会为父母多赢来一份尊严。

同时，我也希望我们每个人在下雨天都能有一把伞，能为自己遮挡风雨；当我们遇到没有伞的人的时候，希望我们撑着的伞能变大一点，不要让没有伞的人赔上自己最宝贵的尊严之后还淋着冰冷的雨。

假如你们能够学会凡事不一味地期望借助外力依靠别人的帮助或者施舍，而是通过自己的付出和努力去获取，那么你们才能做真正的自己，不被外在的东西牵着鼻子走，才能活得有尊严。

（五）小 结

每个人的一生都和他人有关系，关系是我们生命中最重要的事情之一。关系处理好了，我们的生活会在愉悦当中；关系处理不好，很可能每天都是愁云惨雾。要做到如海蓝博士所说的“与人和谐”，就要从内心尊重每一个生命的存在，对人对事要心存仁爱，帮助别人不一味地追求回报，有一颗善良、宽容、悲悯的心。

三、待己之道

（一）导入

大家都知道儒家传统思想崇尚的信条是“修身、齐家、治国、平天下”。要齐家、治国、平天下，首先应该从“修身”开始。有人说，小事的成功靠机遇，而大事业的成功就完全靠品格、看操守。那么，如何“修身”？如何让自己成为一个大写的人，活得坦荡、舒心，最终实现自己的人生价值？

（二）做好自己，给自己亮起一盏心灯

1．做一个有志向的人——勤奋、自强、自信

每个人都是有志向的，这志向未必多么远大，可能仅仅是想做好自己的本职工作、做一个自食其力的人。无论如何，有了志向或者说有了信仰，我们的人生才有了行走的方向，信仰是我们走向成功的航灯。然而，任何人要实现自己心中的理想都不会是轻而易举的，有了志向，还要为之勤奋、努力，遇到困难时坚强不倒、自强自信。

事例一：郎朗的成才道路

3岁就开始学钢琴，现在的郎朗可谓是一个家喻户晓的“80后”，他创造了许多“第一”，堪称世界乐坛的一个奇迹。

他是第一位在全世界所有著名的音乐厅举办过个人独奏会的中国钢琴家。

他是第一位获得格莱美古典音乐最佳演奏奖提名并在颁奖仪式上演奏的中国人。

如此等等。

郎朗很小的时候就显现出在音乐方面的极高天赋。郎朗自己和他的家人从一开始的目标就是成为一个世界著名的钢琴家。为此他的父亲辞去稳定的工作，带着极具音乐天赋的郎朗拜师学艺。在北京求学期间，遇到挫折最多的时期，少年郎朗曾被爸爸逼自杀。郎朗事后回忆自己在听到父亲给自己的选择时说："我当时完全不知道该怎么办，心想跳楼太恐怖了，就说那吃药吧。"在闷热的夏天，屋里没有风扇更没有空调，幼小的郎朗坐在钢琴边一弹就是10多个小时。"郎爸"告诉记者，郎朗从小就有着同龄人少有的刻苦。

《弟子规》中有这样一句话"朝起早，夜眠迟。老易至，惜此时"，意思是说青年人要清晨早起，晚上适当晚睡，起居作息要有规律，要勤奋。人的一生其实很短暂，转眼就老了，所以要珍惜宝贵时光。再看我们当今的大学校园，有些学生通宵上网、玩游戏，早晨不起床，有甚者一觉睡到大中午。大好的时光白白地浪费掉，真可谓虚度光阴呀！

郎朗的事例告诉我们，他的成功也注定缘自勤奋。且不说郎朗爸爸的教育方式是否科学，但从他们的回忆中，我们也能看出，即便是一个有天赋的人，他要实现自己的志向，也是要付出艰辛和努力的。

郎朗还有一段经历是：一直对郎朗的音乐天赋深信不疑的"郎爸"在中央音乐学院为儿子找了个国内知名的钢琴老师，但是几番磨合之后，在对郎朗的发展前途上，这位老师和他们产生了不同的看法。郎朗成天被钢琴老师批评，老师说他不行、没才能、反应慢，弹琴像东北人种土豆，精神头像打砸抢，最好别弹琴了，中央音乐学院不适合他，说完以后就把郎朗"踢"出去了。一个中国钢琴界的权威对郎朗不遗余力的打击，也没有摧毁他。所以说，自信人生三百年，如果当年的郎朗因权威的否定而放弃，我们也就看不到今天的郎朗了。

事例二：小泽征尔

小泽征尔是日本的一位名扬音乐世界的指挥家。在一次音乐指挥家大赛中，他按照评委会给的乐谱指挥演奏时，发现有几处不和谐的地方。开始，他以为乐队演奏错了，便停下来重奏，结果依然如故。这时，在场的作曲家和评委郑重申明：乐谱没有问题。面对几百位权威人士，小泽征尔思考片刻，大吼一声："不，一定是乐谱错了!"话音刚落，评判席上立即响起了热烈的掌声。原来，这是评委精心设计的一个"圈套"。前两名参赛者就是因为盲从权威而被淘汰了。小泽征尔终于获得大赛的桂冠。他的成功，既是艺术造诣上的成功，更是自尊自信的人格上的成功。

郎朗和小泽征尔的事例都告诉我们一个道理：面对挫折和别人的质疑时，要做到"勿自暴，勿自弃"，要相信圣贤的境界虽高，但只要追求上进，循序渐进也是可以达到的。同样，成功的人需要自信，需要怀疑权威的勇气。所以，同学们，当有人对你们的能力、你们的追求提出质疑时，也不要立刻打退堂鼓，即便他是权威、是泰斗，正确地认识自己是最重要的。

2.做一个乐观勇敢的人——正确对待自我期望、善于减压

作为大学生的你们，承载着家长极高期望，也承载着社会对你们的极高的要求，还有你们比较高的自我期望。面对着来自方方面面的期望，大多数同学反映，他们时时刻刻都被压力包围着。

同学们，你们有压力吗？你们感到最大的压力是什么？——时代压力、学习压力、就业压力、生活压力……在追求自己志向的时候，每个人都会面临诸多压力，遇到很多挫折；在与人交往时，每个人也或多或少都会产生很多烦恼，特别是遭遇到突然的变故时，每个人都会一筹莫展。

有的时候，我们将奋斗的目标定得过高；有的时候，我们将奋斗的目标定得过多——这是我们遭受挫折的重要原因。无论是前者还是后者，都使我们深感心有余而力不足，最后都可能会导致迷失方向、走向绝望。聪明的办法是学会取舍，不必事事争第一。舍弃自己还不具备能力与条件的目标不是坏事，“塞翁失马，焉知非福”？只有在明白了自己一生何求之后，去明智地取舍并学会放弃，才能摆脱无谓的烦恼，拥有自在的生活。

事例：史铁生

史铁生，是当代著名的作家和思想家，22岁的时候因病双腿瘫痪，从此之后的人生就在轮椅上度过。20多岁的年纪，双腿瘫痪，终身不能站起来，对于一个喜欢运动、爬山、奔跑的年轻人意味着什么，这是我们普通人无法想象的。每每有人遇到这样一个天大的变故，往往会苦闷、绝望，埋怨命运的不公，甚至想到死。史铁生也不例外，他在他的作品《我与地坛》中的这段文字，大家可能会记忆犹新：

……我为什么要出生。这样想了好几年，最后事情终于弄明白了：一个人，出生了，这就不再是一个可以辩论的问题，而只是上帝交给他的一个事实；上帝在交给我们这件事实的时候，已经顺便保证了它的结果，所以死是一件不必急于求成的事，死是一个必然会降临的节日。这样想过之后我安心多了，眼前的一切不再那么可怕。比如你起早熬夜准备考试的时候，忽然想起有一个长长的假期在前面等待你，你会不会觉得轻松一点？并且庆幸并且感激这样的安排？（史铁生《我与地坛》）

史铁生用残缺的身体写出了最为健全而丰满的思想。他体验到的是生命的苦难，表达出的却是生活的明朗和欢乐，他睿智的言辞照亮的是我们日益幽暗的内心。当他截瘫，肾脏萎缩，每周要做2—3次肾脏透析，生命接近尾声时，他跟朋友聊天时却自我调侃说："我的发动机和轮子都坏了，维持身体的运行是很累的。"这是何等的乐观、何等的勇敢！

命运跟很多人都在开玩笑，包括这个荷兰人，我们来看一段视频（《Flyliao的父亲》）。这个父亲一定没把儿子当成一生的累赘，而是将其视为上天的馈赠，否则他也不会如此坚强，如此出色。

所以，同学们，跟史铁生相比，跟诸多不幸的人相比，我们是多么的幸福。我们有什么理由天天板着面孔，埋怨命运没给你一个富足的生活环境，没给你一个聪慧的脑子，一个姣好或者帅气的面容？整日忧愁、悲伤、苦恼、失意，这样的人生没有乐趣。世上没有绝对幸福的人，只有不肯快乐的心。这世界像一面镜子，你对它笑，它也对你笑；你对它哭，它也对你哭；你心平气和，它就还你一个心平气和；你气势汹汹，它也还你一个横眉冷对。面对困境，我们不妨也学学史铁生幽默一下。人生苦短，又何必事事剑拔弩张？

3.做一个洒脱的人——不虚荣、不为外物所拘

有人把现在社会比作一个名利场，认为"天下熙熙皆为利来，天下攘攘皆为利往"，秉持着"人为财死，鸟为食亡"的观点，疯狂地追逐名利。也有人信奉《金刚经》里佛说的一句话"凡所有相皆是虚妄"，意思是外在的一切事物，存在都是无常的，如梦幻泡影，过眼云烟，何必执着、在意，因为它们而烦恼影响自己的情绪呢？

这两种对名利的认识截然相反。那么，什么是名利？我们现在的人应该怎么对待名利呢？

事例一：郭美美事件

2011年6月20日，郭美美在新浪微博上公然炫耀其奢华生活："住大别墅，开玛莎拉蒂、拿LV包"，并称自己是中国红十字会商业总经理而在网络上引起轩然大波（网友质疑：你们给灾区的捐款买得起红十字会炫富女座驾的一个轮胎吗？）。6月22日中国红十字会称"郭美美"与红十字会无关，新浪也对实名认证有误一事而致歉。受近期郭美美事件影响，全国社会捐款降近5成，从6月份的10.2亿元降至7月份的6亿元。

现在社会上的不少人在"炫富"，就是跟别人炫耀自己是多么有钱。怎么炫耀呢？无非是从衣食住行几个方面来炫：穿名牌衣服、拿LV包、出入高档宴会场所、开跑车……

这些炫富事件正反映了我们的一种攀比的心理。也许郭美美起初也像我们一样，只是比谁的名牌衣服多、谁的手机更先进、谁家的车更高级；小范围内比赢了，并不能满足她的虚荣心，于是就拿到网上炫耀。所以，我们说此种行为是要不得的。

事例二：于 丹

于丹成名后，曾有记者采访她："你引导大家读经典，成为"明星学者"，你怎样看待名利得失？"于丹是这样回答的："能引导大家读经典，我已经很感谢。我没有太高的奢望。名这个东西，它已经来到身上，要是说深恶痛绝听起来做作；要说沾沾自喜，也不自量力。对此，我不刻意追逐，也不刻意回避。""不刻意追逐，也不刻意回避"这话说得多好。人不能没有名利，但是不要局限于名利。每个人都应该"淡泊名利"。淡泊并不是力不能及的无奈，也不是心满意足的自赏，更不是碌碌无为的哀叹，淡泊就是超脱世俗的诱惑和困扰，实实在在地对待一切，豁达客观地看待一切生活。

4.做一个坦荡的人——自律、慎独

《弟子规》中说"入虚室，如有人"，就是说一个人在没有人的环境中，行为举止也要像有人在时一样，也就是要慎独、要自律、要有做人的准则。所谓"慎独"是指人们在独自活动无人监督的情况下，凭着高度自觉，按照一定的道德规范行动，而不做任何有违道德信念、做人原则之事。这是进行个人道德修养的重要方法，也是评定一个人道德水准的关键性环节。干净的灵魂需要慎独，评价一个人德行的高低，不能看到他在人前的表现，更重要的是看他独处时的行为。

给同学讲慎独之前我也在反省自己，我能不能在"独处"的时候也做得到"慎独"呢？答案是不能。小的时候，在没人看管的果园里我偷过几个苹果，上学时在没有监考的课堂上我打过小抄，没人看见的时候我从花圃里摘过花儿，没人注目的时候我在路边丢过垃圾……可以断定，我是个做不到"慎独"的人。做不到"慎独"，就是一个缺德、修养极差的人吗？当然不是。早上来到教学楼看到走廊里的灯没关，我总是会关上；别人的东西，特别是钱财我从来不会动……

所以对大多数人而言，"慎独"不是做给别人看的，是因为灵魂干净了才舒服，保持心意上的愉快状态就容不得卑鄙。当一个人觉得灵魂也需要沐浴的时候，他也就找到了"慎独"的境界。

四、结 语

如何修身，如何做一个行为端正、内心宁静的人，以上事例远远不能全面解答。人非圣贤，怎能无瑕疵，怎可无遗憾？要想面面俱到，全能全有，从古至今，未曾有之。

每个人都有闪光点，最后我想跟大家分享一段视频——《达人秀》。

我是谁？
我应该如何做人？
我能干什么？
我做得怎样？
我要到哪里去？

在茫茫的人生旅途，我们必须时时问问自己、叮嘱自己，给自己亮起一盏心灯，磨砺自己，这样才能把人做好、把事做好，真正做到“内心宁静、与人和谐”。

张晶晶简介

张晶晶，青岛职业技术学院讲师。毕业于青岛大学师范学院，从事对外汉语教学研究。2012 年 11 月赴突尼斯讲学。

《弟子规》与亲子关系

（2012 年 4 月）

大家好。

今天我们一起交流的主题是《弟子规》与亲子关系。亲子关系，顾名思义就是讲父母与子女的关系。众所周知，家庭伦理关系包括父子关系、兄弟关系、婆媳关系、妯娌关系等。每个人在家庭里的身份不是单一的，或者说随着时间的推移，身份也随之多重化。比如说，现在你们的主要家庭身份是“人之子”，有的同学可能是兼有兄、弟、姐、妹等身份；我的身份更复杂一些，又多了一个母亲的身份，然而我们都处在同样的一种家庭关系中，也就是亲子关系中。

亲子关系，是人世间最亲密的关系。父母给予我们生命，搀扶我们成长，看顾我们的灵魂，抚慰我们的创伤，擦拭我们的孤独，倾尽一生之情、之爱、之力于我们。父母眼中的子女不仅是生命的延续，而且每一个都是无与伦比的稀世珍宝，是值得为之付出全部乃至生命的那个存在。随着时间的流逝，这份爱丝毫没有消退过，它就在那里，不增不减，因为已无可增、无可减。不管你们是否看见，是否承认，它都在那里。

可是有些时候，我们有意或无意在忽视着这种爱的存在。儿时，那颗晶莹剔透的心被亲情充盈着，抬头仰望到的是父母温暖的眼神，以为那就是我们的世界、

我们的全部。慢慢地成长，长高了，也长大了，抬头仰望到更远的地方，那里有一片无垠蓝天可任我行。于是，再也看不见或者不想或者不愿看见父母关切的眼神了，因为我们自以为羽翼丰满，可以傲然挺立；因为那种温情的注视已然成了我们成长的羁绊；因为昔日仰望到的东西现在只需要俯视，人在仰望中攀爬，谁还屑于俯瞰呢？

我们的心被越来越多功利的、庸俗的、邪恶的甚至绝望的情绪充满，而且膨胀，膨胀得像一个燃烧着的热气球，载着我们的躯体飘向一个又一个虚无缥缈的远方。我们走得就是这样义无反顾，这样冷漠残忍。有谁聆听到那声饱含深情的呼唤？有谁回望过那双闪烁着怜爱的眸子？又有谁俯下身去，伸出手拂去过他们眼角的泪珠和内心的酸苦？

曾看过这样一篇小小说，名字叫《儿子眼中的父亲》：

7 岁："爸爸真了不起，什么都懂！"

14 岁："好像有时候觉得也不对……"

20 岁："爸爸有点落伍了，他的理论和时代格格不入。"

25 岁："'老头子'一无所知，毫无疑问，陈腐不堪。"

35 岁："如果爸爸当年像我这样老练，他今天肯定是个百万富翁了。"

45 岁："我不知道是否该和'老头'商量商量，或许他能帮我出出主意。"

55 岁："真可惜，爸爸去世了，说实在活，他的看法相当高明。"

60 岁："可怜的爸爸，您简直是位无所不知的学者，遗憾的是我了解您太晚了！"

我初读这篇文章的时候没有太大的感触。当时我的年龄跟你们相仿，也在 20 岁到 25 岁之间，正处于生命的旺盛期，正在为我所谓的人生梦想而奔跑、跌倒、爬起、冲刺，一路上还忙着"遭遇"爱情、友情，尤其忙着摆脱家庭"牢笼"的"囚禁"，逃跑和抗争，于是，亲情慢慢被搁浅了。

直到有一天，因着一副新眼镜，它才重新起航。因为高度近视，原来的眼镜不足以用，我在父亲的陪同下重新配了一副适合的眼镜。医生说："放眼看看远处和近处。"于是我听话地左顾右盼起来，一旁的父亲说："看看我，也让我看看。"当我把目光对准父亲的刹那，发现他竟然如此陌生——皱纹遍布全脸；隐约地出现了老年斑，就像爷爷；眼神远不及记忆中的明亮。我瞬间失语，失去一切想象，大脑一片空白，像被抽空，随之而来的是锥心的痛；我有多久没有仔细端详过父亲了？

儿时一次深夜醒来，诧异地发现父亲蹲在床边，正凝视我的脸。见被发现，他不好意思地笑笑说："我刚回家，过来看看你。"我就是在这种凝视中长大的。可是多么讽刺，年少的我竟然用漠视、回避的姿态来回报父母的凝视。至今想起来都会心痛得难以自持，那是迄今为止最令我窒息的疼痛。有人说世界上最大的伤害不是恶言恶语，不是明枪暗箭，而是漠视，是视若不见。我相信，每一个你都像我一样被父母凝视过无数次。而你，是不是也像少年的我，浸润在爱里肆意张望，而你的目光未曾在他们身上做片刻停留？

我相信任何一种感情、一种爱都是要回报的，不过回报的内容大相径庭。有的要付出金钱、财富、时间、精力乃至生命，有的只需要一声回应、一个眼神、一句问候、一种态度、这就是亲情，只要用心便可经营，简单、温情而且浪漫。所以你们看，只要我们稍加用心，和睦亲子关系又有何难？那么今天，我们就从你们和我共同的身份——“人子”这个角度出发，探讨一下如何与父母相处。

既然以这样一种身份，又面对这样一个话题，我们势必逃不开的一个命题就是家庭伦理中最核心的观念——孝。什么是孝？孝是否过时？孝的现代意义是什么？如何行孝？要解决这些问题，我们先从“孝”这个字的演进开始交流。

中国的文字奥妙无穷。全世界有上千种文字，但是汉字是唯一的音形义结合的文字。以下是“孝”字的演变历程（图1）。

“孝”字在甲骨文中像一个长着长头发的老人。

金文中，老人面朝左，依然长发，背已经驼了，老人之下有“子”：小孩。对于这个构成，大抵有两种解读。

图1“孝”字的历史演变

有的学者曰：老人的手按在孩子的头上，有“灌顶”或者“摩顶”之说，意思是老人将自己毕生的智慧、才学、精神、信仰等非物质文化遗产倾囊相授，使之能够引领晚辈的成长，使晚辈少走一些弯路。

这就是我们传统文化里说到的“家有一老，如有一宝”“不听老人言、吃亏在眼前”等名言古训。也有学者指出，是老人年迈，行走不便，必须依赖孩子的扶持；另一方面孩子必须扶助老人，义不容辞。

小篆中孝的字形基本等同于金文，只是手不见了。

楷书中的“孝”字基本失去了象形的意味，但是保留了上老下小的结构。

“孝”字结构向我们传达了两层意思。

（一）“孝”在传统家庭伦理中有等级和尊卑之分

上为尊，下为卑，我们常说或者听说“上有老，下有小”，上、下的使用就很能表现这种等级观念。中国的孝文化有着丰富的政治内涵。“孝”本是规范家庭内部亲子关系的伦理道德，主要指子女对父母的道德义务，是家庭伦理的范畴之一。但是传统的中国社会是家国同构、君父同伦，皇帝通常被称为君父，皇帝派遣的官吏、地方行政官员则被视为老百姓的“父母官”。

“以孝治天下”成了历代君王成功施政的经验总结。

可见，在传统的中国社会，孝文化不仅仅局限于单纯地敬养父母，已经明显地扩展和泛化了。在这种政治背景下的“孝”在家庭伦理中体现了对父母权威的绝对顺从，这种绝对的顺从实际上是一种愚孝，不可取。下面讲两个愚孝的故事，出自《二十四孝》。

“戏彩娱亲”：主人公叫老莱子，（东周）春秋时期楚国隐士。他非常孝顺，尽拣美味供养双亲。在他 70 岁高龄时常穿着五色彩衣，手持拨浪鼓如小孩子般戏要，以博父母开怀。一次为双亲送水，假装摔倒，躺在地上学小孩子哭，二老大笑。

另一个也出自《二十四孝》，叫作“埋儿奉母”。主人公叫郭巨，东汉人，原本家道殷实。父亲死后，他把家产分作两份，给了两个弟弟，自己独取母亲供养，对母极孝。后家境逐渐贫困，妻子生一男孩，郭巨担心，养这个孩子，必然影响供养母亲，遂和妻子商议：“儿子可以再有，母亲死了不能复活，不如埋掉儿子，节省些粮食供养母亲。”当他们挖坑时，在地下二尺处忽见一坛黄金，上书“天赐郭巨，官不得取，民不得夺”。夫妻得到黄金，回家孝敬母亲，并得以兼养孩子。

此外，还有很多类似的愚孝的例子，譬如“卧冰求鲤”“恣蚊饱血”“尝粪忧心”等。如果我们对这些故事进行一下逻辑推理或者对它们进行追根溯源的话，就会发现愚孝不是真正的孝，这种“孝”背后隐藏了极大的“猫腻”——文化的政治化。

鲁迅先生曾专门写过一篇散文《二十四孝图》，对于传统文化的糟粕——愚孝给予了猛烈地抨击。我们说，当一种文化被政治化了的时候，它作为文化本身的意义和价值已经基本消亡了，被动地以一种功利的姿态存在，那么它注定是没有生命力的。尤其是当这种政治化了的文化迈入新时代的时候，它所面临的窘境可想而知，就像今天我们对于愚孝的态度一样。

那么，是不是孝已经过时了，我们不需要行孝了呢？当然不是这样的。孝永远不会过时！要解决这个问题，我们就需要把我们的视线投注到对孝的内涵的现代意义的解读上来，这也是今天我们的主题。

关于孝的内涵，我想我们可以这样解读。不管我们是否承认，国人几乎都是信奉儒教的，尽管有人否认儒家思想是一种宗教。儒家思想是以“仁”为中心的道德思想，孔子提出了“孝为仁之本”，可见“孝”在儒家思想中的重要地位。《孝经》说“孝者，德之本也，教之所由生也”，意思是说孝是道德的根本，一切教化都从此产生。

同时，《孝经》还认为“夫孝，天之经也，地之义也，民之行也”，就是说，“孝”是天经地义的事，是民众固有的自然的行为。“孝”，作为中华民族传统道德的本位，可以说是一切传统道德规范的核心。不管时代如何变迁，孝为人之本是亘古不变的。这里面包含一个非常简单的逻辑关系：行孝——立德——修身——齐家——治国——平天下。

品性是建立生命的基石。你们可以没有治国、平天下的理想和抱负，但是你们是一个生命，一个站立的生命，要站立就要有根基，就像一棵树，有根才有生命，根系扎得牢才能枝繁叶茂。这个根不是别的，就是我们的品性、德行。试想一下，一个不知道孝敬父母的人怎么可能懂得感恩？不会感恩何来爱？没有爱怎么会有德性？没有德行、没有爱、不会感恩那还是人吗！羔羊尚且知道跪乳，乌鸦也能反哺，基于此，我们说没有孝心的人禽兽不如一点也不为过。

孝是一种情感，也是人的一种自然行为。也就是说，孝是无条件的，子女对父母的孝同父母对于子女的爱一样，是所有情感中唯一不需要交易和交换的情感。长辈与子女的爱是天伦之爱，这种爱不仅仅是我们中华民族的，而且是全人类的。只不过在不同的文化里、不同的传统里，对于爱的表达方式各有不同，但是基本精神都是一样的。

台湾学者刘墉曾经讲述过一段早期因纽特人的习俗：一旦孙辈出生，上了年纪的爷爷奶奶就会默默无声地走向荒凉的冰天雪地深处结束自己的生命。为什么呢？因为他们那里的自然环境太严酷，没有那么多食物，养不活那么多人。这是一种牺牲自我的爱。当然，这是早期的因纽特人，在因纽特文化当中，它表现得更极端一点，这是由于自然环境的限制造成的。蔡礼旭老师在《幸福人生》讲座里讲到在两三千年前有位圣者叫佛陀。有一天他带着他的学生走在郊外，刚好看到一堆白骨，佛陀把这白骨分成两堆：一堆颜色比较洁白，一堆颜色比较灰暗。学生也很好学，他们懂得发问：为什么这两堆白骨，一堆比较洁白，一堆颜色灰

暗？佛陀告诉他们说，这堆颜色灰暗是女人的骨头。女人的骨头为什么比较灰暗？因为当母亲要怀胎十月，在怀胎十月过程，孩子所有的营养都必须从母亲的血液中输给小孩，当小孩的钙质不足，就必须从母亲的骨头当中汲取，所以怀胎十月很辛劳。

从这两个故事里，我们可以看到长辈给予晚辈的不仅仅是生命，甚至情愿为其献出自己的生命，那么，我们有什么理由不尊敬他们、不爱他们、不孝敬他们呢？我们又该如何孝敬他们呢？

（二）“孝”字的第二个含义

我们仍然可以从孝这个字形中得到启发，这也就是我们今天要说的孝的第二个含义。

父母长辈是子女头上的一片天，将孩子整个庇护在自己的身下，为他们挡风遮雨；子女在父母日益老去的时候，应该是他们的全部支撑，竭力扶持他们走完人生的路途。

这种解读是比较符合人伦的。孝是一种感恩的行为，是一种责任，更是一种爱。这种爱是发于心的，也是形于表的。如何形于表？我想问一下在座的大学生朋友——你们认为最好的孝敬父母的方式是什么？

这个命题其实是《广州日报》曾经搞过的一次街头调查的问题，绝大多数年轻人给出的答案是“挣很多钱给父母花”。记者又问老人：“你们认为孩子怎样做才是孝敬呢？”老人们的回答是“多陪我们吃顿饭”。这个调查结果显示：在年轻人的价值观里，孝心是可以用钱买到的，而在老年人看来，孝心和钱没有任何关系。孝是一个关心的电话，一个专注的眼神，一次短暂的陪伴。

说到陪伴，不禁使我想到了另一个社会现象，就是“空巢现象”。“空巢现象”正从老年蔓延到中年。有专家分析“独一代”父母在 50 岁之前就开始经历“空巢”，中年空巢期加上老年空巢期，时间长达二三十年。以城镇平均初婚年龄女性 25 岁、男性 27 岁为参照，这些夫妻的独生子女若 18 岁离家，那么进入中年空巢的平均年龄大致为 45 岁至 47 岁。如按照预期寿命 70 岁计算，他们将在空巢阶段生活约 25 年。请大家和我一起算第一道数学题：你们的父母将会空巢多少年？大家算出来了吗？我在 QQ 群里看到过这样一个短信，在此特别想和大家一起分享。

妈妈 27 岁生下我，在我 19 岁之前，妈妈每天都能看到我，现在我 19 岁了，已经半年没有回家看妈妈了，而妈妈 46 岁了。如果妈妈还可以活 54 年，如果我依然半年回家看她一次，我这一生，妈妈这一生，就只有108次机会见面了。这道数学题的答案，我希望我是算错的。

这个世界上有很多事情可以等待，有很多事情决不能等待，最不能等待的是孝敬父母。现在你们已经离家了，甚至有的在高中阶段就开始住校，你们的父母已经开始了空巢生活。请大家在课余时间给父母打个电话，哪怕只是一句简单的问候，告诉他们你想他们了，都足以慰藉他们寂寞的心灵。节假日的时候多陪伴他们一下，聊一聊你的事情，可能有的他们听不懂，但是他们愿意听，因为所有关于孩子的事情，父母都贪婪地想要收至囊中。

听到一位中年朋友说过这样一番话："我感觉孩子自从上了大学忙得不可开交，好容易回家一趟甚至没有正视过我们，急匆匆地回来，急匆匆地吃饭，急匆匆地走了，跟他说句话都难。"如果你也是这样的，请你放慢脚步，将你温暖的注视给父母，这就是一种孝。所以你们看，行孝难吗？不难，只在你们的驻足之间。

其实早在几千年前，孔子就给予了明确的指导。孔子说："今之孝者，是谓能养。至于犬马，皆能有养；不敬，何以别乎。"孝不仅仅是在物质上赡养着父母，必须有一颗恭敬的心，否则和养活牲畜有什么区别呢？ 曾子认为："孝有三，大孝尊亲，其次弗辱，其下能养。" "尊亲"指尊敬，"弗辱"就是要安分守己，不许玷污祖上的名声和家族的尊严，还要珍爱父母给予的身体；"能养"并非一般的供养，而是敬养。可见，"孝"的核心是尊敬。

接下来，我们一起看一下《弟子规》给我们的行孝启示。

一、居则事其敬——首先要尊敬父母，爱戴父母

> 父母呼，应勿缓；父母命，行勿懒。
> 父母教，须敬听；父母责，须顺承。

对于父母的呼唤，要马上回应；父母下了命令，马上去做；父母的教诲要恭恭敬敬地聆听，父母的责备要接受。要做到这一切，必须有一颗恭敬的心。

敬是孝的情感基础。

"父母呼、父母命、父母教、父母责"，是所有人的生命当中都会出现的事情。

父母呼唤我们，也许是思念，也许是需要或者别的什么，给他一个回应，给他一个信息，我就在能听到你们呼唤的地方，好让他安心。在为人母以后，我对此更有深切体会，有时候分明在忙着手上的活儿，会突然喊一声孩子的乳名，完全是无意识的，好像从心底流出来的。

孩子跑过来问："妈妈，你叫我有什么事儿？"这才意识到，自己似乎叫过孩子的名字。如果有一次呼唤孩子，孩子没有及时回应，自己的心马上就揪了起来，无数种念头在脑海中闪现；怎么了？发生什么事了？于是，马上再急切地呼喊一声，直到得到回应为止。

2009年7月16日，网友在百度贴吧魔兽世界吧发表的一个名为"贾君鹏你妈妈喊你们回家吃饭"的帖子，随后短短五六个小时内被39万名网友浏览，引来超过1.7万条回复，被网友称为"网络奇迹"。究竟是不是炒作不重要，贾君鹏是谁不重要，他是不是沉迷于网络也不重要，重要的是贾君鹏带我们回到了家，回到了儿时的记忆里，回到母亲的呼唤里。那声呼唤里饱含着母亲的爱和焦虑，有时候甚至是绝望。

反思一下，我们年少的时候，是不是经常对父母的呼唤充耳不闻？更别提父母的教诲了，耳机一带，任凭你唠叨上半天。父母如果责备批评我们，轻则顶撞几句，重则甩门而去甚至离家出走，根本无心去理会那颗受伤的心。

人总是从自己的下一代身上寻找父母的心情，这是改不了的通病，反复上演。所以我恳请你们，当你们不能静听、顺承的时候，当你们行缓行懒时，不妨给自己一分钟时间，假想一下我现在是父母的角色，我希望孩子怎么做，然后再按照你们想的做。我想，经过换位以后，将来很多和父母的冲突会避免，你们的孝心也就慢慢建立起来了。

《弟子规》中还提到：晨则省，昏则定；出必告，返必面。

早上起床后要给父母请安，晚上要伺候父母就寝；外出要跟父母打招呼，回来的时候要让父母看见。

古人讲昏定晨省，我们现代人做起来恐怕很难了。古人的生活基本是日出而作、日落而息，很有规律。而现在由于工作性质和要求的不同，我们的作息也就难以遵循古人，有的甚至日落而作、日出而息。出必告，返必面，也受到一定限制，子女和父母同住时有可操作性，可是分开居住时就行不通了。

应该说随着时代的进步，对《弟子规》的解读应该与时俱进，但绝不能一味排斥、否定。其实，这几句经文讲的也是尊敬长辈。跟父母相处，是要讲究礼仪的，是要有规矩的，有为人子、为晚辈的规矩。举个例子，和长辈说话时使用"您"，不在长辈面前抽烟，吃饭时让长辈先动筷子，上车时让长辈先上，等等。说到这里，又颇有感慨。

我们骄傲地说，日本文化、韩国文化传承自我们，他们的文化是我们文化触角的延伸。但我们不得不承认的一个事实：在我国，传统文化流失非常严重，除了嘴上还有不少外，其实我们的整个社会现实与传统文化已经越来越"隔膜"了。

经过近百年的剥离，越来越多的人不知道仁义礼智、孝悌友爱为何物，亲情伦理淡漠，社会道德滑坡，难怪有人说，真正的中国传统文化在韩国、在日本！

我有较长时间的对外汉语教学经历，我的学生主要来自韩国。坦白地讲，他们的礼仪和修养与我们国内的学生确实存在差距。所有学生遇见老师都要 90 度鞠躬，然后问好，给老师东西时都是双手呈上，和老师一起吃饭时一定要老师先吃。

我记得有一次和学生一起吃烤肉，一位同学先包了一大块，双手递过来，直接喂到我的嘴里，直到看到我吃了，他们才开始动手吃；敬酒的时候，晚辈绝对不会对着长辈喝，而是把身子和头侧向一边，然后用另一只手遮挡着喝，等等。而我们的中国学生看到留学生的这种举动后诧异万分。有一名学生半开玩笑地说："老师，他们是穿越来的吧!"据在韩国生活很多年的一位朋友讲，在韩国基本上是每个家庭的书架上都能找到孔子的著作。韩国的小学生对于《三字经》《千字文》《论语》《小学》等的熟知程度要远远地超出中国孩子。

当中国正有人征集了 1 万多人的签名要取消中医的时候，韩国却要将韩医中的《东医宝鉴》拿去申遗；正当中国的论坛上在为应不应该祭孔吵个不停、很多人对孔子极尽讽刺挖苦之能事之时，而据传，韩国人又要将韩国盛大祭孔大典拿去申遗。于是，国人愤怒了，中医是我们的，端午节是我们的，孔子是我们的。

由于这种来自外界的刺激，激发了我们对于传统文化的关注。更有学者指出，我们中国人应该感谢韩国人，是他们提出的众多思考让中国的传统得到应有的重视，也证明了中国传统文化的不朽。文化的根基在于人民，文化的传承需要人民。传承从哪开始？从日常礼仪做起，从对父母的孝敬开始。

二、养则致其乐——要让父母觉得快乐

（一）要照顾好父母的衣食起居

"冬则温，夏则凊"。冬天要给父母捂被窝、夏天给父母把床铺扇凉。

东汉年间的黄香是名列《后汉书》和《二十四孝》里的大孝子。黄香 9 岁的时候母亲早亡，他和父亲相依为命。家里穷，根本就没有被子，所以冬天黄香就自己先睡到席子上。中国有床是比较晚的事情，古人都是席地而卧的。冬天，他先睡到席子上，用自己的体温为父亲先把这个席子给温一下、暖一下，这就叫"冬则温"。夏天，黄香就用扇子把父亲的席子先扇得凉一点，这就叫"夏则凊"。

今天社会进步了，时代不同了，很多人家里冬天有暖气，夏天有空调，不需要我们来温床、扇凉，但是父母的衣食起居还是要照顾好的。比如换季的时候，关注一下父母是否有合适的被服，屋子里的温度是不是适合他们，他们想吃点什么，等等。

我记得我小的时候，生活不富裕，物资比较紧缺。一年四季的时令果蔬、海鲜货物什么的刚上市，不管多贵，父亲都会买哪怕是一点点，打发我们给爷爷奶奶送

去。那时候由于年幼，强忍着馋虫送到之后，站在门口久久不肯离开，还使劲咽着唾沫。那种滋味是无法用语言来形容的。但是我真的很感激我的父亲，他身体力行，教会我做人的基本道理，他让我懂得父母的衣食起居不仅要照顾到还要竭尽全力照顾好。这才是行孝之基本。接下来又应该怎么做呢？

（二）自律也是孝敬的体现

“物虽小，勿私藏；苟私藏，亲心伤。”东西虽然很小，也不要背着父母偷偷藏起来，被父母知道了，父母心里一定十分难过 。

下面和大家分享一个《陶母戒子》的故事，说的是东晋大将军陶侃年轻时当过浔阳县的小史，专门监管渔场。一次，他派人将一罐腌鱼送给母亲品尝，没料到陶母不但令差役将腌鱼送回，而且写信责备他：你做官，拿官府的东西送给我，虽然东西很小，却给我增添了忧虑。陶侃读毕母亲来信，愧悔交加，无地自容。自此以后，严母训导铭刻在心，其后为官 40 年，谨慎履职，始终如一。

“勿以恶小而为之”的话是有心理学依据的。因为人的欲望是无穷的，不能很好地克制的话将会无限膨胀，一步错，步步错。打个简单的比方，你跟别人随口撒了一个谎，接下来呢，你需要 10 个谎来圆你这一个谎，这 10 个谎中的任何一个又需要 10 个来圆，这就是 100 个谎……依次类推，你将逐渐被谎言覆盖，人生从此迷失！那么，我们的父母又将为我们承担什么？

开封市前市长周以忠利用职务之便，为房地产开发商等谋取利益收受巨额贿赂，借逢年过节之计，收受党员干部款物数额巨大，落马后家破人亡，老母亲哭瞎了眼。我们说他深谙权术之道，却不懂做人之道，尤其是孝道。心不正，就修不了身，其他都是浮云，他的下场也是注定的。早在几千年前，《弟子规》就告诫我们“身有伤，贻亲忧；德有伤，贻亲羞，”意思是不要使身体轻易受到伤害，让父母亲忧虑；要注重自己的品德修养，不可以做出伤风败德的事，使父母亲蒙受耻辱，这才是孝。

曾子曰：身体发肤受之父母，不敢毁伤。出门在外，磕磕碰碰在所难免，如果不爱惜自己的身体，那就是不孝；当然，如果过分爱惜，使父母担心，也是不孝。记得弟弟在求学期间，有一次感冒了，就往家里打电话。挂了电话，父亲放下手中所有的工作跳上了去往烟台的长途车。父亲很少对我们笑，一直是一个非常严格的人。我一直觉得他不爱我们，直到那次我才体会到深深的父爱，并且明白了出门在外报喜不报忧的古话。人的一生会遇到各种各样的磨砺，都是要自己去承担的，否则永远不可能真正成长，这也是一种不孝。后来我参加工作，在担任班主任工作时，我就把我的这段经历和感悟跟同学们分享了。过了很长一段时间，有一位女生跟我说，老师，我自己觉得自己长大了。我问她是什么事情让你突然产生这种感觉。她回答我，我再也不动不动就找妈妈哭鼻子了，我生了两次病，都是自己去医务室看的，而且都自己把自己照顾好了。等我病好了以后告诉妈妈事情经过，妈妈哭了。我知道，这位妈妈的眼泪是幸福的眼泪，因为她感动于孩子真正的成长。

也许有一天，我们在座的某些同学要远走异国他乡实现自己人生的梦想，或者漂泊在世界的各个角落，请认认真真生活，爱惜自己的父母给予的一切，最重要的是自己的身体。

身体受了伤害，父母会担忧，一旦品行出了问题，那问题就严重了。2004 年发生在云南的马加爵事件相信大家都有印象。云南大学学生马加爵因为和室友发生口角，就连杀 4 名同窗，事件轰动了全国。马加爵被执行死刑。在狱里，他不道歉，留下一封遗书，但求一死。他的死对个人来说是种解脱，可是却从此使整个家庭蒙上了挥之不去的阴霾。事发以后，马家人捶胸顿足、痛不欲生，为了减轻马加爵的罪孽，马加爵年逾花甲的父母和 80 多岁的奶奶开始了赎罪之旅：赶到受害人家中，向受害人父母当面谢罪。

马加爵的父母要承担的不仅是这些，还有更可怕的。马加爵被捕了，那些摩拳擦掌的各路媒体的英豪们纷纷“倾巢出动”。有媒体统计，不算先前的，只是在马加爵被捕后已经有将近 20 家全国大小媒体到过他家。媒体精英们对早已心力交瘁的老人实施“轮番轰炸”的目的无非是为了挖掘和寻找导致马加爵行凶的内在原因，想看看家庭环境对他的心理成长造成了什么样的影响。可我们透过文字、穿过镜头看到了什么？只能看到一对老实巴交的老人面对镜头满面泪痕，以及为儿子行凶造成如此罪孽而感到的震惊、痛苦、愧疚甚至绝望。至今马家人没有去昆明领取马加爵的骨灰，他的父亲说：“骨灰我们不要了，就当我们没有这个儿子，让一切都过去吧！”

我们现代人总是强调自尊、自信、自爱等，这些价值观念应该被肯定，说明我们尊重作为生命本体的人。但是，当我们过于关注自己的生命感受的时候，就会不自觉地陷入自私、自利、自大的泥沼无法自拔，更谈不上自律了。自律是做人的根本和必需，它不但是一种道德、一种觉悟，而且是一种伦理、一种素质。

（三）孝敬父母，不遗余力

“亲所好，力为具；亲所恶，谨为去。”父母亲所喜好的东西，应该尽力去准备；父母所厌恶的事物，要小心谨慎地去除（包含自己的坏习惯）。

下面的这个故事就发生在现代，一个真实的故事。70 多岁的老人，100 多岁的妈妈，简陋的三轮车，刻骨铭心的 900 多天旅行唤起了人们对于孝顺的感动。

王一民是哈尔滨一位70多岁的老人，他一生操劳的母亲从没有走出过塔河这个偏远的村庄。99岁时，老人有了一个愿望，要去看看外面的世界，要去西藏。王一民不明白母亲为何选择这样遥远的地方，但母亲迫切而强烈的心愿、充满渴望的目光激励着王一民出发了。从中国最北端的黑龙江塔河，74岁的儿子用一辆破旧的三轮车载着99岁的老母亲吱呀上路，用了将近三年的时间从中国最北部的塔河走到了最南部的海南岛。这段时间里，有过争吵和和解，有过眼泪和欢笑，母子俩的感情在日益加深。母亲高兴得像个孩子似的说“生来就没这么快活过”。就在母亲103岁生日的前几天，留下了“把我的骨灰撒在西藏”的遗言后离开人世，于是王一民怀抱着老人的骨灰又一次踏上了旅途。

孝敬父母就要不遗余力，要想父母之所想，更多关注他们的精神需求。最近两年越来越多的年轻人跨入了“带上父母去旅游”的行列，这种旅游方式非常值得推广。老人所想的无非是享天伦之乐，和孩子们在一起，这种方式既能让孩子尽到孝道，又能让老人游山玩水，可谓两全其美。

（四）孝不仅仅表现在亲子之间，将爱推己及人也是孝

“兄弟睦，孝在中。”兄弟之间和睦相处了，父母自然就高兴了。有的同学可能会说：我们现在多是独生子，有的没有什么兄弟姐妹，更谈不上和睦了。其实不然，你们的班级是个家庭，学校是个家庭，国家是个家庭，甚至说世界都是一个大家庭。所以说，去爱你们周围的人吧，当你们有了一颗博爱的心，你们的孝道也就愈发圆满了。

三、谏则动其情——正确对待父母的错误

亲有过，谏使更。
怡吾色，柔吾声。
谏不入，悦复谏。
号泣随，挞无怨。

前面我们讲了《弟子规》告诉我们对待父母长辈应该敬养，要孝敬老人，但不是僵化的孝顺。“人非圣贤，孰能无过”，父母也会有过错。当我们发现父母的过错时，一定要劝谏，劝谏的时候要讲究方式方法，要轻声细语，和颜悦色地劝。如果父母固执，要坚持劝谏；如果还是不行，就要哭谏，父母被你哭烦了，揍你一顿也应该坚持，不应有怨言。我们反思一下，当我们的父母真的犯了错的时候，我们有没有采用一种合适的方式指出呢？有时候，方式很重要。

历史上有一个有名的故事，那就是唐太宗李世民哭谏追师的故事。当年他年纪很轻，随着父亲李渊东讨西征，而且是父亲的得力助手和重要将领。当时父亲

有一个决策，就是连夜拔营要攻打另外一个地方。李世民察觉到不妥，就跟父亲说："这样做的话，我们可能没有办法成功，因为可能后面有埋伏，前面不但不能得到胜利，可能后面又被围剿，反而不利我军。"当时唐高祖（也就是他的父亲）不采纳。李世民反复劝谏，都没有效果。眼见明天父亲整个军队就要拔营了，这个时候，李世民就在帐篷外面号啕大哭，哭声震天。这一次把李渊给哭醒了，他接受了李世民的建议，最终取得胜利，奠定了唐朝的基业。

一位朋友说起她女儿的一件事情，让我受益匪浅。朋友外出，开车带着 4 岁的小女儿，遇到黄灯的时候一脚油门冲了过去，她正在为自己敏捷的身手得意扬扬时，小女儿说话了："妈妈，对不起，我做错了一件事情。"她妈妈莫名其妙："你做错了什么？""我忘了提醒你黄灯亮了停一停。对不起，请你原谅我，都是我的错。"原来女儿在幼儿园里接受过非常系统的交通安全训练，她知道妈妈行为存在极大的安全隐患。我们绝对相信一个 4 岁的孩子心智一定没有成熟到使用一些技巧规劝父母，但是我们也绝对相信孩子的话是非常奏效的：从那以后，孩子的妈妈再也没有抢过黄灯。

我父亲患有冠心病，医生再三叮嘱戒酒、戒烟，可老爷子不干了：不喝酒可以，不抽烟不是要我老命吗？结果父亲刚刚出院就开始吞云吐雾了。弟弟一看，又疼又气，劝说父亲不要抽烟，医生已经屡次关照过了。父亲每回都哼哼哈哈地勉强答应，但又总是按捺不住偷偷地抽。有一次，父亲在抽烟时被弟弟发现，"您这是不要命了！"于是抢过父亲的烟扔到垃圾桶里，结果父亲火了："我就是不要命了也要抽烟，谁也管不了老子！"两人互不相让，僵持了一个下午。到了晚上，弟弟整理好自己的情绪，走到父亲房间，先向父亲诚恳地道了歉，然后和父亲说起他心肌梗死发病的情景和在整个抢救的过程中家人尤其是他自己的心路历程。他轻声地诉说，父亲静静地听着。从那晚以后，奇迹发生了，父亲还是抽烟，但是次数明显少了许多，而且还告诉我们他正式进入戒烟期，从少抽到不抽；抽烟时严格控制烟气的流向，绝不下咽。据他说，以他几十年的烟技，能够控制不让烟气进入肺部。谁知道是不是真的，无论如何，父亲真的戒烟有成效了。你们看，劝谏父母的方式方法多么重要。

人和人相处，尊重是前提，对父母更应该如此。切记在讲父母过失的时候一定要三思而后行，选择恰当的时机，选择合适的沟通方式，"怡吾色，柔吾声"。父母如果马上改过，说明你们的孝行得顺利；如果父母固执己见，一定不能放弃，要复谏甚至泣谏，直到父母改过为止，这才是大孝！

四、病则致其忧——对于生病的父母应该细致入微

亲有疾，药先尝。昼夜侍，不离床。

这四句经文很容易理解，父母生病了，给父母服药前自己先尝一下，看药的温度是不是合适、药是不是很苦等等，侍奉着父母把药服下；父母一旦生病了，做子女的早晚都要服侍在父母身边。

病痛最能摧毁人的身体和意志。我们的痛，别人无法体受；别人的痛，我们也不能感同。病人背负的除了病理上的折磨，更重要的是心理上的煎熬，甚至对生活、对自我价值、对生命的绝望。在这个灵魂最脆弱的时刻，我们渴求一株能被抓住的稻草的出现。而那颗救命的稻草就是爱，是亲人的爱，是所爱的人的爱；对于父母而言，毋庸置疑是子女的爱。

然而，我们很遗憾地看到，看顾在老人病榻前的往往不是子女而是子女用金钱换来的护工。是的，我们很忙，忙着在这个污浊的尘间讨生计，为自己，为子孙，为人民，为社稷，为人类，抑或说子孙需要我，人民需要我，社稷需要我，人类需要我。说来多么可笑，那个最需要我们的人就躺在医院病床上被遗忘、被伤害，却依然在宽恕、在等待，等待着一个探视、一句问候，因为那才是他们救命的稻草。那么，在亲有疾的时候，请多打几通电话，请叮嘱他们按时吃药，请给他们试试水温，请尽可能地陪他们面对医生，就像儿时他们对我们做的那样，好吗?

人们常说“取舍一念间，人生两不同”，又说“人生路上，轻装上阵，舍才能得”，其实不尽然。有一项是舍而不复得的，那就是亲子之爱。家是我们前行动力的源泉，而家里那个最忠实的守候就是父母。我们有什么理由不爱他们？所以用心去感受，用行动去回馈，你们能做到！

谢谢大家。

郑萍萍简介

郑萍萍，1978 年生。青岛职业技术学院宣传部副部长，文化大课堂主讲老师。毕业于青岛大学中国现当代文学专业，从事大学文化及中国现当代文学研究。

《弟子规》之自由与规范

（2012 年 6 月 10 日）

感谢大家来聆听文化大课堂，来聆听我的讲座。借助《弟子规》就一些文化上的思考与大家分享。

今天已经是 6 月份了，我们的校园满目葱绿，很多知名的不知名的花朵热闹地绽放，但是再过几天，炎热的夏天就会踏着满地的落花来了。我们的文化大课堂，本学期第一讲时大家还穿着棉衣，现在穿长袖也都嫌热了。我想要说的是时间过得很快，比你们想象得还要快。我们在座的各位同学在青职只有三年的学习时光，我们有缘在这个课堂上相聚，但是很快你们也将离开这里各奔东西。20 岁，30 岁，40 岁，人生也是这样。所以，古往今来的人们，无论贤与不贤、仁与不仁、富贵还是贫贱，都会或多或少地想过这么一个问题：我要怎样度过这有限的一生？

答案有千万种，但是有一种答案应该是普泛性的，那就是做一个幸福快乐的人。无论是贵如帝王将相，还是不愿为五斗米折腰的陶渊明，或是我们在座的各位，内心深处都想做这样的人，只是到达目标的途径不同。有的认为权势可以达到，有的认为财富可以达到，有的认为爱情可以达到，有的认为精神的自由可以达到。只不过，有的时候，人在追寻的路上走得太远，忘了出发的本意，将手段

当成了目的，陷入了所执迷的权势财富当中，本末倒置。所以，趁我们还没有陷入这种执迷当中的时候，我们来谈一谈如何做一个幸福和快乐的人的问题。

解答这个问题是有捷径的，这个捷径就是古今中外无数人生的经验累积和文化积淀。社会都是在承前启后中进步，人也是站在巨人的肩膀上加速地攀升。经验累积和文化积淀的重要载体之一就是文化典籍。

《弟子规》就是这样一本书，可以说它集中国传统家训、家规、家教之大成，教你们知书达理，远离野蛮，做一个谦谦君子，做一个对家庭和睦、社会和谐有贡献的人，做一个尊敬他人也获得别人尊敬的人，做一个内心安宁、了解人生意义的人，最终达成内心的幸福和快乐。《弟子规》是怎样做到的？它把历史上无数人的人生得失提炼归纳出了一系列可以便捷通达和谐、幸福的规范。

这就是今天我们要分享的“规范”问题。规范对我们寻找幸福人生有什么益处？规范与我们所崇尚的自由之间有什么样的关系？在规范与自由之间我们如何持衡来保障我们的人生既不受羁绊又不放任自流，从而达到我们通向幸福人生的道路？

一、《弟子规》所呈现的规范意义

从《弟子规》的主题内容和目的上来讲，它是对人们为人处世、接物待人的一种规范。

规范是什么？规范是明文规定或约定俗成的标准；作为动词，有使之合乎模式的意思。

在现实生活中，很多人不喜欢规范，或者有本能的排斥心理。因为，在这个崇尚个性、尊重独立思想、给予自由空间的时代，任何的规范都对自由有不同程度的损伤。另一方面，规范有种说教的意味。《弟子规》，从字面上看就是居高临下的说教。

那么，在这里我们探讨一下，为什么我们不喜欢“说教”？或许，我们在感情上觉得有被“侵犯”的意味，凭什么要听你们说，凭什么要按你们说的去做，凭什么你们可以对我指手画脚？鲁迅《伤逝》作品中有位为追求自由和独立而走出传统家庭的子君，她曾经说“我是我自己的，谁也没有干涉我的权力”。我觉得这很可以表达这种心情。

与“说教”相关的是“好为人师”。《孟子·离娄上》说“人之患在好为人师”，意思是人的弊病是喜欢做别人的老师，自我炫耀，挑剔别人以显示自己的博学，所以“好为人师”不作为褒义词用。孔子说，三人行必有我师。韩愈说，师者，传道授业解惑也。如果身边有人愿意坦诚地、积极地介绍他的为人处世的经验。对问题的思考，我认为不是一件糟糕的事情。如同一个聪慧于你们的人或者先你们一步前行的人，向你们告知前路的风光或凶险，告诉你们怎样能够找到更加平坦的捷径，我觉得那是幸运的。

《弟子规》中这样讲道：

亲仁

同是人 类不齐 流俗众 仁者希
果仁者 人多畏 言不讳 色不媚
能亲仁 无限好 德日进 过日少
不亲仁 无限害 小人进 百事坏

意思是说，同样都是人，类别却不一定整齐，一般来说，跟着潮流走的俗人占了大部分，而有仁德的人却显得稀少。对于一位真正的仁者，大家自然敬畏他，仁者说话不会故意隐讳、扭曲事实，脸色态度也不会故意向人谄媚求好。能够亲近仁者，向他学习就会得到无限的好处，自己的品德自然进步，过错也跟着减少。如果不肯亲近仁者，无形中就会产生许多害处，小人会乘虚而入，围绕身旁，事情就会弄得一败涂地。

我们应该亲近仁者，亲近我们学院提出的“技高品端”的人。

试问，孔子，这样大智大慧之人，几百年出一个？诸葛亮呢？李白呢？马克思呢？诸葛亮 54 岁临终前写给 8 岁儿子诸葛瞻一封家书《诫子书》，说：“夫君子之行，静以修身，俭以养德。非淡泊无以明志，非宁静无以致远。”这可以说是诸葛亮一生的总结。诸葛亮一生运筹帷幄，决胜千里，那对他的说教之词，我们不可以等闲视之。《弟子规》呢？

弟子规 圣人训 首孝悌 次谨信
泛爱众 而亲仁 有余力 则学文

可以说，《弟子规》是对孔子思想的一种解读、一种实施方案。200 多年前，一个叫李毓秀的人，根据孔子思想，梳理和总结了几千年来中国人在做人处事上的一些规范，并将之用朗朗上口的语言写出来。穿越了 200 年的沧桑岁月，我们依然能够看得到，看到他凝聚了很多先贤智慧和经验写出来的文字，我们是有福的。在我们正处于 20 几岁，还没到社会上真正去经历风雨彩虹的时候，能够及时补上这一课，我们是幸运的。

有人可能会有疑问，时间都过去了 200 多年，我们的社会环境和生活方式发生了巨大变化，《弟子规》的规范对于现在的人们有什么样的意义呢？

我们今晚看到的天上的明月还是 200 年前的那轮明月，变化远没有我们想象的大，人类生活的本质是相通的。

《弟子规》列述了弟子在家、出外、待人、接物与学习上应该恪守的守则规范。在这些规范中我们看到了很多礼仪。也可以说，规范带给我们的贡献之一是礼仪。

或饮食 或坐走 长者先 幼者后
长呼人 即代叫 人不在 己即到
称尊长 勿呼名 对尊长 勿见能
路遇长 疾趋揖 长无言 退恭立
骑下马 乘下车 过犹待 百步余

我认为，人类远离蛮荒，表现之一就是懂得礼仪。我们是文明古国，我们是礼仪之邦，这两点不是没有联系的。懂得礼仪的人，往往会给我们留下受过良好教育的印象。礼仪不是一种简单的形式，它是一种价值观的表现。泰坦尼克号海难距今整整 100 年，依然能够拨动现代人的心弦。原因有很多，其中一点是大部分妇女和儿童的生还，大部分男士的遇难。在生死存亡的关键时刻，男士把生还的机会让给妇女和儿童，这不单纯是一种礼仪，是一种做人处事的价值观。中国的文化强调尊老爱幼、长幼有序，这本质上是对生命的热爱和尊重。苍老的父母，没有力气干活甚至体弱多病，要依赖子女照顾，而子女责无旁贷还要恭敬有加。

父母呼 应勿缓 父母命 行勿懒
父母教 须敬听 父母责 须顺承

因为父母孕育了我们的生命，曾经将他们的爱和心血无私地奉献给了我们，尊重父母，就是尊重我们自己。所以中国人很看重孝道，认为不孝的人不可与之相交，而这些理念必须落实到具体的行动当中去。《弟子规》对此有具体的建议。

《弟子规》的规范使人们懂礼仪、讲文明、有教养，能够促进人际关系的和谐，使人们有尊严地与人相处。

而《弟子规》更深层面上的规范意义，是价值观的引导。社会本身就是一个有序的组织，有它的运行规则，没有了这些规则，世界不可想象。法律法规就是规范。交通有交通的规范，这里是不讲自由的，因为个人的自由可能会对别人的自由带来伤害。老师有老师的规范，学生有学生的规范，军人有军人的规范。有些职业领域的规范有特殊性，对个体的自由一定有损伤，但是还是要规范。如西点军校 22 条军规中有两条：无条件执行；没有任何借口。这似乎很不科学，也不近人情，但是在这里要自由的危害远远大于不近人情的规范。如果战争来临，你们对长官的命令有质疑，可以提建议；如果长官没改变主意，你们要以自由和独立之心去另辟蹊径，那么其危害更大。

我们现在堪忧的食品安全问题，说到底就是经营者践踏了行业规范。社会上的学术造假问题，那也是无视学术规范的表现。当我们无视规范或践踏规范，我们也就轻易越过了雷池，轻易突破了道德底线。当一个人突破了道德底线，那么意味着他失去了敬畏之心。一个人失去了敬畏之心那是很可怕的，说明他没有任何信仰。我们说一个人“无法无天”，就是这类人。

突破规范去践踏法律，伤害公共利益。郭德纲曾经说过一个有名的段子：“人做了好事总想让鬼神知道，做了坏事总想让鬼神不知道，人呢，太让鬼神为难了。”比失去敬畏之心更甚的是失去羞耻之心。做了错事不知道脸红，还有什么错事不敢去做呢？我们忧心食品安全的时候，慨叹道德滑坡，能够改善这个问题渠道之一是重新唤起人的羞耻之心，而规范的推行和认知可以发挥这个作用。

泛爱众

凡是人 皆须爱 天同覆 地同载

如果每个人都懂得了这个道理，我们将少了多少纷争？

规范就是帮我们找到一个人生的坐标，不做迷惘一代，不去空耗我们的青春。

二、自由的俗世形态

讲了规范，我们就有必要讲讲自由。规之范之，给我们束手束脚的感觉。现在是价值多元的世界，自由究竟有怎样的俗世形态？

我相信大家都熟悉裴多菲那首诗：

生命诚可贵，爱情价更高。
若为自由故，两者皆可抛。

什么是自由？

“自由”一词就其本意，指的是没有阻碍的状况。自由是一种免于恐惧、免于奴役、免于伤害和满足自身欲望、实现自我价值的一种舒适和谐的心理状态。自由既有为所欲为的权力，又有不损害他人的责任义务。

自由的一种理解，是对不受羁绊的人生的追寻。这种自由主要是指精神层面的，不代表完全有违世俗。

陶渊明就是一个代表，他的《归园田居》诗反映了他心目中的自由人生。

少无适俗韵，性本爱丘山。
误落尘网中，一去三十年。
羁鸟恋旧林，池鱼思故渊。
开荒南野际，守拙归园田。
方宅十余亩，草屋八九间。
榆柳荫后檐，桃李罗堂前。
暧暧远人村，依依墟里烟。
狗吠深巷中，鸡鸣桑树颠。
户庭无尘杂，虚室有余闲。
久在樊笼里，复得返自然。

古代的大文学家苏轼一生为官，屡遭贬谪，他的很多作品表达了不满世俗、向往自由的心声，如苏轼《临江仙·夜归临皋》：

夜饮东坡醒复醉，归来仿佛三更。
家童鼻息已雷鸣。敲门都不应，倚杖听江声。
长恨此身非我有，何时忘却营营？
夜阑风静縠纹平。小舟从此逝，江海寄余生。

宋人笔记中传说，苏轼作了上词之后，“挂冠服江边，拏舟长啸去矣。郡守徐君猷闻之惊且惧，以为州失罪人，急命驾往谒，则子瞻鼻鼾如雷，犹未兴也”。

人是不能够离开社会去追寻片面的自由的，自由的人生是在心里，精神上。我们说大隐隐于朝，不是离开人群远远地就自由了，是不放弃俗世生活的责任和义务，是指不为名利所羁绊，不做名利的奴隶，不见利忘义，不为名而不择手段。自由是指听从内心的声音，不随俗浮沉。真正的自由是在社会规范之内的自由，具有不损坏他人的责任与义务。

自由的另一种理解，就是为所欲为，被欲望绑架，无视规范，没有畏惧，言轻点是散漫，言重点是放纵。再迷人的舞蹈都是有章可循，世界上没有纯粹的自由，有了社会就有了规范。黄河之水在规范的水道里奔涌向前，它就是哺育华夏儿女的乳汁，它冲垮堤坝、冲毁粮田，它就是洪水猛兽。所以没有规范的自由叫放纵，没有规范的自由实际上是被欲望套上了枷锁。我们听到的贪污腐败案件实际上都是放纵了自己的权力，最终被无尽的欲望拖到了犯罪的境地。

所以，自由有时很美丽，有时也很丑陋，能够调和其中的恰恰是貌似与自由相对立的规范。

三、在技法的规范中获得精神的自由

什么是技法的规范？《弟子规》所展示的是圣人训的实施方案、具体措施，它有非常强的操作性，告诉你们衣食住行中该怎么做、不该怎么做，这就是从技法层面上进行规范。

谨

朝起早 夜眠迟 老易至 惜此时
晨必盥 兼漱口 便溺回 辄净手
冠必正 纽必结 袜与履 俱紧切
置冠服 有定位 勿乱顿 致污秽
衣贵洁 不贵华 上循分 下称家
对饮食 勿拣择 食适可 勿过则
年方少 勿饮酒 饮酒醉 最为丑

读起来，我们甚至觉得它有些唠叨。《弟子规》原名叫《训蒙文》，是为青少年启蒙的。对于我们在座的同学甚至三四十岁、五六十岁的师长，是否就已经很好地做到了这一些呢？我们不敢自信地给以肯定的回答。好的东西懂得的越早越受益，懂得的再晚都不算迟。

我们读《弟子规》，收益不局限于对单纯技法规范的了解，最大的收益是文化的滋养。200 年前的《弟子规》有些内容在当代已经发生了变化，但是它的精神是没有变化的。例如：

入则孝

丧三年 常悲咽 居处变 酒肉绝
丧尽礼 祭尽诚 事死者 如事生

它的行为方式发生了变化，但精神实质仍然是对父母的爱和尊敬。我们学习《弟子规》，就是要理解其中的文化内涵。我们的精神因为有了这些文化的支点，才能够不迷失方向，不为物质所奴役，得到心灵的和谐与自由。

如何从技法的规范中去获得文化的滋养呢？

我认为还是要从稚拙的技法开始。我们说“熟读唐诗三百首，不会作诗也会吟”，一是要精读，读三百首；二是熟读，方有效果。我们对传统读书人的学习状态的印象往往是诵读诗书，或许会认为他们不求甚解、不懂变通。其实，这恰恰是主观臆断、不求甚解。这种学习方法传承上千年，而且产生了那么多大学者、大才子，一定有它的妙处所在。我们现在有时候在特定的情境中，会突然想起符

合此情此景的一句诗，这句诗往往是多年前你们还很小的时候背诵过的。你们并没有刻意去想，它就恰到好处地从脑海里冒了出来。为什么呢？是这句诗通过当时不求甚解的背诵已经内化到你们的文化素养当中去了。你们或许并不记得诗的作者是谁，但你们可以领悟诗的意蕴。

怎么理解呢？金庸小说中展现了一个精彩神奇的武侠世界。金庸的武侠世界里，武功的最高境界是“无招胜有招”。刚开始学习武功的时候，都有秘籍，一招一式都有章可循。招式都一样，但不同人的研习水平却有高下之分。

金庸说，武学最高境界是无招胜有招，只存意不记形，只有所有的招式都内化为一种自觉的行为，意随心动，才能拈树叶成飞镖。我们初学电脑打字的人，都要记键盘，N在哪里，O在哪里；练习一段时间，你会记住它们在什么地方；再熟练到一定程度，你又不知道它们在什么地方，但是你想打什么字你的手指就为你打出来了。你的手指自动去找需要的按键，好像手指也有意识，这不是很奇怪的一件事吗？也就是说，打字已经从技法升华到内心的一种自觉，这种自觉随着你的意念去行动。学习最高的境界就是将知识升华为一种潜意识的文化素养。

学习《弟子规》我们需要这样的过程，也希望最终能达到没有技法的境界。《弟子规》的内容体现在一个“规”字上，应该如何、不该怎样是一种技法。如果我们能够熟读并能记忆《弟子规》，如果你们能熟诵：

路遇长 疾趋揖 长无言 退恭立

那么，过些时日，当你们在楼道里迎面偶遇素不相识的老师的时候，会自然地问一声老师好，并能够停下让老师先过。这个时候，你们并没有记得这是《弟子规》里的教导，而是你们的心自然地让你们这么做了。这就是我所说的从技法的规范提升到文化的自觉，真正将“孝”“悌”“谨”“信”“仁”等传统文化的精华内化至心灵，滋养我们的精神。在这样的学习和不断地完善中，我们会接近免于恐惧、免于奴役、免于伤害和满足自身欲望、实现自我价值的舒适和谐的心理状态，即前面提到的自由。也就是说，自由不是与规范对立的，自由是建立在规范的基础上的。自由的世界里，规范貌似无影无踪，实际上是真正自由的养料。

无论规范还是自由，其实都是表象，本质是“立人”，即如何做一个有益于社会、在人群中能够保持相对独立又能够为他人作出贡献的幸福快乐的人。

这是一个永远在路上的事业，没有终极答案。文化大课堂是这条路上的加油站。在这条路上，我们和在座的同学们是同行者，让我们一起努力。

谢谢！

墨子：中国文化的另一种可能

（2012年12月13日）

同学们，2012年到了年尾，回望过去的一年，有哪些人物和事情现在还能够清晰地占据你们的记忆？哪些人物已经印象模糊，哪些事情已经语焉不详？我想，你们会列举出一二三，但是这一些对于你们一年中所经历的人和事来讲，比例是非常小的。人在时间的进程中，会不断地记忆和遗忘。在两千多年的历史长河里，还有许多能够引起我们注意的浪花，值得我们驻足去看一看。

本学期推出的“智慧人生之诸子百家”主题讲座，就是引导我们去了解历尽时间淘洗依然占据民族记忆的两千年前的先贤，或者可以说，是让我们一起去探访中华文明的源头。

两千多年里，人类文明进程不断向前推进，世界发生了翻天覆地的变化。我们懂得的很多东西，在古人那里视为天方夜谭，比如神九，比如微博。然而，古人所推介的很多价值理念，今人却仍然需要报以谦虚谨慎的态度。诸子百家所创造的一系列价值理念是我们民族的精神背景，我们在其间活动、判断、理解事物、想象未来，这是我们无法回避的。

所以，我们今天在这里谈诸子百家，实际上也是借谈古人来讲述今人的故事，在我们每个人身上印证熟悉的具有血缘温度的文化基因，廓清我们今天仍在寻求答案的困惑，建构自己的精神家园。

诸子百家当中，著名的有儒家、道家、墨家、法家等流派。在这四家当中，今人容易忽视和遗忘的大概是墨家。我们在生活中，经常会听到人们评说有些人的思想或行为，是受了儒家思想的影响，或者有老庄风采，或者是法家思想的体现……但很少有人用“墨家思想”这个词汇去描述和评价。为什么呢？因为墨家学说在秦汉之后就走向衰微，到了东汉“废而不传”，已经成为历史绝响。它消失在我们的文化视野之中。就如同从高山上发源的溪流，有的越走越宽，奔腾到海；有的交汇、合流，源远流长；有的开始雄壮，非常浩瀚，渐渐河床变窄，流水变缓，在奔向大海的途中消失在干涸的沙漠里，成为让人唏嘘的记忆。

墨家思想就像刚才描述的后者。那条奔腾到海的河流可以比作儒家。两者是同源的。《淮南子·主术训》说：“孔丘、墨翟修先圣之术，通六艺之论。”《淮

南子·要略》说：“墨子学儒者之业，受孔子之术。”两者曾经并称显学，盛极一时。与我们今天看到的儒、墨影响力对比是不可同日而语的。可以这样讲，孔子之后，墨子是当时最有影响力的思想者，而且，墨家是“非儒”的，墨家徒众，遍布南北，应者云集。墨家学派及思想，到了战国中期，孟子时代，已是弥漫天下，压倒儒学；到了战国后期韩非子时代，墨家仍然足以与儒家分庭抗礼。韩非子说：“世之显学，儒墨也！”（《韩非子·显学篇》）

后来儒墨的文化历史命运大家都知道了。秦汉以后，儒家思想一统天下，成为中华文化的正统和主流；墨家刹那芳华之后，烟消云散，消失在历史的长河中。

所以，今天我们谈论墨家，题目是“中国文化的另一种可能”。如果与儒家持不同价值理念的墨家没有消失，在中国思想文化界仍然发挥重大影响力的话，我们会有怎么不一样的世界？哲学家说，凡是存在的，都是合理的。在这里讨论没有出现的“可能性”意义不大，但是，讨论一下为什么没有出现这个“可能性”，对我们今天解读我们的文化基因和密码应该很有帮助。

而解答这个问题，只要了解墨家主张，便能找到快捷的答案。

下面，我从三个方面与大家一起了解墨家，即墨子其人、墨家主张、墨家价值。

一、墨子其人

墨子是战国时期著名思想家、政治家。生卒年不详，约为公元前 479 年至前 381 年以内，孔子之后，孟子之前。籍贯有争议，有人说是宋人、楚人、鲁人，还有人说是印度人、阿拉伯人。出身莫衷一是，有人说是孤竹君之后，与孔子同祖，有人说他是平民，钱穆甚至认定他是刑徒奴隶。名字有不同的说法，有说他叫墨翟，有人说叫翟乌。这样一位伟大的思想家留给后世的是一片迷雾。

但是，根据记载，我们可以知道他是一位手工业者，是一位发明家，小到刨子、锯子，大到云梯、战车，甚至传说中的木鹞——现代风筝的雏形，都是墨子发明的。墨子“费时三年，以木制木鸢，飞升天空……”“斫木为鹞，三年而成，飞一日而败。”（《韩非子·外储说》）这是说墨子研究试制了三年，终于用木板制成了一只木鸟，但只飞了一天就坏了。墨子制造的这只木鹞是最早的风筝，也是世界上最早的风筝，约公元前 300 年，距今已有 2400 多年。后来鲁班用竹子，改进墨翟的风筝材质，进而演进成为今日多线风筝。

墨子的形象不像我们传统想象中的思想家。如果与孔子做比较，孔子像一位绅士，墨子像打工仔。鲁迅《故事新编》里有篇小说写到墨子，说他脸很黑，像个乞丐。墨子主张“节用”，穿衣饮食一切以够用为度，反对一切形式的修饰。“短褐之衣，藜藿之羹，朝得之，则夕弗得。”（《墨子·鲁问》）我们可以想象墨子的形象，粗茶淡饭、衣衫褴褛，风尘仆仆，行色匆匆，是生活在社会底层的劳苦大众形象。这样的一个人所提出的治理国家经营社会的主张，与其他精英学者的思想相比，必然有他的特点，这个特点与他所代表的群体有很大关系，他所代表的群体是常常被忽略掉的劳苦大众。所以说，墨子是值得我们记忆的。

墨子是中国历史上记载的最早的孤胆游侠。中国传统文化中的侠客精神最早可以追溯到墨子这里。司马迁曾经作过《游侠列传》，说游侠往往能为别人的困厄灾难奔波，不惜自己的身体，事成之后并不夸耀自己的功劳和恩德。这正是墨子的形象。

在《公输班》一章里记载了这样一个故事。墨子听说楚国要攻打宋国，便从齐国出发去阻止。这条路很长，它的起点在泰山脚下，目的地是楚国的郢都，在今天的湖北荆州一带。也就是说，墨子要穿过山东的一小半，再穿过河南全境，可能还要途径安徽，然后才到湖北；到了湖北还要走很长的路，才能到达目的地。而墨子靠什么去呢？没有马车坐，也没有轿子坐，他靠双脚走路。十天十夜，风餐露宿，孤身一人。最后，他冒着生命危险，以自己的雄辩口才和非凡勇气，成功阻止了这场战争。回来的途中，经过宋国，想到宋国城门下去躲雨，而守门人却不让他进去。他慨叹道："治于神者，众人不知其功；争于明者，众人知之。"就是说，那些把灾祸在酝酿阶段就解决掉的人，众人不知道他的功劳；那些在明处争辩不已的人呢，却是人人都知晓。

有人说，墨子的形象有点儿像金庸《天龙八部》里的乔峰，一个穿着粗布衣服奔走在路上，制止战争、维护和平的英雄。言必信，行必果。恪守情义，救人危难，以天下为己任，不惜赴汤蹈火。

墨子门徒都是勇士，是布衣侠客。《淮南子·泰族训》中这样写道："墨子服役者百八十人，皆可使赴火蹈刃，死不旋踵。"这种勇气和战斗力是让人敬畏的，这与我们想象的宽袍大服的儒雅书生是不一样的。在楚国吴起之难中，为阳城君守城殉难的墨家门徒达 186 人，他们本来是可以弃城自全的。

还有，前面讲的墨子阻止楚国攻宋的故事，一番斗智斗勇后，墨子最关键的一招是他有 300 个弟子在宋城上等待楚国来犯。楚王说："善哉！吾请无攻宋矣。"（好吧，我同意不再攻打宋国了。）

墨子还是一个雄辩家。他奔走诸国之间，以逻辑推理和雄辩宣传自己的思想。《墨子》文章，结构严密，层次分明，有意识地运用形式逻辑说理，由小及大，由近及远，层层推进，往往产生意想不到的效果。

这就是从历史资料里所能辨认出的墨子形象。了解了墨子其人，下面我们来谈一谈墨子的主张。

二、墨子主张

我们谈墨子思想，主要依据《墨子》一书。但《墨子》一书基本上不是墨翟自著，而是由门人后学记录辑集而成，大约成书于战国后期，略晚于《孟子》。

我们前面讲过，墨家学说在东汉就“废而不传”了，那我们何以还能看到《墨子》一书？据说，它有可能要彻底失传的，幸有道家，误把墨子拉入自家阵营。即使如此，1000多年里，没几个人读过《墨子》，难得有人读得懂《墨经》。但墨子思想的核心是没有争议的，就是我们大家所熟悉的四个字：“兼爱”“非攻”。

（一）什么是兼爱

兼爱是相爱，是爱人如爱己，是无差别的爱。什么是非攻？就是不要战争，拒绝争斗。如果说，墨子的这种思想能够在民族文化中持续发挥影响力，我们的历史会是怎样的另一种书写方式呢？我们今天的世界又是怎么不一样的图景呢？

回望民族发展的历史，也是烽火不止的历史。

秦时明月汉时关，万里长征人未还。（王昌龄《出塞》）

将军百战死，壮士十年归。（北朝民歌《木兰诗》）

万国尽征戍，烽火被冈峦。积尸草木腥，流血川原丹。何乡为乐土？安敢尚盘桓？弃绝蓬室居，塌然摧肺肝。（杜甫《垂老别》）

而为名为利同室操戈，“煮豆燃豆萁，豆在釜中泣。本是同根生，相煎何太急！”的故事也有很多。杜甫慨叹：“朱门酒肉臭，路有冻死骨。”这一些都与墨子的思想“兼爱”“非攻”背道而驰的。

“兼爱”“非攻”，是重视生命的观念，是要求大家相亲相爱、放弃攻击、宁静生活的主张。墨子所给我们描述的是一幅美好的社会图景，也是一个理想主义图景。应该说，这是人们心中想过的生活。但是，历史为什么没有选择它呢？

我们先来看一下墨子是如何阐释“兼爱”的。我们知道，儒家也是提倡“爱”这个伦理原则的，儒家推崇“仁爱”。儒家的“仁爱”与墨家的“兼爱”最大的区别在于爱的平等性问题。儒家的“仁爱”是有差等的爱，“亲亲有术，尊贤有等”（《墨子·非儒》），也就是爱人要有亲疏厚薄的区别，而且是由己及人的关系，从爱自己的亲人再到爱他人的亲人。墨家的“兼爱”是无差别的爱，爱人要“远施周遍”（《兼爱下》），没有亲疏厚薄之分。

在墨子看来，天下之乱起于不相爱，“乱何自起，起不相爱”，“别之所生，天下之大害也”，所以治理天下的正确途径就是“兼以易别”，推行“兼爱”。

“视人之国若视其国，视人之家若视其家，视人之身若视其身。是故诸侯相爱则不野战，家主相爱则不相篡，人与人相爱则不相贼；君臣相爱则惠忠，父子相爱则慈孝，兄弟相爱则和调。天下之人皆相爱，强不执弱，众不劫寡，富不侮贫，贵不敖贱，诈不欺愚，凡天下祸篡怨恨可使毋起者，以相爱生也，是以仁者誉之。”（《墨子·兼爱中》）人们爱别人就像爱自己，对待别人就像对待自己，没有任何区别的相亲相爱，这样就能避免损人利己的事情，就能够使所有的人得到平等的利益。即“兼相爱，交相利”（《 墨子·兼爱》）。

从这里看，墨子的“兼爱”体现了一种互利思想，就是“投我以桃，报之以李”，爱人也是爱己。如果墨子的这种思想能够推而广之，我们毫不怀疑，我们身处的会是一个无限美好的世界：不用担心，上街要藏好钱包；不用担心，一个人走夜路；不用担心，会有战争和杀戮。回望一下人类社会所经过的路途，看看我们当前身处的社会，我们遗憾地发现，刚才提到的几条我们依然担着心，墨子的思想对我们仍然是一种在路上的想望。

鲍鹏山教授在学院举办讲座时，曾经提到中国的经济目前面临的不是金融危机，不是市场危机，而是道德危机。那些令人担忧的食品安全问题，那些令人揪心的豆腐渣工程，都不曾沐浴过墨子“兼爱”思想的光辉，他们只爱自己的利益，不惜损害别人的利益。

墨子说，“别相恶，交相贼。”你们对待别人不能像对待自己一样，损人利己，最终会引起恶性循环，引起争斗，不利于社会真正的和谐发展。所以说，“兼爱”是墨家治理国家社会以及个人为人处世的一个最核心、最基本的准则。

“兼爱”有这么多令人感叹的优势，但是历史没有选择墨家的“兼爱”，而是选择了儒家的“仁爱”。“仁爱”讲究“礼”，崇尚伦理规范，“君君、臣臣、父父、子子”（《论语·颜渊》），也就是要求君臣父子各自按照应有之道去做，都要符合角色要求和规范，这种规范是有等级有差别的“仁爱”。墨家和儒家之间在很多观点上针锋相对。孟子就“兼爱”思想，批评墨家说，难道能把一个陌生人当作自己的父亲那样来爱吗？难道能把父亲等同于陌生人吗？那岂不是取消父亲？取消父亲是“无父”，“无父”的人就是“禽兽”。而墨家也有一篇很有名的《非儒》，对儒家思想进行了激烈的批驳。

（二）什么是“非攻”

谈了“兼爱”，我们再看一下“非攻”。

如果天下人都爱人如爱己，互助互利，那么自然就没有争执和征伐了。“非攻”正是“兼爱”思想的自然延伸。《三国演义》是中国一部家喻户晓的历史小

说，从唐朝起民间就有三国故事的流传，直到现在人们依然津津乐道。这部小说也是一部关于战争的小说。当我们在感叹“羽扇纶巾，谈笑间樯橹灰飞烟灭”的时候，当我们惊叹“运筹帷幄，决胜千里”的时候，当我们在讲述那一个个“以少胜多”的精彩战役的时候，我们很少去关注有多少生命在此过程中结束。

而每一个生命，在历史的发展中是微不足道的，但是在他个人的家庭和亲人那里却是举足轻重的。以三国故事改编的电影《赤壁》里，在众英雄的角色里，有一个小角色，佟大为饰演的曹操兵营里的一个士兵。这个士兵是浩荡大军中的普通一员，家中有老母亲。在老母亲那里他是个宝，他吃饭比较多，从军是为了有饭吃，人比较憨厚。可是，在一场从孙刘联军一方看来荡气回肠的大获全胜的战役中，他是无数阵亡的士兵中的一员。

无论是胜利一方还是失败一方，无人记得这个小人物，只有他的家人终其一生惦念着这个一去不复返的傻儿子。真正反对战争的，永远是劳苦大众。他们盼望过上安居乐业的生活的愿望，比什么都强烈。墨家的这些主张，能够传达出老百姓的利益诉求。诸子百家都在为寻求国家社会的一种好的治理方式而推出各种主张，但是多是顶层设计，或者从统治阶级利益出发，像墨家这样能够从老百姓的基本诉求出发的，是不多见的。

墨家反对战争，一方面从道德上认为这是天下之大不义的行为，认为攻打别国，如同偷窃与强盗。而“禹征有苗，汤伐桀，武王伐纣”是代天征讨不仁不义之人，“彼非所谓攻，谓诛也”，那不是攻打，是诛灭。他是从根本上否定战争的。

同样关于战争，儒家认为“天下有道，礼乐征伐自天子出；天下无道，礼乐征伐自诸侯出”。（《论语·季氏》）在儒家看来，战争的不义，是由于战争的发动出于诸侯而不是出于天子，是政治的失序，只要由天子发动，就是正义的。

另外，从社会生产方面，墨家认为战争有种种害处，不仅耽搁了农业正常的耕种和收获，更使“百姓饥寒冻馁而死者，不可胜数”（《墨子·非攻中》）；战争还耗费了大量的物质财富，牛马粮草、甲盾矛戈去而不返。为了攻占三里之城、七里之郭，却杀人成千上万，结果却是村墟无人住、土地无人耕，牺牲有限的人口来夺取多余的土地，是“弃所不足，而重所有余”（《墨子·非攻中》）。墨子认为对一个国家来说，最重要的是人民而不是土地，以人民的伤亡为代价，发动战争来夺取土地，不是明智之举。

墨家反对战争，所以墨家擅“守御”之术。有个成语叫“墨守成规”，就是从墨家来的。墨子是手工业者，懂技术，重实践。在前面讲的墨子劝说楚国不要攻打宋国的故事中，公输班为楚国国君打造进行战争的云梯，墨子前来劝说，并且与公输班进行了斗法。

“子墨子解带为城，以牒为械，公输盘九设攻城之机变，子墨子九距之。公输盘之攻械尽，子墨子之守围有余。”墨子解下腰带，围作一座城的样子，用小木片作为守备的器械。公输盘多次陈设攻城用的机巧多变的器械，墨子多次抵拒了他的进攻。公输盘攻战用的器械用尽了，墨子的守御战术还有余。公输班被后世誉为土木工匠的祖师爷，由此可以反衬出墨子的才能。

但是，墨子的防御如同“兵来将挡，水来土掩”，这是在面临攻击的时候被动防御。防御的真正利器他没有用，那就是进攻，因为墨家是彻底反对攻击的。

“非攻”还可以从战争引申到社会生活的多个领域，比如人与人之间不要内耗，互相毁伤，这就又回到了“兼爱”思想：“兼相爱，交相利”“别相恶，交相贼”。

墨家还有其他主张，如天志明鬼、尚贤尚同、节用非乐等，但最核心的是“兼爱”“非攻”。

三、墨家价值

春秋战国时代，中国迎来了文化的大繁荣，百家争鸣。但是，在这些为后世留下了巨大的文化财富的先贤看来，那是一个糟透了的时代：礼崩乐坏，王令不行。诸侯僭礼越分，战争连绵。

《史记》记载：“春秋之中，弑君三十六，亡国五十二，诸侯奔走，不得保其社稷者，不可胜数。”社会核心价值出现缺失，社会规范不断在瓦解。野蛮、暴力、贪欲在社会当中流行，人们生活得非常痛苦。但是，读一读先秦诸子的著作，又常觉温暖，一批思想者，怀着对人类境遇的普遍同情，殚精竭虑关心人民的命运。无论是孔子的“仁”，老子的“无为”，还是墨子的“兼爱”，尽管还有一些局限，但是在特定的时空里已经是难能可贵的了。

在民族文化发展中逐渐式微的墨家思想，带给我们怎样的价值财富呢？

道义在肩、为国为民、急人之难的狭义精神；
重实践、尚技能、富创新的科学精神；
还有非常宝贵的民本思想。
这些思想发扬开来，无疑会带给我们社会积极的影响。

但是，墨家思想为什么没有在民族文化中产生更大的影响而仅仅停留在一种可能上呢？了解这些，我们会更加深入地了解墨家。

（一）墨家的“兼爱”“非攻”不符合当时统治阶级的利益

他们要巩固政权，扩张土地，排除异己，墨家的这种思想在特定的历史条件下是一种理想主义。包括2000多年后的现在，墨家所描述的这样一种人与人之间的相处方式，社会国家的治理方式，依然是一种想象中的美好。

（二）墨家思想是一种世俗学说

贴近于行为准则，是入世的生活指南，缺乏儒家、道家等思想的哲学性，难以在出世的层面上给予人类精神以终极关怀。

（三）墨家思想的过于纯粹性和彻底性

使之发展的空间过于局促。比如，非攻、非乐、非儒等思想，在用词上“非”就是否定，是无条件的彻底否定。

（四）成为墨家的信徒不容易

前面讲过，墨子门徒都是勇士，必须有强烈的牺牲精神和献身精神，“以绳墨自矫，而备世之急”，随时规范自己的行为与人格，准备着为世界作贡献，匡扶天下；必须能忍受生活上的清苦，“日夜不休，以自苦为极”，主张节用、节葬，非乐，凡是不实用的，不能让人有所增益的，都要取消。

比如穿衣，只要冬天能取暖，夏天能避暑，其他没有这些用处的任何修饰都要去掉。比如饮食，只要能够饱腹，其他色香味都不必在乎。节葬是从简办理丧事，像孔子讲的守孝三年，墨子是彻底反对的。非乐，墨家反对一切形式的音乐活动，认为音乐虽能使人愉悦，但上不利于天、下不利于民，完全是无用的。看起来，墨子完全是个苦行僧，不是个有趣的人。

庄子评论墨家说：

> 以此教人，恐不爱人；以此自行，固不爱己，未败墨子道。虽然，歌而非歌，哭而非哭，乐而非乐，是果类乎？其生也勤，其死也薄，其道大觳。使人忧，使人悲，其行难为也，恐不可以为圣人之道，反天下之心，天下不堪。墨子虽独能任，奈天下何？离于天下，其去于王也远矣。（《庄子·天下篇》）

用这样的主张来教育人，恐怕不是真正地爱护人；用这样的要求来约束自己，当然不是对自己真正的爱惜。这样的评论并非有意要诋毁墨家的学说，虽然如此，不过情感表达需要歌唱却一味反对唱歌，情感表达需要哭泣却一味反对哭泣，情感表达需要欢乐却一味反对欢乐，这样做果真跟人的真情实感相吻合吗？他们主张人活在世上要勤劳，死的时候要淡薄，墨家的学说太苛刻了；使人忧虑，使人悲悯，而做起来也难以办到，恐怕不能够算是圣人之道，违反了天下人的心愿，天下之人也就不能忍受。墨子即使能够独自实行，又能拿天下人怎么样？背离了天下人的心愿，距离天下百姓一心归往的境界也就很远很远了。

墨家徒众不仅对自己很严厉，也希望每个人都能够成为这样纯粹的人；加之，墨家徒众“皆可使赴火蹈刃，死不旋踵”，生命极其脆弱。这一些对于墨家在后世的发展境遇不能说没有影响。

种种因素综合的结果是，墨家思想式微，成为历史绝响。

今天，我们在这里依然可以谈论墨家，是一种历史的缘分，但是也只能凭借历史流传下来的有限的讯息作依稀仿佛的解读。

墨家思想有时代的局限性，更有让我们为之感慨和静默的璀璨光芒。他们壮怀激烈，胸怀理想，胸怀天下；他们严格律己，辛苦奔走，寻求正义。他们是一群值得记忆的人，他们为中国文化提供了另一种可能，这种可能就是——他们的价值。

第五篇　素质教育

刘金柱简介

刘金柱，1965年出生于青岛，声乐副教授，中国音乐家协会声乐教育学会会员，青岛市音乐家协会会员，青岛市音乐教育促进会常务理事，青岛市青少年艺术发展促进会理事。现任青岛职业技术学院教育学院副院长。

音乐教育在素质教育中的作用

（2006年11月16日）

21世纪是一个竞争的世纪，世界上不少国家在制订战略规划时首先把教育改革放在极其重要的地位。在激烈的国际竞争中，我国已明确“科教兴国”的战略方针。江泽民同志在党的十五大报告中指出：

发展教育和科学是文化建设的基础，培养高素质的人才，关系21世纪社会主义事业的全局，因此要切实把教育摆在优先发展的战略地位。

而目前我国教育改革的关键是如何深化人的素质教育，也就是由“应试教育”向“素质教育”的转化问题。

要推进素质教育就必须从基础教育抓起，而加强音乐教育是实施素质教育、促进人才素质全面和谐发展的重要内容。正如李岚清同志所说：

为了贯彻《中国教育改革与发展纲要》，全面贯彻教育方针，培养21世纪全面发展的优秀人才，就必须重视和加强学校美育与艺术教育，将艺术教育作为应试教育向素质教育转轨的重要途径之一。

随着美育教育地位的确定，音乐教育在学校教育中的地位也更加明确和突出了。素质教育包括德育、智育、体育、美育四个方面，那么音乐教育在素质教育中的作用是怎样表现的呢？下面浅淡几点看法。

一、音乐教育的育德作用

音乐教育可以陶冶高尚的道德情操，培养良好的审美情趣，促成良好的文明习惯和优秀的民族气质，振奋鼓舞斗志。音乐教育还以其音响为表现手段，构成富有动力性结构的审美形式，并以这种形式作用于人的情感，引起人的激动、想象、联想。音乐以潜移默化的方式使人接受某种道德情操，培养了人的审美情感，而审美情感往往和人的道德情感相联系。中国古代有“乐所以修内”的说法，“内”就是指思想道德情感，说明音乐是用来进行德行教化的。

我国古代第一部音乐专论《乐记》中也写道：

> 乐也者，施也。
> 先王之为乐也，以治也，善则行像德矣。

这说明古代“先王”制乐，就是一种治理人民的方法，用得适当则可以达到“培养人的道德情操”“移风易俗”的教化作用。

> 是故审声以知音，审音以知乐，审乐以知政。

以音乐教育的育德作用为途径，达到以乐辅政，以乐治国的目的。

音乐教育还有利于培养学生的集体主义精神。音乐是一门最富有个性而又需要充分合作的艺术；特别是一些集体性的合唱、合奏等，要在同一艺术目标下，人人各守其位，紧密合作，从而培养学生严格遵守纪律、听从指挥、统一步调的集体主义精神，而集体主义精神则是道德教育的重要一环。

音乐教育还有利于对学生进行爱国主义教育。苏联教育家苏霍姆林斯基认为：

> 音乐教育有对祖国的热爱、对英勇献身行为的向往，对人奴役人的现象的憎恨，以及提升个人道德尊严的作用。

俄国天才作曲家柴可夫斯基的《1812年序曲》是以俄国人民抗击拿破仑侵略为题材的管弦乐曲,它用通俗易懂的音乐语言歌颂了俄国人民英雄的爱国主义精神。

优秀的民族、民间音乐也是极好的爱国主义教材。这些作品加深了学生对祖国悠久文化历史的了解，对祖国大好河山的热爱，达到了爱国主义教育的目的。

二、音乐教育的促智作用

（一）音乐教育有助于培养学生的感知能力

音乐作为一种声音的艺术，它以和谐、有节奏、富于形象的声音来反映现实生活。音乐教育就是让学生通过音调、音色、力度、时值等多方面去感知和认识声音，并且认识各种人声、各种乐器的音色特点，这对于学生提高听觉的选择性和敏锐性是很有意义的。再者，音乐是时间的艺术，它对发展学生迅速敏锐的视觉能力的作用也是其他学科所不可替代的。

（二）音乐还有助于发展学生的想象、观察、思维、注意等方面的能力

当学生欣赏音乐时，大脑中必定会有种种多变的活动形象在反映。随着音乐的发展，内心的情绪也在不断变化，并从一点到多点产生丰富的生活联想，这就是音乐欣赏时的创造性思维。

因此，音乐教育对学生的想象力、思维能力具有明显的促进作用。正如爱因斯坦在《论科学》中所说："想象力比知识更重要，因为知识是有限的，而想象力概括着世界上的一切，推动着进步，并且是知识进化的源泉。"

（三）音乐开发人的智力

音乐开发人的智力，这是符合大脑机能活动的科学规律的。

人的大脑分左半球和右半球，左脑承担语言处理和逻辑思维，被称为语言脑。右脑承担空间想象和音乐色彩感知，并侧重于形象思维功能，被称为音乐脑。音乐技能训练的工具大部分都是用双手协调活动来发挥它们的艺术功能的，例如，钢琴、手风琴、琵琶、小提琴等。

由于双手的协调活动，使得逻辑思维与形象思维有机地结合起来，也使人的左右脑得到平衡协调发展，从而促进了大脑的全面发展。

三、音乐教育的健体作用

自古以来，人类不仅把音乐作为一种艺术欣赏，而且还把音乐当作增强身心健康的一种手段。

音乐的影响力主要是通过心理作用和物理作用这两条途径来实现。一首好的音乐作品不仅给人以美的享受，而且引起人的情绪变化，而人的情绪活动不仅与大脑皮层有关系，还与人的内分泌系统、自主神经系统等都有密切关系。

因此，一首好的音乐作品可以协调好身体各部分的关系，使其向好的方面发展，达到强身健体的作用，促进身心健康的发展；相反，那些充满低级趣味的"靡靡之音"对人的身体健康将起到极大的危害作用。正如匈牙利著名音乐教育家柯达伊所说："艺术上的低级趣味是一种真正的精神疾病，它将人的心灵禁锢起来，并使神经萎缩或发育不全。"

音乐教育还是脑力与体力活动的统一体。

例如，进行正确的歌唱训练，不仅可以调动起全身心的情绪兴奋起来，而且可以使呼吸系统以及胸腔、咽腔、口腔、鼻腔、头腔等诸腔体得到训练，也使肺、喉、咽、鼻等器官得到充分锻炼，增强其免疫能力。

另外，音乐还是一些体育运动项目中不可缺少的重要组成部分。

例如，艺术体操、花样滑冰、健美运动等等，在这些体育运动中，通过优美的乐曲来充分协调各种技能技巧，体现出音乐与体育的协调美感，达到锻炼身体的目的。

四、音乐教育的育美作用

音乐教育是美育的重要组成部分和手段。

音乐的美育功能是其他任何教育所无法取代的，它是发挥并利用音乐艺术美的多方面的社会功能以提高人们精神境界和道德情操的一种教育。

早在古希腊，哲学家毕达哥拉斯、柏拉图和亚里士多德就创立了音乐美育论，认为音乐是一切教育的中心。我国先秦诸子对音乐的美育作用也有独到的论述。他们提倡“礼乐刑政”，四者并举；提出“礼乐治天下”“移风易俗，莫善于乐”，将音乐列为“六艺”之一。教育家蔡元培也强调音乐的美育作用，并亲自担任我国第一所音乐学院的院长。

音乐教育还以其特有的音响感染力作用于人的生理、心理和情感，直接拨动人们的心弦，给人以精神的陶冶和美的享受。

如学生在欣赏音乐时，学生作为音乐的感受体，以自己对音乐审美能力的不同程度，获得不同程度的音乐美的感知、体验和理解，从而达到美育的教育目的。

音乐教育在给学生传授音乐审美的基础知识和技能技巧、提高音乐审美能力的同时，还汲取古今中外音乐文化宝库中的精华来感染学生，从而使学生树立正确的音乐审美观点和健康的音乐审美趣味，并创造出崇高的音乐审美境界。

音乐教育还有助于培养学生综合审美的能力。

因为，音乐常借助于其他艺术手段来丰富、完善音乐形象，如歌曲、歌剧凭借生动的文学语言，使审美内涵更易于被理解和感受。

标题音乐则更多地运用摹似的音响手段去描绘音乐形象等等。

总之，只要遵循音乐美育教育的特殊规律，加强实践和理论的研究，音乐教育在美育教育过程中将会发挥更大的作用，音乐美育的前景也必将更加广阔。

于 洲 简介

于 洲，副教授，长期从事音乐教学科研工作，现任青岛职业技术学院教育学院音乐系主任。青岛职业技术学院院级督导员，青岛职业技术学院教育学院专家委员会主任。中国音乐家协会会员，中国声乐教育委员会会员，青岛市音乐家协会会员。先后担任《基本乐理》《声乐》《社交礼仪》的教学工作。

在国家、省、市级刊物发表论文十几篇：《大学音乐鉴赏》《高职音乐教育现状分析与发展策略的研究》《歌唱艺术表现管窥》《歌唱发声方法的技术规范》《歌唱嗓音的保健》《浅议歌唱的共鸣技巧》《实用基本乐理自编讲义》《谈美在歌唱艺术中的表现》《音程的组合、结构及相互关系》《成人音乐教育之我见》《对民族音乐教学的探索》等；其中获全国职业教育论文评选优秀奖1篇，获山东省艺术教育优秀成果一等奖2篇、二等奖2篇，山东省文化厅优秀科研成果二等奖1篇。先后培养学生在全国、省、市参加音乐技能、声乐比赛获奖达12人次，这些学生中，获全国第十届青年歌手大赛三等奖1人，获全国第十二届青年歌手大赛优秀奖1人，获全省声乐比赛一等奖1人，获全国中小学音乐技能比赛一等奖1人、二等奖2人。获山东省高工委艺术大赛优秀指导老师奖等。

谈职业院校音乐课的素质教育

（2007年6月7日）

本讲座从职业音乐素质教育定位、原则、内容、方法及教育者素质等几个方面，介绍在职业技术院校的音乐教育中如何实行素质教育，进而阐述音乐教育在素质教育中的独特作用。音乐素质教育作为一种更加科学、更为优质、更高层次的教育活动，已在职业技术院校的音乐课堂活动中进行了较长时期的探索。如何

进一步发挥音乐教育在素质教育中的独特作用，进一步发挥音乐教育在培养健全人格中的特殊价值，仍是一个值得思考的问题。

一、职业音乐素质教育的方向

职业技术院校音乐的教学不应等同于音乐专业院校。音乐院校是培养专门音乐人才，属于技能教学体系，而职业技术院校音乐教学是立足于具有良好文化基础教育之上的大学生，以陶冶情操、升华境界、净化灵魂、完善内心情感世界为出发点。

所以，在职业技术院校的音乐教学中，应把握“音乐教育不是培养音乐家，而首先要培养人”这一方向，以素质教育为目的，充分发挥音乐的审美教育作用；应立足于人类文化的角度去阐述音乐，将音乐视为文化而不仅仅是技能；应从原来的把音乐作品肢解为元素性的知识、技能的教学，转变到以音乐作品为人文性艺术整体的教育基点上来。

要更多地从文化角度来思考，要敢于跳出“就音乐论音乐”的小圈子，结合人类文化的各个领域（如哲学、文学、戏剧、舞蹈、影视等），从音乐依附于人类文化的大背景中，挖掘其丰富的文化内涵。

将音乐教学赋予更为浓郁的文化色彩，让学生通过音乐去感受灿烂辉煌的人类文化，这样才能真正体现素质教育的实施，才能确实发挥音乐在素质教育中的作用，最终达到提高大学生文化素质的教学目的。

二、职业音乐素质教育的教学原则

培养具有深层结构的优秀素质，需要学习、吸收、内化、深积、升华、外化等复杂的过程。在这个过程中不仅要知对错，更要识美丑、明好坏、辨高低、文野、精粗、优劣；不仅要有理性的支撑，还要有情感的驱使和支配；不仅要习得、积蓄，还要消化、融合、过滤、积淀、熏陶、培养，等等。

它就是人的塑造过程，而人的塑造过程是最复杂、精密的艺术过程，更是一个必须有优秀的音乐艺术者参与、滋养的既隐蔽又生动的过程。音乐艺术教育的不可替代的作用贯穿于这个过程的始终。

因此，职业技术院校音乐教育的教学原则必须与提高人的素质的基本过程相适应，贯彻以音乐作品及学生参与音乐审美实践活动的由浅入深、由简到繁、由易到难为顺序安排教学的原则；以加强和深化对音乐作品本身的艺术感受、理解、表现等审美实践为主线组织教学的原则；以对音乐作品整体艺术特点的把握、评价、理解等为主要内容展开教学的原则；以培养审美情感，积累审美经验，树立审美观念为目标指导教学的原则等。

职业技术院校的音乐教学必须把握这些原则，这是利用音乐教育进行素质教育的重要前提。

三、职业音乐素质教育的教学内容

职业教育的教学内容，应首先大幅度增加学生喜闻乐见、兴趣浓厚的音乐作品，同时要提高音乐的经典作品和高文化含量的比例，在接受大量优秀作品中培养和发展学生的音乐素质，继而在此基础上学习一些音乐基本知识。

要引导学生从美学角度了解和掌握音乐艺术知识。

可以通过音乐感性材料的基本属性与特性、音乐形式的组织手段、音乐的基本要素、音乐的形式美法则等这样一些带有美学性质的教学内容，让学生从中了解音乐的表现方法和音乐的表现力，了解音乐要素在音乐表现中的作用，并进一步认识音乐的形式与内容的关系。

这样，才真正有助于学生将所学知识直接运用于音乐鉴赏实践中，建立起认识音乐、理解音乐的能力与信心，进而养成享受美好音乐的生活需要和文明习惯。

此后，自然会积累起较丰富的音乐修养，进一步形成高尚的审美情趣、审美理想，最终达到渗透、迁移，促进学生身心和谐发展，提高全面综合素质的目的。

在经典作品和高文化含量作品的鉴赏中，启迪大学生对音乐文化现象的哲学思考、美学思考尤为必要。

历史文化风貌在音乐艺术中的体现是非常生动、深刻的，置身于历史大背景中，剖析那些名歌、名曲在不同时期所起的作用，逐渐深化学生对音乐形态的特点、音乐的本质、音乐的社会功能等问题的认识，使他们在享受音乐艺术美的同时，能够进一步深入领悟音乐中的人文内涵，在大学生人生观的形成过程中产生积极深远的影响，更好地完成音乐艺术教育自身目标的实现。

四、职业音乐素质教育的教学方法

职业技术院校的音乐教育目的是在进行审美教育时，引导受教育者进入再造性想象和创造性想象之中，从而培养、造就、发展人的创造性思维。

所以，职业技术院校的音乐教学必须采用以受教育者为主、执教者为辅的教育形式，使受教育者的想象力得以发挥，发展他们的创造性思维。

众所周知，想象是人们对于客观事物的认识，它不仅依靠当前感知的直接反映或是回忆过去感知的意象，并且还需要在已有经验的基础上对那些有待于认识的未知事物进行探索和发现。这种对客观事物进行探索和发现的心理过程中再通

过意象来加工改造成新的形象，便为想象。由此看来，想象是高于意象的一种表现能力。而想象与创造只差一步之遥，想象是新形象的创造，创造则以想象为前提。

因此，在教学方法上应注意避免一般化的、脱离艺术表现力的空洞解说，而应当将工夫下到引导学生洞察作品的艺术表现力，理解作品是如何运用独特的艺术手段来表现审美因素，而使之在作品中成为审美因素的。

在教学中可以先由学生自己去把握音乐的结构、和声的布局、色调的起伏、节奏的快慢、旋律的规律、风格的处理及至作曲家的生平、创作乐曲的历史背景及动机等，而老师只作相应的引导，积极调动学生对音乐的联想和想象，发展他们的想象力及创造力。

还应注意鼓励学生对艺术作品作出个性的体验，注意培养学生敏锐的音乐感知力，这符合审美教育要诱导受教育者表达和交流自己对音乐的感受和体验，使受教育者将自己的情感投入到音乐中去的原则，以及以艺术形式去影响学生的情感，培养学生对艺术的感受、理解、鉴赏能力，使学生在美的感染和美的愉悦中增长知识才干，养成健康的审美趣味和高尚的道德情操，从而更好地按照美的规律改造世界和自身的原理。

教学方法应该紧紧围绕着音乐的情感表现，遵循审美心理过程规律，在准备把握音乐的形象的基础上，不断丰富、深化学生对音乐的内心情感体验与理解。

郑建华简介

郑建华，1954年5月出生于青岛。1970年12月参加工作，1985年7月毕业于山东省广播电视大学汉语言专业。1980年3月调青岛市文联工作，系文学创作一级职务。青岛市作家协会主席，青岛市文联文学创作研究室主任。

1977年开始发表短篇小说处女作《光明在前》至今，已出版发表文学作品500余万字。其中，长篇小说10部：《无色花季》《欲望别墅》《家园》《手镯》《情人的森林》《爱情快车》《灯红酒绿》《疾吻》《月有圆缺》等；中短篇小说集2部：《滴水樱桃》《阅读初恋》；电视连续剧2部31集：《欲望别墅》《金色海湾》；散文随笔集1部：《永远恋爱》。

荣获山东省"精品工程"奖3次：1985年长篇小说《欲望别墅》、1996年电视连续剧《金色海湾》、1997年长篇小说《家园》。荣获华东地区"优秀图书"奖5次：《无色花季》《情人的森林》《新潮女性系列》《欲望》《家园》。荣获青岛市文化艺术奖、青岛市高雅艺术奖多次。作品多次被转载、连载和评论。

文学与生活

（2007年6月21日）

各位老师，同学们：

大家下午好！

在当下，在此刻，我们以文学的名义在这里相聚，一起谈论文学，让我感到这是一件很奢侈的事。为什么呢？昨天我在炒菜的时候想了两句话：

岁月葱花样的被切碎了扔进欲望的锅里，我不知道炒熟了的岁月好吃与否？

欲望在大街上四处流淌，我分不清欲望凝聚着空气还是空气携带着欲望？

可是，我知道这就是生活。生活告诉文学，欲望无处不在，就看你怎样写、写什么，这就是我今天要讲的题目：文学与生活。

文学和生活，这是一个宽泛而悠长的话题，宽泛悠长到了无限。只要生活存在，文学就存在。文学就像空气、像水、像树一样在我们身边飘动、流淌、伫立。

文学离不开生活，生活中充满着文学。我们每个人的成长都和文学息息相关，文学深入到我们的灵魂和精神世界，我们每个人都无法摆脱文学在生活中的位置。文学与我们如影相随。

今天和大家以文会友，探讨一下文学和人的精神生活的关系，以及人的精神需要。我想从以下五个角度谈一下文学与生活或者生活与文学之间千丝万缕的联系。

一、文学是我们的一堆记忆，记忆使我们的生活变得丰沛和鲜活

记忆是对生命的一种挽留，是对生活中最刻骨铭心的经历的倾心诉说或娓娓道来。

当我们把记忆变成了文学，变成了文字，记忆就被描述了，被剪接了，被夸张了，被浓缩了，被挪移了；记忆就变得越来越醒目，也越来越不属于自己。尤其是当变成文学的记忆引起了读者的种种共鸣，如地域性的、时代性的、价值取向方面的等等共鸣，这时候你的记忆就变成了群体的一种东西。例如，对一座城市的记忆，对一个时代的记忆，对布票、粮票、油票、糖票、粮证、煤证的记忆，对土改、“三反五反”“反右”、自然灾害、“文革”的记忆，对喝红茶菌、打鸡血、甩手疗法、气功的记忆，等等。

前不久我的同学拿着她妈妈写的一本书让我看，那是非正式出版的书，印了百八十本。她说只在家人和朋友中传阅……当年天主教堂的十字架被红卫兵掀掉的时候……她在想一个问题：这不是给国外的反华大合唱增加了一个理由吗？这是一位女侦察员的思考，直到现在还记忆犹新。

例如，在我的记忆中，我中学的学校门前有一段陡陡的短短的上坡。那时候我是校运动队的运动员，当时带我们训练的体育老师叫蒋作仁。为了纠正跑姿，蒋老师让跑起来身子前倾的同学跑下坡，又让跑起来身子后倾的同学跑上坡，而却让我上坡下坡都跑。跑上坡的同学下坡时可以走下去；跑下坡的同学上坡时可以走上来，可我跑完了上坡又接着跑下坡，跑完了下坡又接着跑上坡，几个来回跑完，已是气喘吁吁。我感到有些不公平，终于忍不住了去问蒋老师：“为什么我上坡下坡都跑？”蒋老师回答了一句话：“你练耐力。”

于是，我在15岁的时候就知道了，人的“耐力”是需要练的，人的“耐力”是可以练出来的。以后的人生又让我知道了，有时候成功与失败之间，比的就是

你是不是比别人更多了那么一点点“耐力”。这就是记忆的力量。后来，我在20几岁的时候喜欢上了小说创作，于是就一直写，一直写，一直写到现在，从一个业余作者写成专业作家。对于他说的这句话，蒋老师大概早已忘记了，可是我已经牢记了快40年。如果说，这句话为我的人生奠定了一个好的基础，似乎并不为过。我自信我的确比一般的人多出那么一点点“耐力”。其实，我讲这个故事的用意想说两点：一是人生较量到最后，常常就是耐力的较量，积攒好你的耐力吧；第二想说的是，珍惜你身边的每一位师长，珍惜你在学校里的每一段时光，珍惜你周围的每一位同事，因为将来的某一天你会因为想起他们，会因为理解他们而感动不已，有一天它可能因为你的记忆一跃而起变成你独享的文学作品。

因此，我又想起了另一个故事。

一群羚羊在草原上吃草，有一只非洲猎豹以百米冲刺的速度，向其中的一只羚羊猛扑过去。羚羊跑得很快，猎豹跑得更快。在你追我赶的时候，猎豹超过了一只又一只离它很近的旁观的羚羊，专心于它最初瞄准的那只羚羊。那只羚羊终于累了，跑不动了，猎豹一跃而起咬住羚羊的脖子——

这只猎豹为什么只盯着一只羚羊不放，而不去抓旁边观望的、离它更近的羚羊呢？因为那些观望的羚羊有的是精神，有的是爆发力，如果猎豹三心二意，忽而抓这一只，忽而抓那一只，不断尝试又不断放弃，到头来，猎豹将一只羚羊也抓不到，累垮的将不是羚羊，而是凶猛无比的猎豹。

仔细想一想，人生不过如此，锁定目标，再加上你比别人多那么一点点“耐力”，你还怕什么呢？要说人生有什么秘密可言，这就是了。

许多事情转而就成为过去，就像我们现在在这里交流，交流完了就成了过去式，当我们低下头再抬起来，现在就成了过去，那些引起我们触动的、感动的、刻骨铭心的事情、场景、爱抚或者争吵就变成了记忆。例如，初恋，初吻，失恋，家人的故去，一场车祸，一次手术，儿时的趣事，我们的欢乐、痛苦、受骗和感慨，等等；那时的音容笑貌，那时的穿戴打扮、心情状态，我们所感受到的种种细节、种种往事，会一一呈现。

例如，《红楼梦》里的贾宝玉永远15岁，永远是不喜爱读书的、喜欢在女儿堆里穿梭游荡的宝二爷；林黛玉永远13岁，永远是弱不禁风才智过人、永远喜欢耍小性子、永远是在那里葬花的林妹妹；薛宝钗永远17岁，永远是圆润乖巧绵里藏针吃着“冷香丸”的宝姐姐。我们谁也不会想到他们到现在已经240多岁了，他们永远生动。

这就是文学挽留了生命，凝滞了生命。这也是为什么很多的作家的第一本著作几乎都是描述自己的身世，带有强烈的自传意味的原因所在，例如，巴金的《家》《春》《秋》、曲波的《林海雪原》、刘知侠的《铁道游击队》等。

二、文学是我们的精神家园

我们既是园丁也是游客，我们可以随心所欲地在自己的精神家园里栖息和享受。不管我们的灵魂是如何脆弱，我们的精神是脆弱的，像婴儿一样脆弱。我们的精神是需要呵护和营养的。生活中因为精神家园的召唤和向往，我们才活得不那么枯燥。每个人都有一座属于自己的精神家园，当文学的精神家园让我们流连忘返的时候，我们独自的愉悦就显得那么奢侈、那么充盈、那么心旷神怡。

例如，我们大家经常会因为看一本书太入迷了，水壶被烧干了，重要的约会忘记赴约了，甚至废寝忘食。再如，我儿子小的时候，有一天放学，我从远处看到他脸上挂着笑，边走嘴里还边嘟囔着什么，竟目中无人地从我的面前走过。我叫住他问他你没看见我了吗，他一下回过神来。我问他你刚才在想什么一脸高兴，他说我在想变形金刚呢。在那一刻变形金刚成为他精神家园里最美丽的享受。接下来你就会知道这种享受的持续发酵。因为这个享受，他大学学了自动化；也因为这个享受，他现在是美国弗吉尼亚理工大学智能机器人的博士研究生。2006 年 7 月 11 日全球同步上映的电影《变形金刚》里面就有他的一份付出。这个例子说明了什么？从大家地点头微笑中，我知道大家在说，他已经把儿时的精神享受变成了他一生追求的事业了，对。

所以，我想对所有的家长说，你一定要爱护、呵护、保护、养护、维护好你的孩子 6 岁时候的精神家园。它一定很稚嫩，很容易忽略，但是那是孩子的世界。一个父母之所以成功，就在于你的精神家园和孩子的精神家园有良好的互动，你们彼此享有进入对方的钥匙。

我们小的时候总希望妈妈给我们讲点什么才能入睡，因为临睡前的小孩子大都有点软弱，因为黑暗的来临有点害怕，这时候希望有一个人来抚慰一下自己。这时候如果妈妈坐在身边一边讲着故事一边哄着睡觉，他就得到了抚慰和放松；尽管妈妈的故事不一定听完就睡去了，可是他感到了安全。第二天醒来他会感到新的一天多美好啊！这就是呵护的力量。你不仅仅是在呵护孩子，因为未来是孩子们的，你实际上是在呵护未来。从某种意义上来说，你就是伟大。

《一千零一夜》里的国王，因为受了女人的骗，他痛恨女人，于是他每天都要结婚，第二天就要把新娘杀掉，然后再反复结婚。最后大臣的女儿给他讲故事，起先是给他的妹妹讲故事，国王在一旁听。一个夜晚过去了，第二天国王说不杀大臣的女儿了。为什么？因为故事没有听完，然后一直讲，一直讲到这个暴君改邪归正。讲故事能够战胜暴力，能够战胜权威。尽管这本身就是一个故事，真的面对暴力的时候不一定用讲一些故事来解决，但是它给了我们这样一种理想、这样一种信念，就是美好的故事是能够战胜暴力的，美好的行为是可能软化一个暴君的残暴的。这是信念，这是美好。

再例如一个真实的故事。有一个杀人犯，已经潜逃10年。有一天他走到一个卖橘子的水果摊前，他非常想吃橘子，但是他身无分文。这时那个卖橘子的摊主看出了他的心思，就拿了几个橘子递给他说："你吃吧，不要钱。"这个通缉犯就接过来吃了。过了两天，他又来了，摊主又给了他几个橘子，他又吃了。可是，他离开的时候有一张报纸留在水果摊前。摊主一看是一张10年前的报纸，上面有一个通缉令，而通缉令上的照片正是刚才吃橘子的那个人。摊主立刻报警，并对警察说："过两天他还会来的。"果然两天后，这个人又出现在水果摊前，警察一举抓获了。那人临走的时候对摊主说："看看报纸的背面。"在报纸的后面写着，举报这个通缉犯的奖金是3万元。这个通缉犯用这种方式来报答这个摊主。例如，前不久威海的一位幼儿老师，与入室抢劫的歹徒搏斗，身中数刀，浑身是血。搏斗中幼儿园的男孩昏厥，这个幼儿老师立刻送他就医，对邻居说"这是我的干儿子"。还有《悲惨世界》的那个著名的冉·阿让……

不管怎样，我们还是乐意歌颂一个愿意帮助别人，一个愿意给世间带来良知、带来安全、带来平静、带来欢乐的人，我们还是不喜欢那些给社会带来破坏毁灭的人。我们在生活中可能与别人有这样、那样的冲突，也会妒忌，也会贪心，也会小气，但是至少在文学作品中我们可以设想出一个有着博大的胸怀，为人类、为万民鞠躬尽瘁的英雄来，例如诸葛亮、司马迁。我们要通过文学作品表达一种向往，表达对某种价值的尊重，比如爱情、亲情、友情。不管怎样，我们歌颂真情，歌颂永恒的爱心。

真、善、美是营养我们灵魂最美好的东西，是我们精神家园的营养品和滋补品。

当然文学作品中也有污秽的东西、肮脏的东西，也有满腹牢骚，也有气势汹汹的抱怨，也有灰暗。例如，在爱情上吃了一次亏，就说世间根本没有爱情，男人都是靠不住的。在这个诅咒后面是不是说明她是多么希望得到信任？是不是表达了一种愿望——她是多么需要一个好男人？

精神家园就是他在很大的程度上寄托着一种信任，在生活中也许做不到，但是在文学作品中得到了实现。

三、文学是一座精神的桥梁

它通向人们的心灵，心灵的碰撞是人世间最伟大的工程。

生活中彼此的精神碰撞一旦变成了文学，或者带有了文学色彩，当这样的交流越来越多，你会感到你站在文学的立交桥上，你可以自由地到达和触摸别人的精神世界甚至灵魂本身。

我们每个人其实都有倾诉的需要，就是想把自己经历的事情向别人述说，想把自己的喜怒哀乐告诉别人，有时候什么目的也没有，就是单纯的想对别人诉说，这种述说就是沟通就是交流，就是想从别人那里得到一点安慰、一点同情，或者仅仅是静静的倾听。

做一个好的听众就足以了。例如，鲁迅先生著名的《祝福》里的祥林嫂，她逢人就说：

我单知道下雪的时候，野兽在山坳里没有食吃，会到村里来；我不知道春天也会有。我一清早起来就开了门，拿小篮盛了一篮豆，叫我们的阿毛坐在门槛上剥豆去。他是很听话的，我的话句句听；他出去了。我就在屋后劈柴，淘米，米下了锅，要蒸豆。我叫阿毛，没有应，出去一看，只见豆撒得一地，没有我们的阿毛了。他是不到别家去玩的；各处去一问，果然没有。我急了，央人出去寻。直到下半天，寻来寻去寻到山坳里，看见刺柴上挂着一只他的小鞋。大家都说，糟了，怕是遭了狼了。再进去；他果然躺在草窠里，肚里的五脏已经都给吃空了，手上还紧紧地捏着那只小篮呢。……

例如，《万卡》里的“爷爷收”；契科夫的《老马》实在没有人述说了，最后只得向一匹老马说。有一个美国小说家叫约翰·契弗，他的女儿纪念他的时候说：“我小的时候，遇到不高兴的事情，父亲就告诉我，你要到一个房间里跪下去默默地祈祷，祈祷完了你就会好受些。后来我大了一些，光祈祷还是不能平静下来，父亲就让我写下来，写下来以后就会好受一点。现在我最痛苦的就是父亲死了，所以我要把对父亲的回忆写下来。”

当她回忆父亲的文章发表后，我们很容易想起自己的父亲，于是我们就有了共鸣，就得到了回应，就会感到我们虽然素不相识而且在不同的国度，语言不同，信仰不同，但是我们的心是相通的。所谓的“心心相印”说的就是这样一种遥远的、陌生的又是亲切的、温暖的感觉，我们会感到一种精神上的碰撞。

例如，青岛作家刘涛的短篇小说《最后的细致》，写了一个身患癌症的工人，写他对家庭最后的细致安排。相信每一个看过这篇小说的人，甚至也身患癌症的人，一定会感到一种强烈的共鸣。

当然我在这里说的是人之常情，如果人家就是不和你沟通，就是不和你共鸣，也无法勉强。

四、文学是我们人生的实验验场、训练场

你可以无所不在，你可以天上人间，你可以把生活中根本不可能完成的假设、可能、想象甚至幻觉，在你的作品里推演、排练、演练、完成。

例如，你写军事题材的作品，你从来没当过兵，但是你可以把自己想象成运筹帷幄的将军或者浑身是胆的士兵；你只是一介平民，写官场文学，你可以按照你自己的理解和把握去描述你心目中的县长、市长、省长，你可以把他写成好人也可以写成贪官，你可以写他鞠躬尽瘁也可以写他被逮捕法办；你在生活中没有获得的完美的爱情你可以在作品里获得，你在生活中没有发泄的怨气可以在这里宣泄。你在这篇作品中可以当皇帝，在那篇作品中可以当农民；在这部作品中你可以委曲求全，窝囊甚至卑微，在那部作品中你可以刚直不阿，为朋友两肋插刀。

记住，人都是很聪明的，谁也不比谁傻，千万不要以为别人比你傻，很多时候别人是不表露的。有许多时候你根本没有机会表现你的才华，在领导面前你不能显得比领导聪明，你得收敛，但是在文学作品里你可以尽情地想象，文学里有多少聪明都能装得下，怕的是你不聪明、你写不出来。

例如，青岛作家协会名誉主席尤凤伟的长篇小说《中国 1957》。他没有被打成右派，“反右”的时候他还是个孩子，可是他笔触锋利地写了那场浩难，《中国 1957》成为茅盾文学奖的入选作品。再比如，尤凤伟的“抗战系列”《生命通道》。他没有参加过抗日战争，他写了一个日本翻译为了营救一个抗日志士，在枪毙他的时候，在他的身上画了一个圆圈，示意枪手瞄准此处开枪，而挽救了这个抗日志士。这样的例子不胜枚举。

还有，世界上有的东西你可以写，世界上没有的东西你也可以写；世界上有的事情你可以写，世界上没有的事情你也可以写。在一定程度上，文学启迪着人的智慧。例如，蒲松龄的《聊斋》，写的全是鬼怪妖魔，但又是那样的鲜活可爱。墙上挂的画上面的美女可以走下来，和你谈情说爱，再例如《哈利波特》《星球大战》。

当然，一个人喜欢文学不代表着他一定要当作家，但是一个喜欢文学的人会有着丰富的想象力，能够想象得出生活中没有的事情。富有创造力是做一个作家首先必备的不可或缺的条件。

例如，青岛作家杨志军的《藏獒》写了一群大狗的故事，所有的狗们都是那么机智勇猛，具有强烈的殉道精神。他的这部作品获得中宣部 2007 年“五个一”精品工程的优秀作品奖。

而且，文学还提供我们一个可以含蓄表达自己见解和主张的场所和语境。如《红楼梦》最开始不过是在民间传抄的言情小说，一种消遣，后来有人从中看出

了政治，看出了道德，看到了反封建，后来有了红学，甚至有了“秦学”，所谓仁者见仁智者见智。

五、文学是我们的游戏场所，我们可以在文学里嬉戏放松

生活中的爱好兴趣统统都可以在文学中得到淋漓的发挥和展扬。文学其实是一个高尚的游戏，一个美好的游戏。文学可以假设，文学使我们的生活变得有趣味了，文字也使我们的生活变得有趣味了。无法想象没有文学的世界会是怎样的世界，没有娱乐的世界会是怎样的世界。

不管是读自己的文章还是读别人的文章，不管是在自己的文学家园里游荡还是在别人的文学家园里出没，精神的游戏使你的人生和生活更柔软、更愉悦、更富有美感。这时候你再来解读你的人生和生活，你一定会感到自己的富有、富足！这就是为什么有的人捧着一本《红楼梦》一生读不完、读不尽、读不够的原因了，也知道当他捧着一本心仪的文学作品（自己的或者别人的）满面灿烂的心境了。因为那时候他已经沉浸在他的精神家园里了，他已经与作者与书中的人物生活在一起了，他甚至把自己化作书中的某个人物在那里亦哭、亦笑、亦悲、亦喜了。

归纳一下：①文学其实是一堆美丽的或不美丽的、感伤的或不感伤的、痛苦的或不痛苦的记忆。②文学是营养和安顿自己灵魂的精神家园，在那里所有的碰撞都是一种幸福。③文学是修建的一座通向自我以及通向别人心灵的精神桥梁，它是世界上最宏伟的工程。④文学是智慧和能力的实验场所和训练场所，你可以像孙悟空一样刀枪剑戟、蹿跳腾挪。⑤文学是一种有趣的玩味无穷的精神游戏。

下面我想用我曾经的一篇《独语如灯》来结束我的讲话。

独语如灯

1. 对我而言，写作是一件终身的事，终身做某件事情，需要耐心和固执。耐心是我的一根肋条，固执是我的另一根肋条。我活着它们活着，我死了它们也就死了。

2. 浮躁是一个永远也长不大的孩子；浮躁是一条永远也流不到大海的小河；浮躁是一壶永远也冲不开热茶的温吞水；浮躁是一件已经有了裂纹的瓷器，一把有了缺口的菜刀，一句有了伤痕的诺言。

3. 冰心老人将是我永远的镜子和太阳。她平淡地照耀着我，让我用平静给生命穿上柔软的衣裳，去过平实的日子。生命穿着软底鞋，在我和家人之间走来走去，轻轻一挥，平静就弥漫到骨髓里去了。

4. 品格是通向成功的梯子，品格更是成功之后通向高贵的路灯。一个人想使自己高贵起来，无须金钱，无须权贵，无须背景，高贵是从品格出发的。品格是最好的浴液和保湿霜，心灵的洗涤和美容全靠它了。

5. 喜欢山清水秀的女人，养眼；喜欢飞流直下的女人，养肺；喜欢一望无边的女人，养心；也喜欢心胸狭窄的女人，养性。能让男人喜欢的女人，不一定是好女人；能让女人喜欢的女人，一定是好女人。

6. 女人是风景，烟锁重楼是她，小桥流水是她，秋月如钩是她；电闪雷鸣，沙尘暴、泥石流，特大台风也是她。

7. 把用来捣持面孔的功夫，用来捣持心境，心境的客厅里会天天高朋满座。

8. 生命里帮助过我的人很多，我用帮助别人来报答他们对我的帮助。

9. 索取是一种本能，付出是一种责任，把责任变成本能的是母亲。

10. 行善积德是一种优秀的品行，优秀的品行像水一样无处不在，世界上没有水，不行；世界上没有优秀，也不行。

11. 简单，说到底就是一种深刻。

12. 省略，其实是一种能力。有些人把自己的人生弄得焦头烂额，是因为他没有学会省略。

13. 放弃，是另一种能力，有些人把自己搞得疲惫交加，是因为他舍不得放弃。

14. 姿色是一种魅力，但魅力不只是姿色，魅力是一种永恒的东西，像天上的星、水中的鱼、地里的庄稼。

15. 要学会承认别人，不想承认别人实际上等于否定了自己。要学会赞美别人，不想赞美别人实际上等于贬低了自己。不要吝啬你的赞扬，真的。

16. 许多事情，求，之，不得；许多事情，得，之，不求。

17. 喜欢看别人笑话的人，最终差不多成了别人饭后的笑料。

18. 打击别人、取笑别人甚至戏弄别人，许多时候恰恰激发了别人，最终成全了别人。成功需要打击。

19. 不要惧怕嘲笑，要善于把嘲笑变成养料，成大器者，必如此。

20. 尽情嬉戏，这是衡量一个家庭是否健康的标准之一。

21. 有人认为沾不到便宜便是吃亏了，这样的人，即使沾到了小便宜，到最后吃亏的必定是他。仔细看看我们周围就知道了。

22. 小聪明是树叶，大智慧是树干，树叶是要飘落的，树干却直立世间。滋润小聪明的是唾液，滋润大智慧的是血液。

23. 衡量一个人是否善良，其实很简单，只要看他怎样对待陌生人；如果你想更细致的判断一下，其实也很简单，只要看他如何对待陌生的、年老的、生病的人就行了。

24. 不要去惦记属于别人的东西，别人的东西是别人的。常常是你拿来了别人的樱桃，回头一看，自己的西瓜却丢了。

25. 感情是世间最不好把握的玩意儿，它上蹿下跳、飘飘忽忽，最好的容器就是忠诚。

26. 不要试着给别人挖陷阱，有一天掉下去的准是你。

27. 我们不知道自己什么时候死，我们却知道自己怎样活。好好地活着，用活得不错去迎接死得也不错。

28. 死，实际上是惩罚活人的，悲痛欲绝的是活人，死者早已逍遥遁去了。

29. 这是一个让人手忙脚乱的年代，然而，“家”是我们最宽大舒适的沙发。珍爱这只沙发吧，学会修补这只沙发吧。不要去躺别人的沙发，别人的沙发再舒

服也是别人的，自己的沙发再不舒服也是自己的。让自己的沙发舒服起来是你的付出。

最后，我说一个小小的细节：在美国的乡野里，经过一片一片漫无边际的玉米地，突然出现了一个小村子。进村的第一个牌子上写的不是什么伟大的标语，而是这么一句话：我们村子有 53 个孩子，所以请您慢慢地开车。

我想说的是，为了我们的孩子，请你开着车带着你的孩子慢慢地驶向文学的殿堂，因为那里桃花灿烂、美不胜收。

谢谢大家。

王 波 简介

王 波，北京大学图书馆副研究馆员，《大学图书馆学报》副主编、教育部高等学校图书情报工作指导委员会副秘书长，中国图书馆学会阅读与心理健康分委员会主任。著有《阅读疗法》《快乐的软图书馆学》等。

2012 年以来，先后受邀在天津财经大学、北京大学、天津工业大学、青岛职业技术学院，作题为“读书读出好心情——阅读疗法与经典文献推荐”的讲座。

读书读出好心情

——阅读疗法与经典文献推荐

（2013 年 5 月 7 日，根据讲话录音整理）

各位老师，各位同学：

非常高兴来到青岛职业技术学院，受到学校领导和图书馆领导的热情接待，我跟他们表态，今天一定要把报告讲好。

关于读书，大家关心的话题很多，比如说，有人关心怎么把书读得更快，有人关心怎么把书读得更深，有人想了解怎么从书里读出成功，还有人想知道怎么从书里读出愉悦。我认为，读书说简单也简单，说复杂也复杂，如果把它完全讲透，不是一次就能讲好。我今天呢，主要选取一个角度，就是讲怎么读书才能读出好心情。既然咱们谈的话题叫好心情，所以我请大家都放轻松一点，希望今天下午不是一个沉闷的下午，我会尽量让大家感受到读书是一件好玩的事儿。

今天我讲的主要有这几个方面：第一是从一些现象谈起，来启发大家思考读书、学问、健康三者之间的关系。第二是讲原理，大家都知道读书很多时候会带

来快乐，有这方面的体验，但是为什么呢？很多人从来没有认真地思考过，我今天带领大家一起来探讨。第三是介绍一些读书读出好心情的简易方法。第四是介绍几个书目，推荐一些好书。第五就是简单地总结一下。

一、读书读出好心情的常见现象

首先我要讲三个现象。

（一）第一个现象是人人都有两类书

以20世纪影响中国的伟大人物——新中国的缔造者毛泽东为例。我们都知道，毛泽东一生酷爱读书，尤其最爱两部书，一部是北宋司马光编纂的编年体史书《资治通鉴》，这是他开展政治斗争和军事斗争很重要的参考书。他通过长期阅读《资治通鉴》，科学汲取古人的治军、治国经验，把中国革命一步步地推向胜利。另外，他还特别钟爱一部书，叫《容斋随笔》。

《容斋随笔》是南宋洪迈著的一部笔记体的百科全书式的书，它有对经典的考证，记录了掌故、物产等，可谓包罗万象，也讲了很多怎么欣赏文学作品，怎么让精神更加丰润，怎么锤炼坚强的意志，怎么修身养性、享受生活等方面的心得。明代河南巡抚李翰赞赏《容斋随笔》：“可以劝人为善，可以戒人为恶；可使人欣喜，可使人惊愕；可以增广见闻，可以澄清谬误；可以消除怀疑，明确事理；对于世俗教化颇有裨益。”据说，毛泽东去世的前一天，还请人为他代读《容斋随笔》，可见此书在毛泽东生活中的重要性。某种程度上可以说，毛泽东靠《资治通鉴》来保证他事业上的成功，靠《容斋随笔》来保证他精神上的丰富和博大。

图1 《容斋随笔》书影

接着我们看蒋介石，他也是20世纪对中国影响最大的人物之一。蒋介石也有他喜欢的两部书。一部是《曾文正公全集》。我们知道，这是曾国藩所有文章的汇集。如果你看反映解放战争时期的电影，你会发现蒋介石办公室案头经常放着这部书。毛泽东也很喜欢这本书，他为军队制订的“三大纪律、八项注意”就是从曾国藩的治军思想里提取、改造过来的。应该说，曾国藩是毛泽东和蒋介石共同的老师。但是比较起来，蒋介石更喜欢曾国藩，他的军政事业主要靠《曾文正公全集》来指导。但是，蒋介石结识宋美龄以后呢，宋美龄提出来的嫁给他的一个条件是他必须信奉基督教，所以蒋介石后来成了基督徒，有了另外一部贴身书，那就是《荒漠甘泉》。

图 2 《荒漠甘泉》书影

《荒漠甘泉》是怎样的一本书呢？美国有一个基督徒叫考门夫人，她在服侍丈夫与疾病作斗争期间，今天对圣经有什么领悟就写一篇，明天有了什么新的领悟就再写一篇，如此坚持不懈，一年 365 天就有了 365 篇，将这本日记结集，就成了《荒漠甘泉》。如果你看《荒漠甘泉》译本的序，它就介绍，这是蒋介石一生中陪伴他时间最长的一部书，蒋介石天天把这部书放到枕头底下，每天看一则，这是对他的精神滋养最大的一部书。蒋介石终老的时候，蒋经国根据他的生前爱好，将《荒漠甘泉》《圣经》和《三民主义》一并放在他的棺木里。

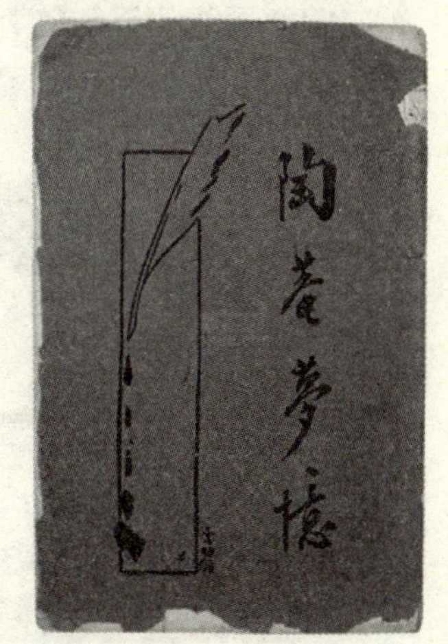

类似的现象还出现在很多学者身上。比如陈平原，他是我们北京大学中文系的教授。在五四运动 90 周年的时候，我们北京大学图书馆曾请这些名教授每人推荐五本书，陈平原老师推荐的是《儒林外史》《文史通义》《国故论衡》《野草》和《陶庵梦忆》。

图 3 《陶庵梦忆》

如果您把这五本书分一下类，就会发现无非两类：一类是对他的专业有帮助或者跟他的研究对象有关系的书，比如《儒林外史》《文史通义》《国故论衡》《野草》。他是研究文学史的专家，这些都是他专业范围内的参考书，开列这些书不令人意外。但是，有一本书比较奇怪，就是《陶庵梦忆》。这本书并不是小说，也不是学术著作，为什么陈老师很喜欢它呢？因为张岱的《陶庵梦忆》讲的是明代知识分子怎么享受生活的一本书，讲怎么装修我的书房、怎么种植我的花园、怎么听曲、怎么赶集、怎么宴会、怎么雅聚……就是这样一本探讨在生活的方方面面如何追求精致和品位的一本书。

这样我们就发现，《陶庵梦忆》是陈平原教授业余生活中最享受的一本书，这本书使他继承古代文士的浪漫情怀，使他更善于发现日常生活的美感，更容易从世俗杂事中体验到人生的幸福和美好。

再如，厉以宁教授，他是我们北京大学最有名的教授之一，他培养的研究生有李克强和陆昊，还有一大批国家栋梁，已经是一位国师级的教授了。他推荐的五本书是《经济分析史》《资本主义精神》《国史大纲》《宽容》和《花间集》。如果也把他推荐的书略微分一下类，大家会发现，无非也是两类。一类要么讲经济，要么讲民主、讲国情，都在政治经济学的范畴，跟他的专业都有关系，如《经济分析史》《资本主义精神》《国史大纲》《宽容》。这些书或者开拓他的学术视野，或者给他带来学术启发。

但是，也有一本书比较独特，就是《花间集》。这本书是后蜀赵崇祚编纂的一部晚唐五代香艳词作的代表集，是描写古代上层仕女怎么画眉、怎么梳头、怎么和诗、怎么忧怨、怎么相思……诸如此类的生活和情绪的一本书。这样我们就发现，厉老先生心中也保留了一块很温柔的地方，这是个诗词国，也是个女儿国。厉老师一生遇到很多困难，之所以能够百折不挠，终于取得成功，除了强烈的事业心外，恐怕很大程度上和他热爱文学经常通过写诗填词来排郁解闷有很大关系。厉老师退休后，出版了好几本诗集，记录各个时期的际遇和情感，人们这才发现，在学术之外，厉老师还有如此好的文学素养。厉老师的文学素养从哪里来？对生活的热爱、对挫折的理解从哪里来？《花间集》很可能是重要的源头。

图 4 《花间集》书影

前面我们分享了杰出人士的推荐书目，经过简单归纳就可以发现，人人都需要有两类书：一类服务于事业，一类服务于心灵；一类助我们入世，一类助我们出世；一类让我们追求功利，一类让我们超脱功利；一类帮我们积累智慧，一类帮我们积累趣味；一类让我们严肃庄重，一类让我们轻松浪漫；一类给我们的工作和生活加速度，一类给我们的工作和生活减速度；一类像办公软件，一类像防毒软件。

在座的各位如果不信，可以做一个实验，给你的弟弟妹妹或侄子外甥推荐几本书，最后你会发现，你不由自主地也会给他们推荐两类书：一类是帮助他们好好学习、长大成材的书；一类是希望他们健健康康、终生快乐的书。因此，基本上我们可以得出一个结论：讲究的人生需要两类书。

我们的教材，各个学科的专业书，都是服务于我们的事业，老师平常给我们讲怎么读书，主要是讲怎么选择和阅读专业书，目的是推动我们成为成功人士，推动我们在事业上有所作为，是以这个为出发点的。

今天，我讲的目标也很明确，就是专门讲那些服务于心灵的书，讲那些类似防毒软件的书。用过电脑的人都知道，再先进再快的电脑，如果不装防毒软件，一旦中毒了，就瞬间死掉了。今天我的报告的目的，就是和大家一块，把那些具有防毒性能的书找出来，预装在大家的头脑中，将来一旦遇到心灵的风寒、精神的感冒，就温习它、感悟它，把这些病毒杀死、杀死。

（二）第二个现象是杰出的人文社会学家多长寿

大家都生活在大学，各位可以想一想，在大学里，哪些老师总是给人感觉体笔双健呢？我想有两类人，大家都会认可。

一类是公共知识分子，他们经常对各类事情发言，感觉这些人好像永远不知疲倦，总是精力旺盛，说明他读书的范围很宽，知识很渊博，善于以书制书，通过不同的书来完善知识结构，调理各种情绪。

另外一类就是一些顶尖的人文社会学家。比如，北京大学的季羡林先生，他1911年出生，一直活到快100岁。

在我们北京大学的校报上，经常会登载一些通告，庆祝王教授米寿、李教授白寿、张教授茶寿。米就是八十八拼起来，正反两个八，中间一个十，米寿即88岁。白字差一横就是百字了，所以白寿是99岁。茶是八十八加二十，茶寿即108岁。为什么会有比较多的米寿、白寿、茶寿的报道，而且一看报道，都是学贯中西的大学者？这说明一个现象——

学问上大师级的人，通常长寿。是不是可以这样理解：大学者读的书多，他通达的道理就越多，他的胸襟就越宽，他的气息就越平，他的生命的基座就越大，他的学问和生命的塔尖就越高。正所谓：阅读进德，大德必寿；阅读近仁，仁者寿。

能够说明读书、学问和健康三者正向关系的，还有一个非常典型的例子。中国有个叫阅读学会的组织，是中国写作学会下的二级学会。这个学会的秘书处曾经长期设在河南师范大学。阅读学会会长、河南师范大学教授曾祥芹老师，1983年不幸罹患癌症，被切除了左肾，医生曾经对他的生命作出了不好的判断。但是在手术之后，曾老师以强烈的事业心，发愤读书著书，将病痛忘到脑后，在此后的25年里，出版了30本书，达到了1000多万字，可以说是以读书战胜病魔的最佳广告、最佳代言人。

国外有阅读学家说，人类读书的目的只有两个：要么追求理性，要么追求长寿。作为年轻人，我们可能更多的是追求理性。我们看专业书、看哲学书，为的是获得科学知识，加深对世界的认识。但是一旦退休之后，大家会发现，天天到公共图书馆里翻报翻书的多是老年人，他们看的是什么呢，多是《健康文摘》《益寿文摘》这类内容。我希望大家今天听了我的讲座，从年轻的时候就适当地把长寿这一块给重视起来，读一些对心理健康、精神世界有帮助的好书。

（三）第三个现象是盛世读书

看待历史有很多角度，从阅读学的眼光看历史，大家会发现盛世和读书关系密切。我们中国人喜欢自称汉人和唐人，因为那是中国历史上最鼎盛的朝代。巧合的是，这两个朝代也是读书风气很浓厚的时期。

汉代有一个很重要的现象，就是从君王到诸侯王都养门客或幕僚。我们知道东方朔，这个既有才华又很诙谐的文人，就生活在宫廷里，被皇帝包养着。门客的作用是什么呢？一是出谋划策，当政治参谋；另外，就是写诗作赋，献给主人、取悦主人，满足主人在文学艺术方面的审美需求。

那个时候书籍很少、制作困难，天下有名气的文人屈指可数，统治者要想常读最新的文学作品，与其到处征集新书，还不如把这些有名的文士都集中到宫廷，随写随读。所以我们可以说，这些门客就是宫廷的移动印刷机，他做了一首诗、一篇赋，让皇帝欣赏，或者斗胆请皇帝相和，皇帝有时兴致上来，或许还会跟他比赛一下。这在某种程度上相当于我们现在发微博，你发个帖子他回复一下。统治阶级通过这种方法来得到精神的愉悦，是读写合一的精神保健法。

再如唐朝，诗歌非常发达。李白、杜甫走到哪写到哪，在墙上作诗，后面的人来了以后，看见前面的名家写了一首，心有感触，就也写一首。当时的百姓家和寺庙，为了方便留下名家手迹，有时会特意刷出白墙或制造白色的松木牌子，静等大诗人经过。

相传元稹和白居易是好朋友，有一次元稹从唐州到长安，一路留诗。后来白居易从长安到江州，恰好踏上元稹的来路，于是每到一个驿站必然下马，循墙绕柱到处寻找元稹的诗。当时，甚至有壮汉以满背纹上白居易的诗为美为荣，招摇过市；有青楼女子因为熟背白居易的诗而生意大好。

另外，大家都知道，唐朝的人以胖为美，以杨贵妃为代表的美女，皆以丰满著称。但是唐代留下的很多仕女图，即便在这个以瘦为美的时代，以今人的审美眼光来看，她们的美并不愚蠢，看起来非常高雅，圆如满月的脸庞上总是闪耀着大国幸民的特有风采，自信感、自豪感从她们的神态中油然而生。唐人的胖看来不是简单的生理上的肥，不是食物营养过剩的结果，而是一种文学素养滋养下的丰腴，可以称之为“诗歌肥”，是文化营养过剩的表现。

唐代的强盛，军事武功是一个方面，善写好读也是一个方面。老百姓生活在“居有丽句为邻，行有好诗为伴”的大环境中，其自信、茁壮、浪漫、昂扬的精神气质构成了大唐强大包容的文化软实力。

当前我们处在中华民族复兴的关口，已经踩到了门槛上。生存在百年奋斗、来之不易的盛世，我们一定要吸取汉、唐的历史经验，按照习近平总书记“爱读书、读好书、善读书”的要求，以全民阅读的气魄和气势来提振国家的精气神、软实力。

为了增加说服力，我再谈一点个人体验。我以前也是个很自卑、很内向的人，特别害怕在大庭广众面前讲话，但是后来有一部电影对我触动特别大，就是《国王的演讲》。

我们在座的，如果有特别内向的、上课不爱发言的，建议看一看这部电影。这部电影非常好，讲的是 20 世纪 30 年代，纳粹野心勃勃，作好了发起第二次世界大战的准备。在这个危急关头，英国王室必须站出来一个人，对公众演讲，动员国家抵抗侵略。但是很不凑巧，乔治五世因病去世，刚继位的乔治六世虽然外表气宇轩昂，但却既内向又患有严重的口吃。1925 年的大英帝国博览会，安排他致闭幕词，他结结巴巴，20 秒也吐不出一个词，而且声音是颤抖的，导致举国上下对他十分失望。然而，新国王永远不露面，永远不发表演说是不可能的，特别是在战争一触即发的关键时刻，国王不出来演讲，怎么能够动员军民抵抗希特勒？无奈之下，王室找了一位心理医生，尝试治疗乔治六世的口吃。

在医生的高明引导下，在贤妻的耐心帮助下，治疗了一段时间之后，在希特勒大举进军英国的前夕，乔治六世终于站出来，成功地、没有结巴地发表了一篇完整的动员演说，英国人士气大增。这场演说对战胜法西斯起到了非常重要的作用。

通过这部电影，我深切地领悟到世界上没有天生的演说家，恐怕也没有谁上台演说一点都不紧张。台上一分钟，台下十年功，完美的演讲都是发言者认真准备、刻苦练习、勇于战胜内心怯懦的结果。所以我建议大家，特别是那些有演说恐惧症的同学，也认真地看一看这部片子，我想对你一定会有很大的触动，成为纠正你的个性障碍的一个契机。

二、读书读出好心情的原理

前面罗列了那么多的现象，在读书读出好心情方面，每个人也有自己的体验。但是一般人不会去思考：为什么读书能够读出好心情？根据长期的观察或者研究，我把读书读出好心情的原理总结了一下，现在选择几条汇报给大家，请大家想想有没有道理。

（一）第一个原理：书本来就是为快乐而生的

不知道大家有没有思考过：为什么会有书？书产生的根源是什么？以叶舒宪教授为首的一批文艺理论家合写了一本书，叫作《文学与治疗》。

它认为，从人类发展的历史看，书籍就是为治疗或者为快乐而生的。

比如诗歌，为什么会有诗歌？远古时期，人们在劳作的时候，运输一根木头，很沉，搬不动，这时有人发出号子“嘿咻！嘿咻”，或者是其他的各种乱七八糟的声音。后来觉得这样喊不带劲，就让喊出来的声音有节律、有内容，这样就演变成了诗歌。号子和诗歌的产生，提高了劳动效率，也使劳动具备了娱乐和演出色彩，让劳动变得更快乐。

类似的还有武侠小说。在集体生活中，人与人之间难免会结仇。比如前些时复旦大学的那个研究生，他就是因为室友不交电费、不交水费这些小事，在心里产生一些不满，日积月累，对室友特别憎恨，最终将其杀掉。……以致有人说，那些大学毕业仍然活着的人，应该感谢室友的不杀之恩。对这些事例，我们都感到很惋惜，其实这些杀人的青年如果常读一些武侠小说，或许就可以把仇恨和杀人的情绪转移、释放出去。生活中我们经常发现，那些常读武侠、喜欢比画武术动作的人，其实心胸很宽也很善良；反而是制造了命案的那些人，朋友邻居回忆起来，都是特封闭、特老实的人。武侠小说为什么要产生呢？就是因为生活中经常会产生仇恨，但是限于法律或者道德又不能随便杀人，那么怎么办呢？只好在书里杀人。大家可以把自己幻想成乔峰、洪七公或者郭靖，一下子杀掉无数的坏人，这样不良的情绪就会得到发泄。

人有无数的白日梦，有美的、善的，也有恶的，那些打架的欲望、杀人的欲望、战争的欲望都可以通过武侠小说排解出去。

言情诗文也是如此。古代可能有一个部落，50个人，这里面美女只有一个，大家都想娶，但只有一个强者能够霸占。抢不到的弱者怎么释怀呢？这里面可能有一个好编故事的人，他通过幻想写了一首诗或一篇美文，塑造了一个虚构的美人。然后这些情场失败的人，都去看这些诗文，把注意力转移到虚幻的第二生活里面。虚构的美女可以分身，你读那些诗文，她就在你的心里，而且每个人想象得都不一样，人手一名。这样就在一定程度上医治了失恋的情伤，防止了族群的割裂，维护了社会和谐，这就是言情诗文产生的根源。

另外，我们还听到非常形象的三类产业的说法。说第一类产业是养殖业，即养牛养羊；第二类产业是加工业，即杀牛宰羊；第三类产业是服务业，就是吹牛皮、出洋相。请大家想一想书的本质，实际上它就是第三产业的经典产物，都是吹牛皮、出洋相。只不过有的书，比如学术著作，是科学研究的结果，在某种条件下、某个时间段是相对真理，看起来非常客观、非常严肃，但是放到无限范围、无限时段里，它们归根结底也是吹牛皮、出洋相。所谓“人类一思考，上帝就发笑”，讲的就是这个道理。至于别的类型的书，就更不用说了，它们的娱乐性更强。别以为我这样说，是贬低书、诋毁书。我们都知道，小品相声很搞笑，我们也不把它当作高雅的东西，但是我们又脱离不了它。这个领域，也出现了许多伟大的人民艺术家。所以说，我们指出书在很大程度上发挥着吹牛皮、出洋相的作用，改善着我们的心情，这并不是污蔑书，而是因为它在本质上就有这个属性。

（二）第二个原理：阅读是体育

读书，大家看起来是一件很安静的事儿。比如，有个女孩在草坪上很安静地读书，你会觉得这叫静如处子，感觉非常静雅优美。但是她非常安静吗？不一定，如果她读的是爱情小说，她可能心里会波澜起伏，她会为里面的主人公担忧，或者结合到自己的身世，她会痛哭流涕。这就说明阅读不是安静的，它表面上宁静，实际上读者的内心是波涛汹涌的，它是一类内脏的体操、心灵的按摩。

阅读带来的运动，如果仔细划分的话，可分为好几类。

第一类是节奏性运动。比如，你用文字写一段鼓点“咚锵，咚锵，咚锵锵，咚锵”，或者用乐谱记录一首流行歌。别人在读这段鼓点和乐谱的时候，会和现场听鼓、听歌类似，体内产生顺应这些节奏的反应，这就是节奏性运动。

第二类是模仿性运动。比如，武侠小说里面主人公打一套降龙十八掌，倘若你是爱好体育的，或者是男生，你在内心里便会模仿；或者当你看一本介绍怎么打排球、怎么打篮球的书时，你看它介绍的要领，便会想象球场的场景，想象自己在那里投篮、在那里扣杀，肌肉也有些紧张，五脏六腑都在做着和真实打球类似的微小活动，这就是模仿性运动。

第三类是适应性运动。比如，你看到特别好的做菜节目，把一个菜说得特别香，你会流口水。再如，当年延安演话剧《白毛女》，演到凄惨处，下面的一名军人拍案而起，拔出手枪，非要把黄世仁给杀了，这都是适应性运动。

因为阅读包含这样几种运动，所以请大家纠正一个观念，不要以为体育锻炼就是到运动场进行疯狂地跑跳竞技，其实拿一本好书来读也是一种体育锻炼。

（三）第三个原理：用进废退

我们都知道，一座新房子，如果你老不住，它会坏得很快；如果你天天住，它倒坏得慢。同理，如果一个人多读书，他的脑袋就会越用越灵光，否则就会越来越生锈。荀子在劝人向学时曾经说过，上天给人眼睛就是为了看的，给人嘴巴就是为了读的，如果一个人懒于学习，不看不读，那就是浪费天赐、违背天道。

（四）第四个原理：阅读是化学

我们北京大学的前校长周其凤教授曾经写过一首歌，叫《化学是你，化学是我》，社会反响很大。其中一句是“即便你的喜怒哀乐也是化学神出鬼没，即便

你的身心健康也是化学密码解锁”。的确，化学与我们的生活息息相关，很多外界事物都要通过化学反应作用于我们的内心，让我们产生千变万化的感受。

比如，谈恋爱的时候，两个人来不来电，取决于有没有产生化学反应。读书的时候，其实体内也在进行着化学反应，脑子里会产生一种叫作吗啡的物质，具有镇痛安神的作用。

相传，曹操患有严重的头疼病，名医华佗给他治了多次都没治好，曹操认为华佗办事不力，就找了个借口把他杀了。可见头疼是曹操的一个顽症，名医对此也束手无策。但是，有一次两军对垒，曹操读到陈琳的檄文，头疼反而一下好了。那么，这是为什么呢？原因就是：

陈琳的檄文对曹操产生了双重的化学作用：第一是陈琳痛骂曹操的祖宗三代，使曹操愤怒异常，脑内大量分泌吗啡，具有镇痛作用；第二是读完全篇，曹操发现陈琳的文采实在超群绝伦，顿生发现人才的惊喜，以兴奋替代了愤怒，脑内再次分泌吗啡，起到了忘掉病痛再次镇痛的作用。这是古代以阅读缓解疾病痛苦的一个十分经典的案例。

（五）第五个原理：阅读是哲学

不同流派的哲学有不同的作用。

有人说儒家是粮店，就是说我们要想把事业干得好，就要经常读儒家的著作，《论语》《孟子》之类的，它们教我们怎么入世、怎么适应这个社会，是给我们谋饭碗的。老师经常推荐我们读的经典，大多数都是儒家著作。

道家是药店，当你遇到倒霉事的时候，处于逆境的时候，你会不由自主地求教于道家，读《老子》，你会化解苦恼、学会超脱。

佛家是百货店，它的思想很博大，适应性很强，从皇帝到贫民都能从中找到适合自己的营养和寄托。

台湾学者林安梧认为，儒家是意义治疗学，道家是存有治疗学，佛家是般若治疗学。儒家让你认识到人生有价值、生活有意义。道家让你意识到活着才是王道，道家推崇柔弱，说水表面上很柔弱，但实际上最强大，能够以柔克刚，发生洪灾时，可谓无坚不摧；一棵很高大的树，因为能够盖房子、做家具，可能马上就被砍掉了，但是一颗很纤细柔弱的歪脖子树，却能存活几百年上千年，因为它没什么用。般若是智慧的意思，佛家是智慧的宝库，就像百货商店一样，任百姓予取所求。

同样，古希腊哲学中的一些学派也有很强的治疗性，比如斯多亚哲学。浙江大学包利民教授汇编的斯多亚学派中的塞涅卡的译文集，就命名为《哲学的治疗》，以突出斯多亚哲学对人有慰藉、治疗作用的特点。

概而言之，世界上所有的哲学都可分为两种：加法哲学和减法哲学，都具有治疗作用。在我们知识少的时候，对一些事理认识不清楚，容易片面和走极端，这时候就需要提高文化素养，往脑袋里下载知识，补充加法哲学。人在年轻的时候，主要学习加法哲学，比如儒家哲学、辩证唯物主义哲学，鼓励自己追求有意义的生活。

但是读书多了，有时候也不是好事。常言道"人生忧患识字始"，多读书的人顾虑也多，反而对有些事情放不开、拿不下。这时候就要做减法，把它卸掉。但是就像有些电脑软件一样，有些顽固的价值观也不是你想卸掉就能卸掉的，要通过一些专门的卸载软件来卸载，这种卸载软件就是减法哲学。

比如《金刚经》，就是减法哲学，是卸载知识的书，读读它，可以把头脑里以前读书时留下的很固执的价值观卸载掉。似乎是个规律，"英雄到老都学佛"。为什么这些人到老了都学佛呢？就是因为一辈子积淀的知识太多，成了精神枷锁，反而对健康不利，通过学佛，可以把一些东西扔出去。我们都知道叛逆精神很强的王朔，上年纪后读了《金刚经》，还专门写了一本书。这样的例子不胜枚举。

（六）第六个原理：阅读是心理学

为什么读书能读出好心情呢？按照弗洛伊德的理论，主要是三个心理机制在起作用。

第一是认同。比如说，我是个大学生，我看到一本书也是讲大学生活的，很自然地对它就会有一种亲近感。看书中这个人怎么应对他生活中的困难，我跟着他学就行，解决了眼前的苦恼。

第二是净化。我感觉我很倒霉，但我看了一个悲剧，比如说余华的《活着》，我觉得主人公的生活更悲惨，这样我的心态就得到平衡和净化，不再自怨自艾。

第三是领悟。还是读《活着》，读完会明白一个道理，活着就是胜利，平常的小灾难相对于人生的大结局来说都不值一提。这就是领悟，从此会增强生活的豪迈感和自信心。

通过这三层心理机制，人们读书读出了好心情。

（七）第七个原理：阅读是中医学

中医非常讲究情志相胜，中国古人读书也非常讲究和环境、情绪的呼应，符合情志相胜原理。大家不要以为古人的生活很粗糙，其实很多方面比我们今天的人要精致。比如"刚日读经，柔日读史"，就是说狂风暴雨的时候，天气很刚猛的一天，我们要在家里读经籍；风和日丽这样的柔和天气，我们要在家里读史书。为什么呢？因为史书里面有很多冤屈的故事，忠臣被杀，奸臣得逞，如果恶劣的天气再读这些史书，里面尽是战争啊杀戮啊冤魂啊，你的心情便会越来越糟；但是，风和日丽的天气，你读这些书，因为明媚阳光、美好风景的中和，不至于过于压抑。

中医以金木土水火五行，对应肺肝脾肾心五脏，再对应忧怒思恐喜五情。中医治病，就是靠五行相生相克的原理来对症施方。书皆有情，如果按照内容细分的话，书也可以分为五情，善于运用情志相胜原理就可以通过读内容乐观的书来制约自己的坏心情。

举一个近年流行的畅销书的例子。

比如《中国很高兴》是喜书，主火主心，尽说成绩，读之心跳加速，容易被取得的成就冲昏头脑，喜伤心。怎么办呢？读一读《中国不高兴》，这是一本恐书，主水主肾，夸大中国面临的四面合围的严峻形势，读之令人忧惧，恐胜喜，可以消解读《中国很高兴》而产生的盲目乐观。

过于警惕、庸人自扰也不行，这时可读一读《中国凭什么不高兴》，这是一本思书，主土主脾，相对理性中庸，读之心态相对平和。但是，平和让人缺乏激情，怎么办呢？可读一读《错在中国不高兴》，这是一本怒书，主木主肝，封面用的就是肝脏乌红那种颜色，内容主要是指责中国的一些反应偏于强势，不够韬光养晦。

如果真按这本书的内容做了，你又会觉得中国太窝囊，没有尊严，怎么办呢？再读一读《中国为何不高兴》，这是一本忧书，主金主肺，主要探讨中国不高兴的原因，金克木，此书对《错在中国不高兴》又作了很好的反驳。

就这样，通过五行轮回、以情制情，我们不但增长了知识，完善了认识，情绪也更加理性端正。

（八）第八个原理：阅读是美学

我们中国古人认为士大夫三日不读书，对镜则面目可憎，向人则语言无味。现代的一些美学训练，也注意到了书籍的端容瘦身功用。不知道大家注意到没有，空姐的训练、人民大会堂礼仪小姐的训练都用到了书。方法是找一本半斤重的书，分量不大不小，厚度不薄不厚，让姑娘们放在头上顶着，保持水平，嘴里咬一根筷子，也保持水平。所以我建议同学们，特别是女同学，不妨模仿一下，在宿舍里，读一会儿书，顶一会儿书，这样既美你的内在，又美你的气质，一书两用，不亦乐乎。

另外一般认为，40岁以后，男女在美学上的差别越来越近了。中年之美，主要看气质和骨相。那么，美的气质和骨相从哪里来？靠读书。常言道：“腹有诗书气自华。”大家经常看到这种现象，一个小姑娘，刚上大学的时候，又丑又土，四年大学读下来，好像变了一个人，完全出脱成了气质公主。这就是读书多，书卷气加身的结果。所以大家要多读书，多读书的人，中年时自己不觉得多么好看，但是拿起年轻时的照片比一比，还是比当时漂亮多了。

除了以上介绍的原理，读书读出好心情还可以用很多学科的知识来解释，比如说脑科学、教育学、护理学、宗教学、社会学等。

有些脑科学家，曾经找一个老和尚、一个小和尚，让他们坐禅入定，用机器监测他们脑活动的变化。30分钟之后，老和尚的脑子里面管慈善的那个区域特别活跃；小和尚因为功力不够，他脑子里管慈善的那个区域，虽然比他坐禅前活跃，但是仍比不上老和尚活跃。

读书比不读书能获得更多的好心情，恐怕也可以通过脑科学来监测和解释。护理领域也很重视读书对病人康复的作用。大家是否注意到，在伦敦奥运会开幕式上，英国人为展示他们在全民健康体系方面的成就，特意安排了一个场景：很多小孩躺在病床上，或躲在被窝里打着手电看书，或是由护士拿着书辅导他看。

阅读疗法在发达国家是一种很重要的辅助治疗和辅助康复的手段，特别是针对小孩、吸毒者、犯人等。我想我们中国，随着国家越来越发达、越来越繁荣，人们对医护的要求越来越高，我们的护士终究也会用到这个方法。

三、读书读出好心情的方法

前面我讲了现象和原理，大家肯定要问：那么，怎么找到读书读出好心情的方法呢？下面我推荐九个方法供大家参考。

（一）收集书目

由我牵头的中国图书馆学会阅读与心理健康委员会，曾经发布过一个书目，叫作“大学生常见心理困扰对症书目”，在《图书馆报》和网上都能找到。我们把现在大学生面临的压力分为四类：学习的压力、经济的压力、感情的压力、就业的压力，分别推荐了一批书，其主体部分是泰山医学院图书馆开展十年阅读疗法所积累的验方，效果甚佳，希望大家找来看看。

另外，网上、报刊上，很多热心人推荐了大量的治愈系书目、治愈系电影，目的也是让大家通过读书或观影获得好心情。

近日我在微博上看到一条：让这些电影治愈你。

博主建议缺乏学习动力的人，看《幸福终点站》《风雨哈佛路》；对爱失望的人看《偷天情缘》《初恋50次》；自卑失落的人看《阿甘正传》，我觉得都很好。

这些书目或者电影清单，大家平时不妨留心多收集一些。

在你志得意满、风采飞扬的时候，或许你不相信它，也用不到它，但是一旦你遇到挫折、身处逆境的时候，或许它们就成了你抓住生命的最后一根稻草，可

能因为你看了其中的某一本书、某一部电影，从而观念大变，勇敢地从行将没顶的心理泥沼中跳出来。

（二）对抗法

前面我讲了，情志相胜是读书读出好心情的法宝，但是情志相胜的方法在实际应用中显得过于复杂，不好实施，因为每种书的情志归属较难判定。那么，有没有简化的方式呢？有的，就是对抗法，简单地说，就是当你不高兴的时候，去读一些笑话书，用书籍承载的完全相反的情绪来抵消它。

比如说你是学经济的，或者学数学的，你这个人特别刻板，对数字特别敏感，天天陷在数据里不可自拔，要么强迫症似地反复刷看股票指数，要么斤斤计较，凡事都要讨价还价，计算性价比。此外，没有别的爱好，自己都讨厌自己，苦不堪言。遇到这种问题，你就要多看一些哲学书、朦胧诗，尝试欣赏“粉红的月亮、水做的太阳、肥胖的瘦子、以梦为马”等等诸如此类的语句，越是看不懂的东西，越要多看，要纵容自己不求甚解，时间久了，就会冲淡过去那种事事追求精确的强迫症。

如果你是公务员，天天跟法律条文、规章制度打交道，写惯了讲稿公文，你可能逻辑性很强，但感觉自己慢慢脱离了地气，笔下变得缺少情趣，写不出朴拙可爱的东西。这时你可以有意识地看一些网上广有争议的作品，比如说乌青体、丽华体。丽华体不知道大家知不知道。网上有个女诗人叫赵丽华，她写的诗，老百姓感觉很好笑，比如说“毫无疑问/我做的馅饼/是全天下/最好吃的”。读这些有些后现代的诗，或许能为公务员僵化无趣的生活增加点乐趣。

（三）共鸣法

共鸣法就是从书籍中寻找和自己际遇相近的角色，从这个角色身上找安慰。

比如说，你失恋了，就读鲍京京的《失恋 33 天》，这本书也改编成了电影；你是单恋者，就读茨威格的《陌生女人的来信》，这是透彻描写单恋者深刻情感的经典，已被徐静蕾搬上了银幕；你是无人恋者，就读夏洛蒂·勃朗特的《简·爱》和张悦然的《水仙已乘鲤鱼去》，前者是老经典，后者是新佳作；你身体有残障，就读郑丰喜的《汪洋中的一条船》、史铁生的《我与地坛》；你天资一般，又渴望成功，就读兰晓龙的《士兵突击》、温斯顿·格卢姆的《阿甘正传》。

（四）满灌法

有时候我们不高兴，看了笑话书也高兴不起来，这时候我们可以干脆放弃对抗法，转用满灌法，就是专门找一大摞让人不高兴的书，一本接一本地看。既然不高兴吗，干脆不高兴到底算了。这样做了，有时候反而会起到相反的效果。因为不高兴总有一个限度，物极必反，突破了那个限度，反而高兴了。

比如，我们小时候第一次看港片中的僵尸片，穿着清朝官服的僵尸白脸、黑眼、吐着长长的血舌头，平伸着双手，蹦来蹦去，令人感觉恐怖极了，晚上都不敢一个人睡觉。但是倘若你看够 5 部以上，你便会发现僵尸由恐怖变成了搞笑，你还很愿意学着他走路；即便晚上 12 点去看，也不觉害怕。同样，第一次看日本恐怖片《午夜凶铃》，看见女鬼从井里爬出来，又从电视里爬出来，你吓得要死，感觉每次坐在电视机前都有心理障碍。但是如果你将这个片子连看 3 天，你就会对那个女鬼完全免疫，再也没有恐惧感，这就是满灌法。

日本人就非常善于利用满灌法来推销他们的文化产品。我们知道，日本人的生活节奏非常快，人人都是工作狂，那么他们的白领是怎样减压的呢？他们发明了一种减压的方法，叫作“周末号哭”，并围绕着“周末号哭”形成了一个产业链。

“周末号哭”的催泪弹之一是电影《现在，很想见你》，讲的是一名女士因病去世了，她在生前承诺，死后要趁着雨季回家再活几天。于是，在雨季她就回到了家。因为失去了她一段时间，她的老公和孩子想起了她以前的点点滴滴，念起了她的种种好，她给予家庭的种种爱、种种贡献，觉得她以前办的每一件事都是那么妥当、那么有爱，对她特别特别留恋。于是，这位女士灵魂回归的这些天，反而是她过得最幸福的日子。但是雨季结束了，这位女士最终化成树叶永远消失了。这部电影提醒人们珍惜眼前的亲人、珍惜眼前的幸福，感动了无数人。看这部电影，不号啕大哭都很难。

“周末号哭”的催泪弹之二是小说《东京塔》。这是怀念母亲生前诸多小事的书，比如讲小时候母亲总是在半夜起来搅拌酱菜的米糠以做出最好的酱菜，维持小饭馆的经营。书中充满了对已故母亲的深情，毫不造作地击中读者内心最柔软的部分。这部小说打动了无数人。如果你不想让人看到自己泪流满面的样子，就千万不要在地铁里看这本书。

很多日本女白领，一到周末，就找一帮闺蜜，租一堆催泪的电影或书一块欣赏，一边看一边号啕大哭，以此来释放情绪、排毒养颜。因为日本人睡觉的床具叫榻榻米，所以他们把这个释放不良情绪的方法叫作“弗洛伊德榻”，比喻它是一种心理床具，有放松心情、改善休息的良效。

同样的，我们中国也有各种各样的悲剧名著，比如古有《窦娥冤》，近有余华的《活着》《许三观卖血记》等，建议大家读一读，读完之后，大家就不会觉得自己是这个世界上最倒霉的人了。

日本人为更好地服务“周末号哭”，有很多公司生产防水的粉底、面霜、睫毛膏、眼线笔等，已形成了产业链。在座的同学们，如果遇到想不开的事，实在

想大哭一场，我建议学学日本女白领，准备好毛巾，带上巧克力，找几个闺蜜，一块去看 3D 版的《泰坦尼克》。

当然，满灌疗法适合体质好的人，如果你的体质像林黛玉，哭多了就晕倒了，不建议采用此法。中国人请客，以前多请人吃饭，现在流行“请人吃饭不如请人出汗”，就是请人运动、健身。其实，在挚友之间还有一种请法，就是请人流泪，一块放肆大哭过的朋友，更是铁姐们、铁哥们。

（五）平衡法

这个方法非常简单，也很实用，其基本原则就是凡事往下看。比如，普通人有意识地看一下关于残障者或残障者写的书。澳大利亚有个人叫胡克，他生下来就没有腿，但是他加强锻炼，居然能坐在滑板上冲浪，英雄气概感动了一位姑娘，娶了位美女当老婆。他出了一本书，叫作《人生不设限》。这本书，不光是跟他一样的残障者读了有启发，普通人读了也会受到很大的激励。

另外，就是活着的人要有意识地看死去人的书。对活着的人来说，大家可能会觉得我这一天好平凡、好无聊啊。但是大家想一想，这如此平凡的一天，可能是昨天死去的人他愿意花几百万上千万来买的一天。最近几年，由于博客提供的方便，一些濒死的人，他们每天在网上记日记，讲每天的感受，比如说复旦大学的于娟老师，就写了一本《生命日记》。读一读这样的死亡笔记，看一看不幸去世的人对家人、对生活的留恋，对人生的感悟，往往能够让我们认识到什么是最可宝贵的、什么是无谓的追求，学会少那么一点点的贪心，就能少很多很多的忧愁。

再就是，小倒霉的人看大倒霉的人的书。比如说你考试挂科了，或者说你找工作失败了，你觉得你很倒霉，但是你要和历史上倒大霉的人比一比，你会感到你的倒霉非常渺小，算不上倒霉，比如说和苏东坡比。《苏东坡传》是我力荐的一本书，后面我会稍微展开介绍一下。

（六）暗示法

暗示法就是你想成为什么样的人，就读你的榜样人物写的书，或者看他的传记。比如，你对创业感兴趣，梦想是当企业高管，就读一读李开复的《做最好的自己》，可以开发自己的潜能。女同学，想当一个优雅、成功的名女人，就读一读张德芬写的《遇见未知的自己》。一边读这样的书，一边想象自己将来成功的样子，对自己是一种积极的暗示，会督促自己向好的、成功的方向努力。

（七）全媒体读书法

很多人推广阅读，不建议读者看电影、看电视，但是我跟他们的观点不一样，我觉得读书的确有时候比较浪费时间，比如说一本 30 万字的书，可能需要一周甚至半个月才能读完，但是如果这本书拍成电影，看完最多需要三个小时，通常只需一个半小时。相对于文字，有些电影是做不到的，比如说深层心理活动；冲突较小的细节，电影也要舍弃。电影主要展示矛盾冲突比较激烈的或者是镜头感比较强的情节，这是电影的特点。

但是，电影也能延伸出书里没有的东西，比如人物的形象，你读书时想的是一个模样，电影展示的是另外一个模样，有时比你想象得还完美。应该说，书和电影各有优劣。我认为，如果实在没时间，是可以看电影、电视的，而且最好和原著对照着看。

假如你没有读过《水浒传》《三国演义》，播同名连续剧的时候，就可以手拿一本原著，与电视对着看。一边看，一边比较原著与电视究竟有什么不同。这样很有乐趣，会加深对原著的认识，留下更深刻的印象。

名著都有很多的电影版本，比如《简·爱》《悲惨世界》等。大家可以追着不同的版本看，比较哪一版最贴近原著、哪一版的演员演得最好，在津津有味的探讨中，不断温习名著，深化对名著的理解。

（八）分场合、分状况读书法

前面我已经讲了，中国古人生活讲究，往往跟着天气读书，刚日读经，柔日读史。还有些古人指出，要根据四季的特点择书而读。

比如，读经宜冬，冬天天寒地冻，恰值农闲，适合猫在家里，研究儒家经典；读史宜夏，因为史书篇幅都长，夏天昼长夜短，时间充足，适合读鸿篇长卷；读诸子宜秋，秋天色彩斑斓、万物丰收，恰如诸子的思想千姿百态、各呈异彩；读诸集宜春，春天万物勃发、花海似锦，是最浪漫的季节，最适合欣赏文学作品。这种读书法符合“天人合一”的思想，是颇具智慧的。

相反，不分场合读书是十分糟糕的。比如说，你在老师或者上司面前读《厚黑学》，在厕所里读菜谱，要么对你不利，要么被视为神经病。

另外，要根据身体状况读书。陆游说“病里正需《周易》，醉中却要《离骚》”。

生病的时候你可以读《周易》。为什么读《周易》好呢？因为《周易》是很深奥的一本书，是中国智慧的象征，读这本书需要十分投入地思考，容易把痛苦忘掉。同时，读《周易》要摆卦，既动脑又动手。《周易》里还有劝人知足养生的内容。

那么为何“醉中却要《离骚》”呢？有一种解释说，《离骚》中几乎每一句都有“兮”，一会是“美人兮”，一会是“君子兮”，一会是“香草兮”，全文有184个“兮”。“兮”是吐气音，你把《离骚》读完了，连续读了184个“兮”，就把你的酒气吐出来了、挥发掉了。喜欢喝酒地回去可以试一下。

（九）领悟法

领悟就是从书中学到人生观、价值观、世界观，用来长久地指导自己的人生。这是最高层次的读书读出好心情的方法。就我而言，我特别喜欢苏东坡，从苏东坡那里学到了很多处世的方法，因此很想把《苏东坡传》推荐给大家。

我们知道，中国古人有两位是最超脱的，他们的人生观特别值得学习，一个是陶渊明，一个是苏东坡。但是比较起来，陶渊明的境界略逊一些，原因是他的超脱是以躲避、隐居的方式实现的。他本来是位七品县令，后来看不惯官场，就一躲了之，当了隐士，陶醉于“采菊东篱下、悠然见南山”，从此不再出山。

苏东坡的个性也很超脱，但他跟陶渊明不一样，他能屈能伸，遇到挫折我缩回来，遇到机会就又顽强地出去了。他的一辈子起起伏伏特别大，而且在很多领域都有成就，特别值得学习。所以我建议男孩子一定要读一读《苏东坡传》。

四、推荐书目

世界上的好书很多，这里推荐的都是我个人认为最有慰藉价值的。

首先推荐两个书目。一个是清代张潮的《书本草》，这是当前发现的中国最早的阅读疗法推荐书目，现在仍没过时。推荐这本书的目的，是想让大家知道，中国古人早就发现了读书对心情的调节作用。《书本草》认为所有的书都有药性，比如它说“四书：曰《大学》，曰《中庸》，曰《论语》，曰《孟子》。俱性平、味甘，服之清心益智，寡嗜欲，久服令人醉面盎背，心宽体胖”。

大家可以看到，它是模仿《本草纲目》揭示草药的方法来描述书的治疗作用。另外一个就是《大学生常见心理困扰对症书目》，前面我已经提到过，网上可以搜到。

《大学生常见心理困扰对症书目》推荐了几十本书，不可能一一介绍，那就简要推荐几种吧。

先推荐兰迪·鲍许的《最后的演讲》。此书的作者是位大学教授，他快要去世的时候，想把毕生的感悟告诉学生，就写了这本书。此书特别感人，近年在美国十分畅销，我国也有了翻译本，影响很大，建议大家看一看。

梭罗的《瓦尔登湖》，被认为是将孤独和寂寞描写得最唯美、最享受的一本书。如果你感觉孤独、寂寞，可以读一读这本书，你会发现孤独和寂寞并不可怕，它们是另外一种美，一种值得享受的生活方式。

有糊涂想法的人，可以读一读张洁的《世界上最爱我的人去了》。该书讲母亲活着的时候作家对母亲的看法，母亲去世之后她对母亲的体谅和忏悔。这是子女写父母的佳作。通过读这本书，你可以深深体会到父母的养育恩。

父母写子女的，最具深情的是周国平的《妞妞》。周国平的一个女儿，很小就得了绝症，幼年夭折。周国平在书中写了他对孩子极其复杂的感受。

在场的同学中，估计独生子女很多，建议大家将《世界上最爱我的人去了》和《妞妞》结合来读，会对“可怜天下父母心”这句话体会得更深，加深对家庭、亲情的认识。

另外，我特别想重点推荐给大家的，有这么几部。

第一部是《苏东坡传》，最佳版本是林语堂用英文写成，张振玉译成中文的。苏东坡的经历十分丰富，论成就，他对政治、文学、教育、艺术甚至美食、旅游都有贡献。

图5《苏东坡传》书影

政治上，他上至尚书下到平民都当过，起起落落好几次，是宋代政坛上的奇人。他当杭州市长时领导修造的堤坝，至今被称为苏堤，是西湖最主要的景观。

文学上，他吟明月、怀赤壁、念前妻，留下的诗赋感人至深，流芳百代。

教育上，他流放海南期间，培养了海南历史上第一名进士。

艺术上，他留墨的纸扇，当时足以养家，现在价值连城。

美食上，他发明了东坡鱼、东坡肉。

旅游上，他足迹所至，皆为名胜。

但是，这些都不重要，重要的是苏东坡对待挫折有一种非常乐观、顽强的态度。苏东坡遭遇了同时代最频繁、最严厉的流放，“历典八州，行程万里”，最后被流放到海南，这是仅次于满门抄斩的处罚，但他并不消沉，亲手盖房，创新美食，还到处向黎族人收集鬼故事。可以说，遇到任何困难，他都能积极地设法化解，天生有一种变窘迫为浪漫、化逆境为契机的能力。

他的人生态度是，朝廷请我做高官我也不谦虚，朝廷把我贬成布衣我也不难过。他自己评价自己：上可陪玉皇大帝，下可陪田院乞儿，眼中无一不是好人。苏东坡能屈能伸，洒脱地纵横于民间庙堂，我觉得特别值得敬佩。像陶渊明那样固然很好，但毕竟消极，不如苏东坡这样，像一颗砸不碎、咬不烂的铜豌豆，无比抗压，一生逍遥，多才多艺，真乃大丈夫的好榜样。

第二部是《哲学的慰藉》。这是英伦才子阿兰·德波顿写的，针对六种心理困境，对症介绍了六位哲学家的思想。作者认为：

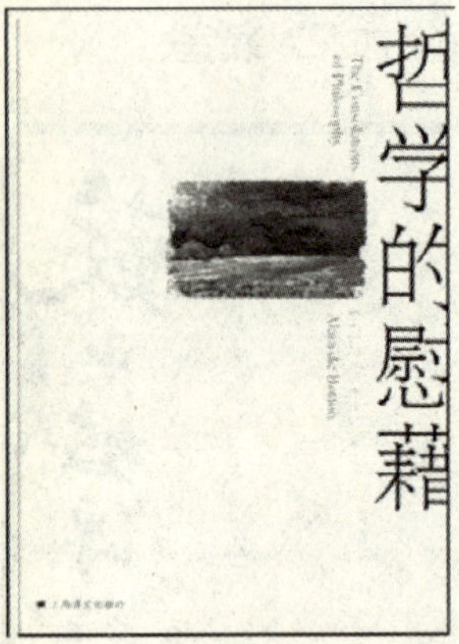

如果你这个人落落寡欢、不合群，那么该读谁呢？读苏格拉底。苏格拉底本人就是一个不合群的哲学家。他的哲学非常有名，但他在当时的文人阶层里面人缘不好，最后统治阶级要处死他的时候，让他的哲学家同行投票决定要不要杀他，结果他得了多数票而被杀掉。读苏格拉底的书，结合他的身世，有助于你思考不合群是对的还是错的，你是像苏格拉底那样，宁愿坚持真理而被杀掉，还是为了合群而放弃真理。

图6 《哲学的慰藉》书影

如果你缺少钱财，总是为拮据而郁郁寡欢，那么你可以读一读伊壁鸠鲁。伊壁鸠鲁认为，钱财达到一定程度之后，继续增多跟快乐是没有关系的，奢侈品并不能给人带来真正的快乐。所以富起来的伊壁鸠鲁，辞掉了他的工作，租了一个乡村别墅，天天跟一帮朋友在那里聊天、散步，他觉得这就是幸福。伊壁鸠鲁的哲学，也传达着这样一种思想，所以当你穷的时候，要读伊壁鸠鲁。

当你伤心的时候要读叔本华，叔本华的哲学适合应对伤心。因为叔本华本人的经历就很不幸。他的书在他活着的时候都不畅销。他当大学老师的时候，他讲课的教室只有30个人在听，而他对面的教室里，另外一位哲学家黑格尔讲课却有300人在听。有一次，他在船上非常有信心地追求一名女孩子，献给人家一串白葡萄，那女孩表现得很开心。但是后来他偶然读到那女孩的日记，日记中说，那天我在船上遇到了老叔本华，他送给我一串葡萄，简直恶心死了，我偷偷将其藏到背后，丢到水里去了。叔本华现在名气很大，但他的真实生活是很不如意的，他的哲学蕴藏着应对伤心的智慧，值得伤心人品味。

如果你有缺陷，陷于自卑而不可自拔，你就读蒙田。蒙田认为人类最大的缺陷就是人类有知识，会认识自我。他曾举例说，有一艘船要翻了，惊涛骇浪马上要将船打翻。船上的乘客里只有一位岿然不动、心态悠然，原来这位乘客不是人，是头猪。所以他说，人相对于动物来说都是有缺陷的，我们太聪明了反而有时候也不好。根据蒙田的理论，世界上的残障者，不管人还是动物，都应该释然，因为从某个角度而言，世界上没有健全者，大家都是残障者。鸟相对于鱼而言是残障的，因为鸟不能游；鱼相对于鸟是残障的，因为鱼不能飞。既然大家都是残障的，有何自卑可言？又为残障伤哪门子心呢？

如果你遇到了挫折，要读塞涅卡。塞涅卡哲学论文集的中译本，名为《哲学的治疗》，为浙江大学包利民教授所译。塞涅卡是古希腊的一个哲学家，他的一生相当坎坷曲折，比苏东坡更甚，因为遭遇的大小挫折不断，命运过于悲惨，而被称为“挫折词典”。

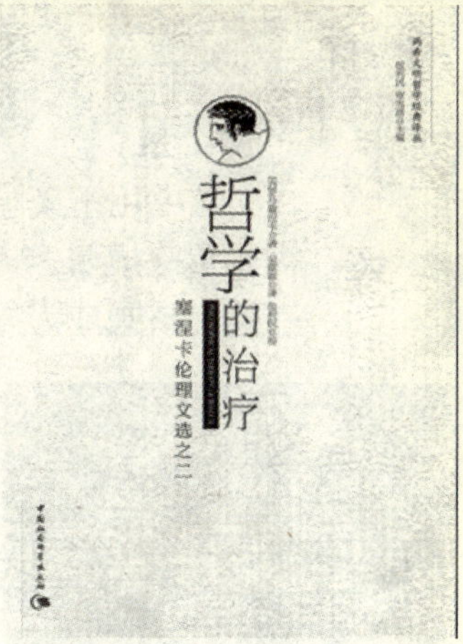

图7 《哲学的治疗》书影

年轻时他想从政，早早做准备，刻苦读书，但是到了 20 岁却得了肺结核，缠绵病榻6年，无法施展抱负，抑郁成疾，几乎自杀。病好后，好不容易走上仕途，不幸遇到暴君，难有作为。暴君被刺杀后，又因为女王的一场阴谋而被无辜贬黜，流放科西嘉岛 8 年。在科西嘉岛，他被安置在一个公认的凶宅里面，天天只能喝清汤。塞涅卡给母亲写信，说您放心吧，我是哲学家，我能看清一切事物，正确对待一切挫折。于是他住着凶宅、喝着清汤，出乎意料地、平安地度过了流放生活。流放结束后，他被召回首都，当上了皇储尼禄的导师，但是 15 年后，皇帝尼禄却赐他自尽，还把他的家眷集中起来，一齐见证他的自杀。可是即便是自尽，也充满了挫折，塞涅卡割了手腕，许久没死，又割了脚腕，仍然没死，接着他又喝了一副毒药，还没死，实在没办法，塞涅卡又进到桑拿房里面蒸闷，最后是流着血、含着毒、蒸着桑拿才死了。他的家眷和朋友围观他的自杀，表露出痛苦的表情，他就怒斥他们：你的哲学哪里去了？塞涅卡的主要思想是：人比较能够承受预料到的挫折，但难以承受预料不到的挫折。但作为哲学家，眼光要放长远一些，要居安思危，在富贵、得意、平安的时候，要预料到可能到来的贫穷、落魄、灾祸，那么当不幸真的到来的时候，就能够坦然面对。他认为，命运女神垂青还是抛弃自己都是应该的，既不能因为她的垂青而得意忘形，也不能因为她的抛弃而怨天尤人。对待挫折，塞涅卡是这样想的，也的确是这样做的，他的思想可以给人以启发。

阿兰·德波顿还建议，如果遇到了困难，就读尼采。尼采的一生也很不平顺。《哲学的慰藉》以科普的形式、用讲故事的文学手法，对症介绍了六位哲学家的思想，帮助读者用哲学智慧战胜困境，值得细读、熟读。读者对书中的哪一位哲学家感兴趣了，还可以顺藤摸瓜，读这位哲学家的更多原著。中国当代哲学家周国平认为，阿兰·德波顿对有些哲学家的介绍不够精确，对有些哲学家的思想的解释也不到位，但总体上讲，这本书还是能给处于心理困扰中的人以很大启发。

国内直接以“阅读疗法”或“读书疗法”为名的书不多。《读书疗法——女性生活各阶段的读书指南》，是这类书中值得推荐的一本。

该书由王义国翻译，人民文学出版社出版。该书把女性在每个成长阶段可能需要拿来模仿、参考的书都做了介绍。比如说到了 17 岁，有的女孩想成为坏女孩，有的女孩想成为好女孩。对想成为坏女孩的读者，作者推荐的都是描写坏女孩的文学名著，全是描述吸毒啊、文身啊、叛逆啊这样的文学名著。对于想成为好女孩的读者，作者也推荐了一批描述淑女的名著，便于读者向书中的人物学习。再如到了大学阶段，有的女孩想参加政治运动，上街游行示威，该书也推荐了一批描写女大学生街头参政的书。可以说，此书是美国文学的百科全书，因为是扣着女性的成长阶段来分类介绍，所以可读性、指导性很强，适合女性在不同生活阶段按图索骥，应对各种难题。

我自己写的一本书，叫作《阅读疗法》，我今天讲的很多内容都是这本书的科普，大家有兴趣可以看看。

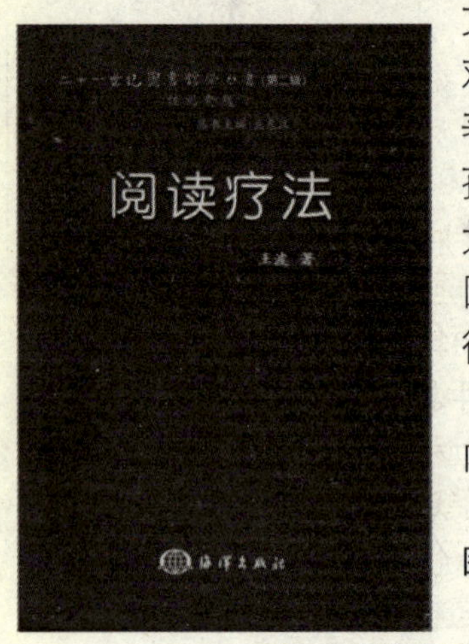

图 8 《阅读疗法》书影

另外，岳麓书社 2004 年引进了一套台湾以阅读疗法理念包装的古典诗文，一共五本，包括《唐诗，我的灵魂伴侣》《宋词，我的忧郁抗体》《元曲，我的压力解药》《古诗，我的能量补给》《植物，我的精神导师》。这套书也值得推荐给大家，一来可提高传统文化修养，二来对心理健康也有帮助。

2006 年 3 月，暨南大学出版社出版了中医心理学专家、广州中医药大学邱鸿钟教授主编的"阅读心理治疗丛书"，共四本，分类汇编近现代经典散文，发掘它们的心理调节作用。

王余光教授汇编的《读书四观》，把中国先秦以来的读书古训和读书掌故集中展示，一卷在手，对古代的读书佳话、读书理念可有全面了解，既可学习读书之法，又可参悟为人之道，也是值得特别推荐的关于读书的佳作。

五、总 结

前面我讲了这么多，主要是想告诉大家，阅读也是一种调节心情的好方法。但并不是说，阅读能够包治一切心理疾病，可以代替打针吃药。我觉得科学和邪教的区别之一，就是它辩证地看待一切，不绝对强调一类东西。世界上的邪教有一个很大的特点，就是出版发行教主的一套歪理邪说，蛊惑教徒不就医、不吃药，只看这本圣书治疗疾病，从身心两方面控制教徒，靠出售图书敛财。但我们不一样，我们是从科学的角度探讨阅读的心理调节、心理干预作用。

科学地说，读书之于心理健康只能起到辅助作用，不能说得了癌症非得靠读书治好，那是不可能的。但是阅读对治疗癌症确实有一定作用。现代医学已经证明，癌症、心血管疾病等都属于心因性疾病，都是因为情绪上先出现诱因，然后身体跟着出现毛病，表面上看是生理疾病，根子上是心理问题，所以读书这种有益于调节情绪、抚慰心灵、镇定安神的行为，可以起到辅助治疗的作用。北京一家肿瘤医院，护士给每个肿瘤病人的床头贴上王蒙的《安详》和《再说安详》这两篇劝人想开的短文，就起到了比较好的效果。

因为在座的多是大学生，我还想告诉大家，阅读是一门学问。大家都要做毕业论文、毕业设计，感兴趣的话，可以考虑考虑研究阅读与心理健康的关系问题。中国人文社科领域最高端的学术杂志《中国社会科学》，1997 年曾发表过一篇文章，叫《西方哲学中的治疗型智慧》。如果大家觉得我今天讲得比较浅，不够过瘾，可以找到这篇文章看一看，它对阅读与心理健康的关系论述得很深刻。

另外，还有好多这方面的博士、硕士论文，大家通过中国期刊网都能够找到。硕士论文方面，比如有北京大学美学家叶朗教授指导李欧撰写的《论审美与艺术的心理治疗功能》、广东中医药大学邱鸿钟教授指导陈音撰写的《阅读爱好对人格影响的研究》、山东大学陈坚教授指导原春燕撰写的《佛教调心理论与心理健康》。博士论文方面，有浙江大学哲学系包利民教授指导曹欢荣撰写的《伊壁鸠鲁派灵魂治疗的"药"和"药引"》，这是一个细小专深的问题，能把它写成博士论文很不容易。

对有商业头脑的同学来说，读书读出好心情也是一个创业项目。前面我讲到《哲学的慰藉》，这本书的作者 1969 年出生，人称"英伦才子"，名叫阿兰·德波顿。他是自由职业者，这本书出版以后，他以此书为基础办了一个公司，叫"生命学院"（The School of Life）。公司的主页上写着这样的广告词："生活的理念在此销售。"公司自我标榜：情感卖场、阅读疗法集市、概念便利店、哲学交易所。实际上是利用书籍，或者说是哲学，能够给人以慰藉的特性，开设培训班，向大家传授、传播这方面的知识。这和俞敏洪开设新东方英语培训学校是一样的。如果在座的哪位对开拓这样的事业感兴趣，完全可以效仿之，开设中国的"生命学院"，把周国平聘为导师之一。

同学们，大家来自各个院系，但我希望大家除这些院系之外，还来自同一个系——治愈系，并成为这个系毕业的高才生。治愈系，我想大家都有所耳闻，不了解的话，问一下"度娘"就知道了。按照我的理解，凡是和蔼可亲，满面春风，能给人带来愉悦感、亲和感的人和事物，便可以贴上治愈系的标签，如治愈系美女、治愈系作家、治愈系明星、治愈系天团。

当前公认的治愈系作家，主要有毕淑敏、张德芬、胡因梦、伊能静，她们的书因为都牵涉到了婚姻问题，可能更适合中年人看，但她们讲的年轻时的经验教训、职场奋斗的艰辛还是相当励志的，对我们有很好的借鉴、启发意义。

另外，网络上经常涌现的治愈系空姐、治愈系明星，他们身上优雅、淡定、温暖的性格和气质，也值得我们学习。

我们适当地读一些治愈系的书，看一些治愈系的电影，听一些治愈系的歌，争取把自己塑造成治愈系的人，就能给自己、给周围的人带来更多的正能量。

书籍的功能是很多的，比如借书还书通常是谈恋爱的一个桥段。如果能把书名和借还这个行为巧妙结合，可以传达的情感就更多。

由于现在出版的图书越来越多，每年达 30 万种左右，大家会发现，好多爱情表白的话，不但能在流行歌曲中找到，也都能在书名中找到，包括“我爱你”这样的书名都有。既然如此，我们就要学会以书传情：

假如说你喜欢她，就送她一本徐志摩的诗集《爱的灵感》。

图 9 《爱的灵感》书影

你不喜欢他，想婉拒他，就送他一本《千江有水千江月》，寓意是，每个人都有适合他的人，但我不是那个适合你的，就像每条江都有它的月亮，但是我这个月亮不是你这条江的，你可以骂我这轮明月照了沟渠，但我就喜欢沟渠，无怨无悔。如此一来，就可以用一种委婉的、大家都不是那么尴尬的方式表达感情。

一般人不知道，读书还能和性感、时尚挂上钩。但是如果你仔细观察国际顶尖摄影师的作品，你就会发现读书是性感类、时尚类甚至是创意类照片最常用的元素。

因此，我建议大家都趁着青春年华、大好时光，多照一些读书照。不要 20 年寒窗都读下来了，博士学位都拿到了，翻一翻以前的照片，没有一张好看的读书照。

大家平时照相，习惯了一站在镜头前，不是伸着蟹钳，就是喊着“茄子”，要么就是表演“全身疼”：假装头疼，捂着头照一张；假装腿疼，摸着膝盖再照一张……照来照去，就是没有一张读书照。回头想想，是不是感觉很庸俗？在我看来，大家要像重视婚纱照一样重视读书照。

我的博客上，经常发布精选的读书人像照，给大家带来赏心悦目的享受。比如说玛丽莲·梦露，过去我们一般不认为她的文化素养很高，把她的成功完全归结于她的长相。但后来一些人研究发现，梦露很喜欢读书，一辈子留下了许多在各种场合读书的照片，而且嫁给了作家，反映了她对知识的渴望和尊敬。她的性感文而不野，是她内在的书卷气的映射。如果大家同意我的观点，可以趁着青葱岁月，尽量多照一些读书照，留下青春最美好的回忆。

图 10　梦露读书

总之，今天我是从一个特殊的角度来谈读书，谈读书对心情的调理作用。但大家一定要切记，读书只起辅助作用，万一患上了比较严重的抑郁症，影响了学习和工作，首先一定要求医问药，其次可通过求亲、求师、求友、求书这些辅助性的方法，多方位地将其制服。

在今天的报告中，我前前后后列举了很多书，希望大家能够记住其中的一两本，并且找机会认真地读一读，我想大家肯定会有所收获的。

人的生命是一张网，它不同于一栋楼、一棵树，这座楼塌了，这棵树死了，另外一栋楼、一棵树无动于衷。一个人的生命的消失，最痛苦的通常不是他自己，而是他的父母子妻、至爱亲朋。所以说，人的生命某种程度上不是属于自己的。一个有责任感的人，一个有爱心的人，应该珍惜生命、追求健康，既为自己，也为爱自己、自己爱的人。

家长对远行求学的孩子的期望，占第一位的肯定不是他的学位，而是他的健康。可怜天下父母心，敬请在座的各位遇到困难时，多想想父母期待的眼神、劳作的身影，积极通过读书等方式振作起来。如果通过读书，既学习了知识，又培养了坚强的意志，练就了藐视一切挫折的茁壮的精神体魄，我想这是令所有家长最感宽慰、最感幸福的事情。人与人之间的落差，很多情况、很大程度上来自于读书。一般人能够认识到，读书使人与人之间产生信息差、知识差、智慧差、机遇差，却不知道还能产生快乐差、健康差，这是我今天特意提醒大家重视的。

最后，祝大家学习进步、笑傲人生、身心两健！如果讲的有不正确的地方，敬请批评指正。

谢谢大家！

石 芃 简介

石芃，1951年生于青岛，国家一级美术师，从事油画创作近40年。石芃的作品始终坚持自己的风格特色，特别注重画面情调与意境的追求，并以其构图的装饰性与色彩语言的整体明快形成独具一格的画风。

其作品自1972年参加山东省美展起，多次参加美展并在各类书刊发表；他曾在日本、韩国、香港等地举办个人画展及作品联展；壁画作品《孔子事迹图》（合作）镌刻于曲阜孔庙，并因此获“日中文化交流金奖”。

石芃又是一位著名陈列设计师，有两部设计专著出版，是岛城文博界知名的专家，参与过多个博物馆的设计与论证。

十大博物馆欣赏

（2013年5月16日）

同学们，老师们：

后天就是“5·18世界博物馆日”，如果在我们博物馆里讲，我可能讲博物馆概论，但在这里讲这个题目恐怕就把同学们给讲睡了，那就结合旅游来讲吧。

旅游大家都经历过，这个事在我国，除了去景点拍照，再就是看庙，到那儿去烧香磕头之类的，可是你们去国外旅游，一般会去参观博物馆。我做了个幻灯片，简单地来讲一下，题目叫作“博物馆之旅”。5·18世界博物馆日，借着这个题目讲一讲世界著名的博物馆吧。

最早的“博物馆”一词，源于希腊文的museion，原意为“祭祀缪斯的地方”。缪斯是希腊神话中掌管科学与艺术的九位女神的统称，她们分别掌管着历史、文学和艺术等，代表着希腊几乎全部文化艺术活动。

博物馆现象最初来源于人们的收藏意识。约在公元前5世纪，在希腊的奥林帕斯神庙里，就有一座收藏各种雕塑和战利品中的艺术品的宝库，它被视为博物馆的开端，在其后相当长的时间里，博物馆只是供王室或少数贵族欣赏珍奇宝物的收藏室。

现代意义的博物馆出现在17世纪后期。

18世纪50年代，大英博物馆建立并首次向公众开放，使它成为世界第一个向公众开放的大型博物馆。到18世纪末，西欧一些国家博物馆相继建立，并向公众开放，博物馆的功能有了新的发展，人们对博物馆的认识也发生了变化。

随着社会文化和科学技术的发展，博物馆数量和种类也越来越多。1946年11月，国际博物馆协会在法国巴黎成立。

1974年，国际博物馆协会对博物馆进行了明确的定义，作为收集、保存、研究有关人类及其生存环境的见证物的永久机构，向大众展示文化宝藏，为他们提供欣赏和受教育的机会，公益性是其主要特征。

下面介绍十大著名博物馆。

一、罗浮宫博物馆

罗浮宫博物馆，如果去法国旅游，一定要去看看。

图1 罗浮宫广场上的玻璃金字塔

罗浮宫是法国最大的王宫建筑之一，位于首都巴黎塞纳河畔。早在1546年，法国国王弗朗索瓦一世决定在原城堡的基础上建造新的王宫，此后经过九位国王的不断扩建，历时300余年，形成一座宏伟辉煌的宫殿建筑群。

1793年8月，在推翻君主制的周年纪念日上，法国“国民公会”决定把昔日的王宫开辟为国立美术博物馆。同年11月18日，罗浮宫博物馆正式向公众开放。

从16世纪起，弗朗索瓦一世开始大规模的收藏各种艺术品，以后各代皇帝延续了这个传统，充实了罗浮宫的收藏。如今罗浮宫博物馆收藏的艺术品已达40万件，其中包括雕塑、绘画、工艺美术及古代东方、古代埃及和古希腊、罗马等7个门类。1981年，法国政府对这座精美的建筑进行了大规模的整修，从此罗浮宫成了专业博物馆。目前，罗浮宫已成为世界四大博物馆之一，其艺术藏品种类之丰富，档次之高堪称世界一流。

图 1 就是罗浮宫正门入口处那个透明金字塔建筑，它刚建成时备受争议，随着时间的推移，现在已经成为罗浮宫的标志性建筑之一，它的设计者就是著名的美籍华人建筑师贝聿铭。

据统计，目前罗浮宫共收藏有 40 多万件来自世界各国的艺术珍品。法国人将这些艺术珍品根据其来源地和种类分别在六大展馆中展出，即东方艺术馆、古希腊及古罗马艺术馆、古埃及艺术馆、珍宝馆、绘画馆及雕塑馆，其中绘画馆展品最多，占地面积最大。罗浮宫有将近 200 个展示大厅，最大的厅长 200 多米。

（一）罗浮宫的古代雕塑馆内景（图略，下同）

进入罗浮宫内的主通道，楼梯尽头就是著名的雕塑“萨莫特拉斯的胜利女神”。塑像高约 2.75 米，这是所有古希腊时期雕塑中最重要的作品之一。希腊的胜利女神不仅象征战争的胜利，还代表着希腊人日常生活中的许多领域，尤其是竞技体育领域中的成功。因此她被认为是带来好运的女神，经常作为艺术作品来展现。

千古不朽的美女雕像“米洛的维纳斯”，是一尊大理石雕像，高 214 厘米，耸立在罗浮宫一楼长廊尽头的希腊雕刻室中央。这尊雕像 1820 年在爱琴海的米洛岛被发现，所以又被称为米洛的维纳斯。这件端庄典雅的艺术珍品，是古典艺术最伟大的杰作之一，因发现时双臂已缺，故又名“断臂的维纳斯”。后代艺术家们纷纷想象原雕刻的双手是怎样的姿态，却始终无法完成。

（二）罗浮宫绘画馆内景

罗浮宫绘画馆内的肖像杰作“蒙娜丽莎”，它代表达·芬奇的最高艺术成就。画中人物动态优雅，笑容微妙。画家力图使人物的丰富内心感情和美丽的外形达到巧妙的结合，对于人像面容中眼角、唇边等表露感情特点的关键部位，刻画都达到出神入化的境界，使蒙娜丽莎的微笑具有一种神秘莫测的感觉，那如梦般的妩媚微笑，被美术史家称为“神秘的微笑”。

二、大英博物馆

大英博物馆又称不列颠博物馆，是世界上历史最悠久、规模最宏伟的综合性博物馆。它收藏了世界各地的、众多的文物和图书珍品，藏品之丰富、种类之繁多为全世界博物馆所罕见。大英博物馆始建于 18 世纪中期，1823 年，英王乔治四世又将其父亲的大量藏书捐赠，

图 2 大英博物馆壮观的建筑外景

使这座博物馆的藏品更加丰富，后在蒙塔古大厦的基址上修建了古罗马式的新大楼。博物馆正门的两旁各有 8 根粗壮的罗马式圆柱，圆柱上端是一个三角形巨大的浮雕。整个建筑气势雄伟，非常壮观。大英博物馆共有 100 多个陈列室，面积六七万平方米，共藏有展品 400 多万件。

大英博物馆包括了埃及文物馆、希腊罗马文物馆、西亚文物馆、欧洲中世纪文物馆和东方艺术文物馆。埃及文物馆是博物馆中最大的陈列馆之一，这里展示有大型的人兽石雕、庙宇建筑，为数众多的木乃伊、碑文壁画、镌石器皿及金玉首饰，其展品的年代可上溯到 5000 多年前。

（一）大英博物馆壮观的建筑外景

大英博物馆自然采光的内廊，古典建筑与现代玻璃天顶的巧妙结合。

古代埃及艺术品是大英博物馆最负盛名的收藏，拥有大量精品，其数量仅次于埃及博物馆。如著名的罗赛塔石碑、亚尼的死亡之书、拉美西斯二世胸像等，是古埃及艺术中最杰出的作品之一。

希腊罗马部分的收藏是另一个亮点。来自于雅典帕特农神庙的命运三女神雕像群、帕特农神庙建筑遗迹，都是大英博物馆最令人神往的艺术珍品。

大英博物馆里最引人注目的要数东方艺术文物馆。该馆有来自中国、日本、印度及其他东南亚国家的文物 10 多万件。其中，来自中国的历代稀世珍宝就达 2 万多件，占了好几个大厅。展品从商周的青铜器，到各个时期的出土文物，唐宋的书画、明清的瓷器等等，其中绝大多数为无价之宝。

（二）来自古埃及的艺术

来自古埃及艺术的木乃伊，狮身人面像“斯芬克斯”，古埃及艺术品《亚尼的死者之书》，这是距今 3200 年前画在草纸上的画。此图截取亚尼在死者之国接受生前善恶行为审判的一段，为整卷画作中最精彩的部分。

还有古埃及最著名的雕塑“掷铁饼者”等。

三、纽约大都会博物馆

纽约大都会博物馆是美国最大的博物馆，1880 年开放，号称西半球最大的博物馆，收藏 300 多万件藏品，成为现代美术馆经营成功的典范。

图 3　纽约大都会博物馆正门

整个博物馆是一幢哥特式大厦，占地 8 公顷（1 平方千米=100 公顷），展出面积很大，仅画廊就有 200 多个，藏有超过 36 万件各类文物和艺术品。大都会博

物馆的规模可与罗浮宫博物馆和大英博物馆相媲美，全馆分设 200 多间陈列室，收藏 5000 年来各种文物，包括埃及艺术、希腊罗马艺术、东方艺术、西欧艺术、伊斯兰艺术、美国艺术等门类。

馆藏有埃及、巴比伦、亚述、远东和近东、希腊和罗马、欧洲、非洲、美洲前哥伦布时期各地艺术珍品 330 余万件，包括古今各个历史时期的建筑、雕塑、绘画、素描、版画、照片、玻璃器皿、陶瓷器、纺织品、金属制品、家具、古代房屋、武器、盔甲和乐器。有 19 个专业部门负责各类藏品的征集、保管和展览。

在大都会艺术博物馆，按照导游图，可以去到任何一个喜欢的展厅。古巴比伦、埃及、希腊、罗马、欧洲各国、非洲、拉丁美洲等几乎地球仪上每个有标识的地方的代表艺术品，以及原始社会、奴隶社会、欧洲中世纪各个分期、亚洲各大王朝时期、近现代等不同历史阶段的代表艺术品，在大都会艺术博物馆，都有专设的展厅。

在大都会艺术博物馆，有人看到的是展品本身蕴含的历史，有人看到的是展品更易国度的历史；有人从展品中看到它独一无二的艺术价值，有人从展品中看到它所属时代的艺术特征；有人为了心中的理想前去朝圣，有人为了赫赫的声名一探究竟；有人遗憾无法将浩瀚展品看全，有人感激能够把珍贵藏品亲赏。博物馆还将继续屹立，等待那些能由此获益的人们。

馆藏的古埃及浮雕，是整座 2400 多年前的埃及古墓，被移置在馆内专建的巨型玻璃罩里，是其镇馆之宝。

四、艾尔米塔什博物馆(冬宫)

圣彼得堡的冬宫是俄罗斯著名的皇宫，同时也是世界上最大、最古老的博物馆之一。该馆最早是叶卡捷琳娜二世女皇的私人博物馆。1764 年，叶卡捷琳娜二世从柏林购进伦勃朗、鲁本斯等人的 250 幅绘画存放在冬宫的艾尔米塔什，该馆由此而得名。

艾尔米塔什博物馆，位于俄罗斯圣彼得堡涅瓦河畔，占地面积 9 万平方米。该馆设 8 个部：原始文化部，古希腊、罗马世界部，东方民族文化部，俄罗斯文化史部，钱币部，西欧艺术部，科学教育部和修复保管部。藏品共有 270 万件，主要是绘画、雕塑、版画、素描、出土文物、实用艺术品、钱币和奖牌。

藏品中的绘画从拜占庭最古老的宗教画，直到现代的马蒂斯、毕加索的绘画作品，及其他印象派、后期印象派画作等应有尽有，共收藏 15800 余幅。其中意大利达·芬奇的两幅《圣母像》、拉斐尔的《圣母圣子图》《圣家族》，荷兰伦勃朗的《浪子回头》，以及提香、鲁本斯、委拉士贵支、雷诺阿等人的名画均极珍贵。

展厅共353个，有金银器皿、服装、礼品、绘画、工艺品等专题陈列和沙皇时代的卧室 、餐厅、休息室、会客室的原状陈列。其中，彼得大帝陈列室最引人注目。

步入冬宫的前厅，两排雪白的大理石圆柱护卫着走廊，走廊尽头金光闪烁的楼梯就是著名的“约旦阶梯”，这是一个相当富丽堂皇的楼梯。它从底层上升，左右分开，又在二楼会合。台阶、栏杆、扶手和方柱，全都是用白色的大理石雕琢而成，线条流畅明快，每个细部都打磨得异常光滑。窗户、廊柱和灯具镶着金色的花饰，精美得令人惊讶。抬头看去，镶有金边的顶部是巨大的宗教题材的油画，四周则是许多姿态各异的人物雕塑，呈现一派典型的巴洛克风格。

图4 金碧辉煌的圣彼得堡艾尔米塔什博物馆

五、梵蒂冈博物馆

梵蒂冈博物馆的馆址是世界上博物馆中最早的，公元5世纪末就有了雏形。在16世纪与圣彼得大教堂同时扩建，总面积为5.5万平方米，分12个博物馆和五个艺术长廊，还包括屋顶花园。广大的梵蒂冈博物馆有 6 千米的展示空间，由木开朗基里设计的著名的西斯廷教堂就在其中，是欧洲排名前三、四位的艺术殿堂。

梵蒂冈博物馆是欧洲宫廷式建筑。里面连成一体，曲折环绕，幽深莫测。落地高窗，采光很好，延绵不断的天顶与墙壁绘画极尽富丽堂皇之能事。

梵蒂冈博物馆分为A、B、C、D四条参观路线，脉络清楚，对初游者十分方便。

图5 梵蒂冈博物馆内的天顶画

屋顶花园是梵蒂冈博物馆一绝，不但占地面积很大，而且繁花似锦，一扫博物馆的沉闷气氛。走累了，还可上到开阔宽敞的屋顶花园，环视整个罗马，赏心悦目。

著名的石雕——拉奥孔，讲的是特洛伊的拉奥孔因为识破了木马计，和儿子一起被蛇缠死的故事。

米开朗基罗的作品——西斯廷教堂的天顶画“创世纪”，面积300平方米，由9幅中心画面组成，画出上帝创造世界的过程。

《末日的审判》则位于正面壁上，充满绝望阴沉的气息，该画描绘的是世界末日来临时，基督把万民召集在自己面前分出善恶的情景。艺术家通过上帝分辨善恶，表达了自己爱憎分明的情感。米开朗基罗创作时，工作极为艰苦，谢绝一切助手。由于长期仰面作画，他颈项僵直，导致无法正常直立身体行走，看书读信都要放置在头顶仰视。歌德曾评论说：“没有到过西斯廷礼拜堂的人，无法了解一个人所能做的事。”

六、北京故宫博物院

北京故宫博物院建立于1925年10月10日，是在明朝、清朝两代皇宫及其收藏的基础上建立起来的综合性博物馆，也是我国最大的古代文化艺术博物馆，其文物收藏主要来源于清代宫中旧藏以及后来的收藏与捐赠。

故宫博物院包括：书画馆、陶瓷馆、金银器馆、青铜器馆、珍宝馆、钟表馆、石鼓馆、戏曲馆、天府永藏馆、延禧宫展馆、宁寿宫展区、龙凤呈祥——清帝大婚庆典馆、特展馆与临展馆等展区。

图 6 故宫博物院巍峨的宫殿群

按说故宫博物院的藏品在国际博物馆界算不上丰富，但因它包括了建筑都是历史文物，可算是占地最大的博物馆了。明清两朝共有 24 代皇帝在此居住和行使国家最高权力。1961 年故宫博物院被国务院公布为第一批“全国重点文物保护单位”，1987 年被联合国教科文组织世界遗产委员会列入“世界遗产名录”。

七、墨西哥国立人类学博物馆

墨西哥国立人类学博物馆，是一个有关人类学的专门博物馆。馆内收藏和展出的主要是印第安人文明遗存，位于墨西哥城查普尔特佩克公园内，占地面积 12.5 万平方米，建筑面积 4.4 万平方米。建成并开放于 1964 年 9 月，前身是 1808 年的墨西哥大学古物委员会。

博物馆门口有 1 座用整块大石雕成的“雨神”，高 8.5 米，重 168 吨；院内还立有一根图腾大铜柱，柱上有一个巨大蘑菇顶，顶上蓄水，向四周喷洒，像一个“雨泉”，寓意古代墨西哥人渴望水和水在推动墨西哥文化中的作用。

墨西哥人类学博物馆以它独特的富有魅力的藏品在世界博物馆界独树一帜。它的藏品不仅反映了墨西哥，也反映了整个美洲早期文明的进程，第一次向世界展示了美洲人民辉煌的历史。参观了这个博物馆，人们在惊叹古代美洲人卓越成就的同时，会抛却长期形成的历史偏见，会认识到印第安人并非是一个野蛮、未开化的民族，而是一个曾经辉煌一时的民族，他们对世界文明的发展也起到了重要的推动作用。

图 7 墨西哥国立人类学博物馆的雕刻大门

“现代印第安人的生活”展，表现了作为玛雅人和阿兹台克人的后裔而生存下来的印第安人的生活，虽然他们在墨西哥沙漠地带或原始森林中度着艰辛的日子，但还保持着他们民族的特色。展品色调鲜艳、丰富多彩，给人以深刻印象。

这个博物馆内，玛雅文化展、阿兹台克文化馆、乌拉马球展览三个展馆都是非常值得参观的地方。

八、开罗国家博物馆

开罗博物馆是世界上最著名的博物馆之一，是世界上最大的展示埃及文明的博物馆。它建于 1881 年，收藏的各种文物有 30 多万件，陈列展出的仅约 6．3 万件。

它的藏品从史前时代到远古、中古、帝国时代以至希腊和罗马的美术品皆有。其中，有埃及古代帝王的巨大石像、古代法老镀金的车辆，有史前时期的石器、陶器，有古代艺人制作的各种雕刻和其他艺术品，还有三四千年前用纸莎草做成的纸卷，上面记录着古埃及的科学、文学、历史和法律等，还可以看到几千年前制作的木乃伊，躺在黄金、宝石镶嵌的棺木里，依旧保持原貌。

图 8 埃及国家博物馆的展览大厅

开罗博物馆收藏了数以万计的从古埃及到罗马时代的大小文物，来自埃及各地的重要文物也被集中放置在这里。

有一点需要说明的是，古埃及人和现代埃及人完全不是一回事，现在的埃及人是阿拉伯人种，他们只不过是生活在一个远古文明曾经创造辉煌的土地上罢了。

九、雅典国家考古博物馆

雅典国家考古博物馆，是全希腊最大的博物馆，收藏很多各地出土的非常重要的文物。这些文物出自希腊不同的考古地点，年代由史前到晚古时期都有，被认为是世界上最伟大的博物馆之一，并且藏有最丰富的古希腊文物，是希腊首都雅典重要的参观景点。雅典国家考古博物馆建于1866—1889 年，收藏了希腊价值极高的文物。

图 9 雅典国家考古博物馆藏的人像柱

现在，博物馆有大厅、陈列室等 50 多个房间，收藏文物近 2 万件。绝大多数的文物反映了希腊神话中的内容，可谓集古希腊文物之大全。

前厅的中路是迈锡尼文物陈列区，其中的金制面具、器皿和装饰品最为著名。中路的两侧为雕塑陈列区，有各种战具。

再往北就是青铜器陈列区。战后新建的双层建筑后厅为陶器陈列区，陶器的造型和瓶上的图案显示出希腊艺术优美精细的特点。

雅典国家考古博物馆规模上虽然不能与大英博物馆和法国罗浮宫相媲美，但是这里拥有的一切记载了欧洲文明的起源及发展。考古博物馆拥有的文物数量多达约2万余件，收藏了希腊从石器时代、青铜时代、迈锡尼和多利安时代、古希腊时代、古典时代，罗马时代、拜占庭时代、奥斯曼时代发掘出来的大部分文物。

十、土耳其托普卡匹宫殿博物馆

象征奥斯曼帝国荣耀与威势的土耳其托普卡匹宫殿博物馆是土耳其历代君王的政治中心和生活中心，收集了世界各国的宝石器、金银器和陶瓷器，使今天的宫殿成为世界最大规模的著名历史艺术类博物馆。

该馆收集帝国时期聚集的文物总数达8.6万件，收藏中国瓷器上万件，并且是世界典藏元清瓷器最高级别的博物馆。

托普卡匹皇宫位于土耳其城市伊斯坦布尔，最初的建造工程开始于1459年，皇宫由四个主要庭院和众多较小的建筑构成。皇宫的扩张一直没有停止，在最鼎盛时期一直被当作皇家居所，且可供4000多人居住。

在1509年的地震和1665年的火灾等灾难后，皇宫的扩张便宣告结束。1991年，托普卡匹皇宫被改成博物馆对外开放。

托普卡匹宫殿分瓷器馆、土耳其国宝馆、历代苏丹服饰馆、古代刺绣馆、古代武器馆、古代钟表馆等，还有一座图书馆及书法展览室。

在历代苏丹服饰馆里，展示了历代苏丹和后妃穿过的丝制大袍，其中有金色图案，有紫地黄花，十分华丽。

图10 土耳其托普卡匹宫殿博物馆的伊斯兰风格长廊

据说，当年东罗马帝国拜占庭的皇帝穿的皇袍，就是从中国运来的丝绸制作的。那时世界上只有中国能缫丝织绸，这些丝绸的色彩鲜艳、质地柔软，通过“丝绸之路”运到君士坦丁堡，成为宫廷珍品。

托普卡匹宫殿最为精彩的储藏是中国的瓷器，人们称这里是中国陶瓷的宝库。瓷器馆是由 10 间宽敞的圆拱顶御厨房和带有青铜大门的后妃们居住的闺房改成的。

馆内收藏有 2 万多件来自我国宋、元、明、清时代的瓷器，其中有一只白底蓝花明朝烧制的瓷碗，上面有苏东坡《赤壁赋》的全文及苏东坡游赤壁的中国画。陈列馆中还有色彩醒目、造型美观的元末明初的大碟、大钵，有南宋到元明时代出产的各种类型的青瓷器。

讲到这里，我突然想到，我们的元青花瓷器的色彩是不是受到土耳其伊斯兰风格的影响呢？元蓝色青花瓷原料中的苏麻离青不就是从波斯一带进口的吗？

当我整理这个讲稿时，发现怎么都是西方文化博物馆啊，这样会不会给同学们一个误会，以为只有西方才是文化发展的源头？所以就加上了我国的故宫博物院和土耳其的托普卡匹宫殿博物馆，这样在中西文化的分配比例上是不是就平衡点了呢？

时间到了就此打住。

谢谢大家。

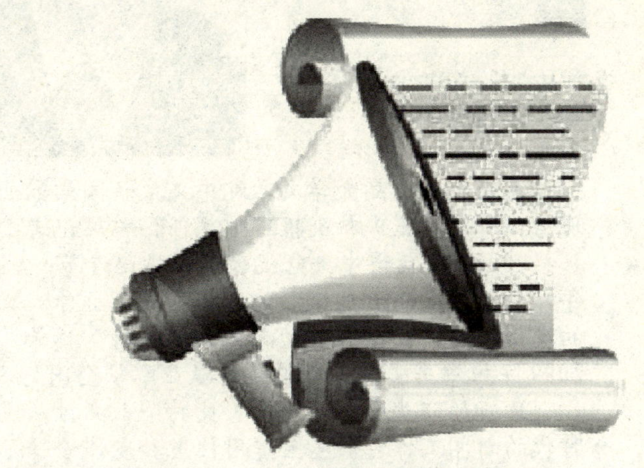

第六篇　行者足迹

姜宝虎
主讲

姜宝虎简介

姜宝虎，青岛大学文学院中文系新闻学专业毕业，中国海洋大学文学硕士，现为《青岛晚报》特别报道部主任、首席记者。

2003年，获得中央电视台第4届记者节“全国十大风云记者”荣誉称号；2007年，荣获第2届青岛市十佳新闻工作者称号；2008年，凭借在汶川大地震采访中的突出表现，获得“感动青岛十佳人物”称号，受到中共山东省委宣传部嘉奖；2009年被中央文明办评选为“敬业奉献全国好人”。

良好的职业素养，正直善良的个人品性，满怀激情的工作态度，作为一名新时代的新闻工作者，姜宝虎用担当和虔诚诠释了记者的责任。

7天7夜，见证生死考验

——我在四川地震灾区采访的日子

（2008年6月11日）

非常感谢青岛职业技术学院能够给我这次机会，让我跟大家一块儿来分享我在四川采访的经历和感受。

刚才大家站起来鼓掌的时候，我觉得非常承受不起。我想，我们这些掌声，应该送给那些在这次大地震中、在特大灾难面前挺起脊梁的中国人！同时，我们也应该以更加沉重的心情，来怀念那些在灾难中逝去的同胞们！

从灾区回来后，我参加了很多的活动，也讲了很多自己的采访经历，但每一次内心都很压抑。2008年5月12日，汶川大地震发生后，我第一时间就做好了赶赴一线采访的准备。前方传出的信息显示，救援部队进不去，电路不通，通讯设施损毁，飞机停飞，怎样能迅速进入抗震救灾一线呢？我的第一反应，就是要第一时间赶到离成都最近的一个城市。大家知道，对新闻记者来说，时间就是生命，如果不能第一时间赶到采访战场，你们将失去最宝贵的新闻机会。一个优秀的记者，没有第一时间的现场，他就不可能把社会最关注的新闻报道出来。所以，我想的第一件事，就是怎样才能以最快的速度赶赴灾区。

当时设计了很多路线，比如先到昆明去，然后赶火车到成都，到成都后，如果遭遇不通车的情况，怎样才能找到摩托车或者是自行车，甚至能不能找当地向导翻山越岭徒步到救灾一线，这些都在我的预想和计划之内。可是真正赶到四川的时候，困难又来了：地方记者受到很多限制，根本无法靠近救灾一线。当时绝大多数的记者都被挡在成都，而青岛的记者们也都“扎堆”在绵阳市，可绵阳市并不是此次特大地震的重灾区，只是一个安置灾民的地方。战士需要战场，同样记者也需要自己采访的“战场”，我必须赶到地震一线去。

怎么样才能快速赶到救援一线呢？我想了一个办法，让好朋友帮我办了一张中央电视台的采访证，这张采访证的含金量非常高，拿着它我一路绿灯，搭上了救援部队直升机飞进了地震重灾区——绵竹市清平乡。清平位于龙门山大震裂带上，周围都是海拔三五千米高的大山，这里也是救援难度最大的一个地方，我国最精锐的空降部队1000多名官兵在这里救援。这是一支声名显赫的英雄部队，家喻户晓的英雄黄继光就曾出自这支部队，我就是跟着他们每天上山营救被困村民。

清平的房屋倒塌非常严重，一会儿有我拍摄的一组照片展示给大家。受灾最严重的一个村子叫文家沟，全村上百户人，短短几分钟整个村子就被瞬间垮塌的山体掩埋了。我拍摄的照片上这个像山一样的土包，就是四面垮塌的山体，底下就是被掩埋的村子，最深的地方埋了400多米。当地干部沉痛地告诉我，这个村子活下来的人很少很少。

我在清平采访的时候，更多的时间是跟着空降部队搜索和营救被困在大山上的矿工、村民以及砸伤的伤员，其中救援难度最大的一个点叫小木岭，海拔有3000多米高，白天气温30多度，夜晚却经常大雪纷飞，那里有1300多名矿工和伐木工人生死不明。但因为都是被困在三四千米高孤零零的山顶上，四周山体垮塌成了上千米高的绝壁，地震之后快一周了依然无法进行有效救援。

我采访过一个死里逃生的矿工，地震发生后他所在的矿上有100多人被困，断粮断水5天后，叫天天不应叫地地不灵的矿工们只好跟死神赌命——他们要爬过那一道道悬崖绝壁，在过第一条千米绝壁时，就摔死了20多人。人摔下去的时候，就像一束散落的稻草，身体被摔得支离破碎、七零八落。所以说，这1300多人要安全营救出来难度非常大，可以说是难于上青天，但越是危险的地方越能考验出救援部队的英雄本色。

空降兵指挥部下达了不惜一切代价营救被困群众的指令，一个由特一连连长带领的搜救小分队整装出发了。空降部队就是我国的精锐之师，这个小分队可以说是精锐中的精锐。小分队从连长到队员全部都由清一色的特种兵构成，身经百战的他们个个身怀绝技。25 岁的连长李磊是咱山东老乡，入伍前是体育学院的尖子生，曾获得过全国散打冠军，入伍后代表中国参加过世界多个国家的军事比武，获得过多项冠军。小分队的其他队员也都是特种兵里的精英，可以说个个都是超级战士。空降部队的参谋长告诉我，培养这样一个特种兵，需要用 5—8 年，在国家对外发生大规模战争，或者突发战争的时候才能动用他们，但在这次特大地震面前，在我们的同胞最需要救援的危急时刻，他们义无反顾地连夜奔赴了最前线。

小木岭并不是一座独立的山峰，而是一片大山的统称。被困人员的具体方位很难确定，小分队的首要任务就是要寻找到他们，再想办法实施救援。他们搭乘直升机飞到 1200 多米高的山腰，然后靠直升机上的绳索下降到山谷，再徒手爬上 1000 多米高的绝壁。徒手是什么概念呢？请看照片。

不知道大家有没有看过户外运动者攀岩？李磊和队员们个个都是攀岩高手，1000 多米高几乎直上直下的光滑岩壁，他们把刺刀插进岩缝，像蜘蛛侠一样往上攀爬。头上是不断垮塌的山体，铺天盖地的碎石呼啸着从身旁坠落，不时还有四五级的余震，我们的特种兵就是这样在没有任何的防护措施的情况下冒着生命危险向山顶攀去。

爬到悬崖上方后，放下软梯和绳子来，把困在上面的伤员一个个背起来捆在身上，送下绝壁，在地势比较低的地方，让直升机吊走，这样才算救出一个人。可以说，我们的特种兵们是在拿着自己的生命去换取被困群众的生命。只有亲眼见证了小木岭生死大营救的震撼场面，你们才能真正理解“最可爱的人”的深刻含义。是的，他们，是这个时代当之无愧的最可爱的人。

地震发生之后，清平成了一座“孤岛”，采访的 7 天 7 夜，这里一直处于断水、断电、断粮状态，救援部队只能通过军线与外面取得联系。因为这个地方地处四川盆地和青藏高原的交接地带，地势险峻，海拔很高，我们吃的米饭只能做到 7 成熟；没有菜，部队就每天派 15 个战士到山上采野菜。天气好的时候，外面的直升机可以进来投送一些食物和矿泉水，但五六月份这个地方几乎三天两头下雨下雾，能见度很低，飞机很难飞进来。更危险的是，这里大山绵延一望无际，而且山谷都是狭窄的 S 型，很多地方都只有六七十米宽，即使是小型直升机，机翼稍不小心都可能碰到山体，造成机毁人亡。

我乘直升机进入清平后连续下了 7 天的雨，救援部队随时面临着断粮断水的危险。救援形势异常严峻和险恶，有一次特种兵小分队营救村民时遭遇暴雨袭击被困山上，六个人两天只吃了两罐八宝粥、喝了一瓶矿泉水。山上的泉水很清澈，但因为有疫情和疾病的传播不能喝；老百姓的蔬菜满地都是，但是战士们丝毫不动；已经安全转移的村民院子里腊肉一排一排挂着，忍饥挨饿的战士们没有人动一下。

我们的空降部队不仅作战素养一流，整体纪律更是严明，真正做到了不拿群众一针一线。下大雨的时候，没有地方躲，当地的房屋几乎都倒塌了，松动的山体也在不断垮塌，为了保证安全，战士们夜晚只能靠在大树上打盹，因为随时有野兽出没。有一天深夜在山上救援一名被困的当地妇女时，我们就遇到了一只体长近两米的大狗熊。国外一些记者看到我们救援时的照片非常不理解，为什么中国军队在清平救援时背着冲锋枪，因为救灾时部队一般是不带枪的，他们哪里知道狗熊的厉害啊。

除了出没的野兽，救援战士们还要面对疯狗的突然袭击和毒虫的叮咬。到达清平的时候，我正好碰上救援指挥部正在从山外急调狂犬疫苗。一名随队军医很焦急地告诉我，大地震发生后，村子里到处都是逃窜流浪的疯狗，救援战士在倒塌的废墟上抢救伤员的时候，冷不丁就会有疯狗从背后扑上来咬一口，最多的一天，竟然有 70 多个战士被疯狗咬伤抓伤，一些伤势严重的战士被疯狗咬后浑身抽搐高烧不退。

同时，战士们还要应对毒虫的叮咬。我在清平睡的第一个晚上身上就被咬起了十几个硬币大小的红包。第二天早上一看，帐篷里藏着 30 多只黑色的毒蜘蛛，个头最大的有小孩子的拳头那么大，太恐怖了，很多战士都被毒虫咬得伤痕累累遍体鳞伤。

救援部队驻扎在清平山下的一片河滩上，头上悬着的除了松动的山体还有一个 180 多米深 4 千米长的大型堰塞湖。堰塞湖淹没了半山腰的一个村庄，每天涨水七八米，随时都有决口的危险。为了以防万一，战士们夜里只能穿着救生衣睡觉。但任何困难都吓不倒这支英雄的部队，面对中央军委只要山上还有一个人部队就不能撤的命令，面对人民群众期待的眼神和无声的呼唤，他们选择了舍生忘死，选择了前赴后继。

小木岭大营救，1100 多名幸存的群众安全转移；顶棚子大营救，800 多名被困 7 天的百姓安全脱险；板棚子大营救……随着一个个救援指令的发出，一场场生命的大营救在清平大山深处陆续展开。到 6 月 3 日，随着最后 5 名遇险矿工的安全脱险，被困大山深处的 13000 多名群众全部得到了安全转移。

在清平采访的时候，惊魂未定的当地人说得最多的一句话就是：世界末日到了。我们也许永远无法想象，短短几秒钟的时间里，随着山谷里面骤然腾起的蘑菇云，伴随着轰然作响的闷雷声，猛烈颤抖的大地上下断裂左右摇晃，山崩地裂

的瞬间安静的村庄被吞噬，惊恐的人群被埋没，和谐的家园被破坏，从天堂到地狱，黑暗和绝望笼罩着秀美的四川。

采访结束离开清平的时候，顺利脱险的人们说得最多的一句话则是：多亏了亲人解放军，没有他们四川不知还要死多少人呐。我采访的一位 87 岁的老人说起自己获救的经历老泪纵横。他说自己这一辈子经历了 3 次大地震，新中国成立之前的两次，大地震摧毁了他们的房屋，决口的堰塞湖冲毁了他们的家园，肆虐的瘟疫夺去无数人的生命，整个清平侥幸存活下来的人还不到 1/10。但就在这样的巨大灾难面前，当时的军阀和政府都没有人来看看他们，更不用说组织力量前来救援和抢险。

而这次地震发生后，解放军翻山越岭连夜赶到了清平，一家一家地扒开废墟抢救伤员，一座山一座山地搜寻营救被困群众，被压在废墟下的老人经过 60 多名战士的昼夜奋战终于活了下来。老人说地震时他的腰和腿都被砸断了，儿子们为了保命都跑到山外去了，他只能摸出早已准备好的寿衣穿在身上等死，没想到解放军又把他的命从鬼门关上抢了回来。

像老人这样的故事几乎每天都在上演。我在救援部队的营地碰到了十几个七八十岁的老人，他们都是战士们从废墟下营救出来的，但直升机进来要把他们转移到山外安全地带的时候，老人们谁也不愿意走，他们说只有和解放军在一起才是最安全的。这就是我们的解放军，这就是大灾大难面前才能考验出的深厚军民鱼水情。

在抗震救灾一线的采访中，让我感受最深刻的，还有我们的国家、我们的政府以及全国人民的众志成城、全力以赴。上到我们的总书记、总理，下到我们的村镇干部、普通党员和民众，还有成千上万的志愿者，他们在这次特大地震中的表现，都称得上是中华民族的脊梁。

我采访的一个志愿者，在贵阳市卫生局工作的一个小姑娘，本来家里已经为她准备好了 5 月中旬的婚期，但汶川大地震发生后的当天下午，她就瞒着家人报名做了一名志愿者，并第一时间跟着前往灾区送药品的车，从贵阳跑到了绵阳。听说救灾前线急需护理人员，她二话没说就连夜登上了救援直升机，在清平的大山深处一待就是 22 天，抢救伤员太多累得晕倒在废墟上……

同样，我们后方的城市农村、学校社区也都在紧急动员，以各种各样的方式捐款捐物，为四川重建家园奔波劳碌。在这次灾难当中，我能深深地感受到，在灾区之外，有十几亿人时刻都在关注着四川、关注着地震。从国家到地方，在通往灾区的公路上，到处都是运送救灾物资的车辆，到处都能看到来自全国各地的一队队救援人员。此情此景给我的最大感受就是：我们这个国家真的是强大了！中华民族的凝聚力从来就没有缺失过！

“5·12”特大地震考验了我们国家的凝聚力和向心力，考验了我们政府的领导力和指挥力，考验了我们各条战线的组织力和救援力，同样也考验了我们的亲情、友情和爱情。在灾区采访的每天每夜，我都被众多的感动包围着。照片上的这位妇女是高位截瘫，整个左腿全部失去了。她有两个女儿。地震发生的当天，村子里的人已经撤离了，撤离的时候她对丈夫说，你们一定要活着走出去，先找到失散的孩子，找到孩子，我就能活下去。

第二天，村子被堰塞湖涨起来的水淹没了，继续等下去只有死路一条，手里握着小女儿的一张一寸的小照片，她开始往山外爬去。两三千米高的五六座大山横在她的面前，一条条上千米深的悬崖绝壁挡在她的面前，余震引发的山体大滑坡一次次将她推下了山谷。她的手掌磨烂了，臀部磨得血肉模糊，身上被乱石砸得遍体鳞伤，摔下山崖的她记不清有多少次昏死过去又被雨水和堰塞湖水浸醒。绝望的时候她几次想到了跳崖自尽，但手中照片上女儿可爱的笑脸在召唤着她。不能让孩子没有妈妈，为了女儿，只要有一口气就要活下去。白天用手爬山，夜里搂着大树睡觉，饿了吃野菜和动物的尸体，渴了喝雨水露水雪水和漂着人遗体的堰塞湖水。5天5夜，就是这样一位高位截瘫的坚强母亲，凭着一种本能的求生欲望，凭着一份对孩子牵挂的本能，用她的双手征服了5座海拔3000多米的大山。5月18日，我和救援的战士用担架抬着她走了整整11个小时，最终将她安全送到了空降部队的救护点。经过连夜的抢救，她终于活了过来，而她的手里则始终紧紧地攥着那个让她创造生命奇迹的希望——女儿的照片。这就是母爱，感天动地的母爱，坚如磐石的母爱，可以创造人间奇迹的母爱！

在灾区一线采访的7天7夜，是我见证和经历生死考验的7天7夜。血泪相凝的残酷现实，沉重地撞击着我敏感的心灵；舍生忘死奋力营救的震撼场面，强烈地激荡着我不屈的灵魂。这些都化作了一篇篇的文字，随着我们的报纸走进了亿万读者的心田。这篇《废墟前的疯妈妈》是我流着眼泪写下来的，请同学帮我读一下。

废墟前的疯妈妈

灾区采访的每一天，我的心都被一种悲壮的气氛笼罩着。倒塌的学校前那排排书包，废墟前失去亲人呼天抢地的绝望哭声，无时不在刺激着我脆弱而敏感的神经，让我最难忘记的是绵竹废墟前的那个疯妈妈，此生我永远无法忘记的疯妈妈。

在地震后的第6天，我在往青平灾区赶的路上，路过绵竹汉旺的一所学校。学校在大地震中垮塌成一片废墟，几百个孩子在5月12日下午的那个瞬间被淹没在零乱的砖石下，现场依然可以看到孩子们丢弃的书包和破碎的课本。就是在学校废墟前，我遇见了那个年轻的妈妈。她看上去只有30多岁，毒花花的炎阳下，她坐在学校的废墟前，零乱的头发在风里飘摇。她两眼发直，目光呆滞。她的嘴

唇上爬满的燎泡，脸上流露出的除了憔悴还是憔悴。她就这样呆呆着坐着，坐着，看上去好像是在等人。只有当穿迷彩服的战士从她的身边经过的时候，她的脸上才会很快地浮现出些许鲜活的神采。看到解放军走来，她会远远地迎上前去，边走边嘴里喋喋不休地说着什么。她狠命地拽着战士的胳膊，使劲往学校那边拉去，战士有点手足无措。她扑通跪在地上，哭着说，求求你们，求求你们解放军同志，我的娃儿还在下面压着呢，他还活着，你们救救他吧……悲壮和绝望从她那嘶哑的喉咙里撕裂一般地迸发出来。解放军战士眼里泛着泪花，低头默默地离去，只剩下她呆呆着坐在那里，等着下一个解放军的出现。

正在当地参与救援的空降兵战士告诉我，这位年轻的妈妈已经在废墟前等了5天了，她的孩子被突如其来的大地震夺去了生命了，可她依然不相信这是真的，每天都在学校废墟前坐着，等待着每一个过往的解放军，磕头央求他们赶快去救救她的儿子。一位年轻的志愿者泣不成声地说，她每天会到废墟前来找这位年轻的妈妈，每次将她拉回帐篷，她都会趁着大家不注意的时候偷偷跑回去。志愿者私下里告诉我，这位年轻的妈妈，因为大地震中受了刺激，精神出现了问题。

现在完成采访任务的我，已经离开灾区好几天了，但是我永远不能忘记，那个午后，那个在学校废墟前一直等待过往解放军的年轻的疯妈妈。年轻的疯妈妈，你还在苦苦等待吗？

谢谢各位同学，我的报告到此结束。

谢谢大家！

燎原简介

燎原，原名唐燎原，当代诗歌评论家，中国作家协会会员，山东省作协诗歌创作委员会委员，威海职业学院教授。

著有西部诗歌专论《西部大荒中的盛典》、诗集《高大陆》、批评随笔集《地图与背景》、当代诗人点评《一个诗评家的诗人档案》、诗人评传《海子评传》《昌耀评传》等多部。主编作品：《21世纪10年中国独立诗人诗选》《昌耀诗文总集·增编本》。

其《海子评传》经两次修订3次出版，被公认为20多年来解读海子的经典之作。

未被读完的海子

（2013年3月15日）

说起海子，我们会本能性地想起他的那些短诗，比如被广为传诵的《面朝大海，春暖花开》《麦地》《日记》《祖国，或以梦为马》等，并以为这就是他的全部。但事实上，这仅仅是一个部分性的海子，一个被我们通俗化也简单化了的海子。而他真实的诗歌成就和思想闪电抵达的遥远边界，则远远地超出了我们的想象。因此，我们目前所谈及的，是一个远未被读完的海子。

海子的诗歌成就大体上由三部分组成。第一部分就是他的那些短诗，从当时至今一直享有盛誉。第二部分为长诗，共有10首，分两个系列。第一系列为“河流三部曲”，共三首。第二系列为“太阳七部书”，共7首。第三部分为诗学文论，诸如《诗学，一份提纲》，以及一些日记式的诗学笔记，这类作品不算多，但非常重要。

海子本人认为，长诗是他的事业，短诗则是他投身于这一巨大工程间隙的余绪。这些短诗，呈现了一个天才少年的神奇光芒，却并不能体现他的博大。而只有在长诗中，我们才能看清他建立在浩瀚人类经典大书阅读中的、宏大的精神文化底座，不可思议的雄心与抱负，冲击写作极限的高能量。

宏观地看，海子所要书写的，是一种超越生存局限的诗歌。这就是以他刻骨铭心感受过的、中国乡村的饥饿为出发点，探讨人类的生存为何总是被苦难所绑架、人类社会为何总是陷入盛衰轮回的宿命之中。在这一追问中，海子发现了一个致命性的元素：潜藏在大地和人性中的“魔”的元素——亦即导致大地陷入黑暗的“毁灭”元素。通过对诸如此类反向元素的解析，他最终要寻找的则是对这种灾难轮回的“超越之道”。

接下来的事实是，他的确找到了，这就是伏藏在人与大地总体关系中的正向力量，亦即“朝霞”或曰“太阳”元素。而这一元素的载体，便是诗歌。只有诗歌，才能带领人类超脱黑暗飞向朝霞（太阳）。作为一种形而上的方法，海子通过他的“太阳七部书”，从灾难深重的大地上最终飞向太阳。他在太阳中焚身，也在太阳中永生。

自他去世至今的20多年来，中国大地上对他诗歌的无尽吟诵，由各种研讨会和纪念活动所体现的集体性怀想，正是他获得永生的标志。

一、即使最优秀的短诗，也不能体现海子的宏大抱负和实质

说起海子，大家首先会想到他那首在当代引用率最高的《面朝大海，春暖花开》。

从明天起，做一个幸福的人
喂马，劈柴，周游世界
从明天起，关心粮食和蔬菜
我有一所房子，面朝大海，春暖花开

从明天起，和每一个亲人通信
告诉他们我的幸福
那幸福的闪电告诉我的
我将告诉每一个人

给每一条河每一座山取一个温暖的名字
陌生人，我也为你们祝福
愿你们有一个灿烂的前程
愿你们有情人终成眷属
愿你们在尘世获得幸福

我只愿面朝大海，春暖花开

这首诗晴朗、热烈、烂漫，充盈着一个天才少年神奇的心灵意象和抒情方式，他对于大地上简朴劳作生活的热爱，以及洋溢的幸福感。但除此而外，我们还能看到什么？能否由此想到，他还是一个博大激烈，以抵达荷马、歌德等世界古典诗歌巨子的高度为抱负的诗人？

即使这首诗作，也并未被我们读完。比如“愿你们在尘世获得幸福”又是什么意思？难道此时的他，已把自己排除在了这“尘世”之外？事实的确如此。此诗写于1989年1月13日，两个来月后的3月26日，他便在“面朝大海”的秦皇岛，走向了自己生命的终点。而从他写于同一时期诸多绝望至极的诗句，诸如“我看见这景色中只有我自己被上帝废弃不用”（《月全食》，写于1月，删改于3月初），尤其是“我把天空和大地打扫干干净净，归还给一个陌不相识的人”（《黎明之二》，2月22日）等综合来看，此时的他，已经做好了离开这个世界的心理决断。

而这一决断，正是基于这两行诗句中隐藏的信息：其一，我所做不到的，我的确无法做到；其二，我能够做到的，我已彻底完成。至此，他大任未竟的绝望恍然卸除，在一身轻松中，眼前蓦然一片光明的幻象，仿佛看到在来世“重新做人”的他自己，焕然一新他最为渴望的，单纯、健康、本色的乡村少年郎形象。

这首诗歌的前两段，正是对这一幻象的书写。最后一段中他与世界的一团和气，其实潜藏着这样一种心理语态：祝“尘世”中所有的人们幸福美满，而我将离去，我将在我再生的世界中享有永远的“春暖花开”。因此，这是一首置身绝境而再生的诗篇，在它晴朗至极的大幻象中，压缩了海子冲破极限的高强精神能量转换。也因此，它才有一种为我们说不清道不明却能直击人心的力量。

二、海子刻骨铭心的饥饿感受和麦子情结

在中国新诗史上，没有任何一位诗人能像海子那样，对于中国乡村生活中的饥饿，有着那样刻骨铭心的感受和书写，并将“麦子”作为诗歌中的词根，延伸出麦地、粮食、谷物、吃和胃这一语词系统。比如在“太阳七部书”之一的长诗《土地》中，他曾专门写下了《饥饿仪式在本世纪》这么一章，其中甚至有着这样的诗句：饥饿是上帝脱落的羊毛，囚禁在路途遥远的路上，“驾车人他叫故乡/囚犯就是饥饿”（亦即在故乡这部岁月之车上苦度时日的百姓，一直囚犯一样被饥饿所绑架）。

而这种关于饥饿的感受，正是海子写作的动力和哲学起点：人为什么总是沦入苦难？生产粮食的土地、养育着人类又把人类拖入饥饿和灾难的土地，它与人类的总体关系到底又是什么样的？

在这一探究中，他首先从自己少年时代所置身的南方故乡出发，发现了土地“水”的属性，进而以他的“河流三部曲”，对土地与人的关系进行了纵深探讨，而他在此获得的一个让人惊异的绝妙发现，就是作为水陆两栖动物的龟王形象。

三、龟王的寓言：艺术诞生于灾难的土地，又为土地带来福祇

“河流三部曲”包括《河流》《传说》《但是水，水》共三部长诗。它以古希腊、古罗马的宏大史诗框架为模型，力图以中国传统文化资源中的民间艺术、神话传说、寓言故事等内容，呈现我们这个东方民族的历史文化全景。

我们这里说到的《龟王》，是一篇寓言故事，它仅是《但是水，水》这部长诗的一个微小部分。《但是水，水》由五大篇章组成，最后一个篇章是《其他：神秘故事6篇》，而《龟王》只是这6篇中的一篇。它讲述了这样一个故事：

从前，在东边平原的深处住着一位老石匠。老石匠技艺超群，曾给宫殿和陵园凿制过各种动物，但他却把由此所得的钱财散给众人，为了心中一个神秘的念头，过着终身不娶的清贫生活。在这一念头的折磨中，石匠的脾气越来越古怪，身体也瘦得只剩下了一把筋骨。而他雕琢的动物，无论是飞翔的、走动的、浮游的，也越来越古怪地趋向同一种神态——在地面上艰难爬行，知天命而奋力抗争的神态。整整一个夏天，老石匠都死气沉沉地守着这堆无人问津的石头动物；到了冬天，他来到村外冰封的河床上，感受寒冷的日光蛇一样从手心游过，感受泥层和鱼群激烈的繁殖；春天来了，他又跟着农夫学习扶犁、播种，然后在田垄中用沾着牛粪和泥巴的手贴着额头睡去。

然而，当石匠第二天早上醒来时，突然像个青年一样利索，胸中如有五匹烈马奔踏。他一口气跑回家，并关上所有门窗，在屋内一待就是五年。

五年后的一天，一场铺天盖地的洪水向平原涌来。就在那天夜里，人们听到了无数乌龟划水的声音。洪水在清晨退去，当人们推开石匠的房门时，发现他已疲惫地死在床上，地上还有一只和床差不多大的、形体非常像人的石头龟王，身体上满是刚与洪水搏斗过的伤痕。

第二年大旱，人们供上香案，把龟王埋进干涸的河道中央。随之，一注清泉涌出，天空云雨相合。平原从此康乐安宁。

不错，这的确是一个神秘的故事，它包含了海子对于艺术、艺术创造力的来源，艺术创作的目的等根本性问题的理解；更在老石匠的形象中，预示了他自己从事诗歌艺术的最终生命走向。所谓的艺术，就是艺术家在对天地万物信息的感应中，收拢于内心的一道思想闪电。而真正的艺术和艺术家，则必须经历这样的道路：首先是不满于常规形式不能传达自己思想的闪电，而在寻求突破的过程中将创作推向连自己也不知所云的古怪变形；继而是步入绝境的煎熬；再接着是从

大地万物中寻求启示，直至筋疲力尽地躺倒在大地上；再接下来，是像希腊神话中的安泰那样从大地上获得力量，以死而后生的灵魂开窍，进入疯狂的艺术创造。

然后，他在转化为他的艺术作品之后死去，也在为大地带来的福祇中复活。

这个故事，居然与海子的写作和最终生命走向完全一致！

四、大地囤积的秘密之一：魔

然而，这只是海子阶段性的探究结果。随后，他又在自己青春时代置身的北方平原，发现了土地“火”的特征与属性，以及伏藏在土地与人的关系中更为复杂的元素，并由此发出了“大地的秘密已经囤积太多”的感叹，而“太阳七部书”，就是对这一“秘密”的探究和揭示。

“太阳七部书”由七部独立的作品构成，包括《土地》《弑》《弥赛亚》等等，是一部在形式上综合了诗体小说、诗剧、合唱剧、叙事诗和抒情诗在内的，关于大地与人类社会史中人性秘密和时间秘密的“全书”。虽然除了诗剧《弑》之外，其他的作品都未彻底完成，但我们已据此可以强烈地感受到海子的精神文化能量以及雄心与抱负。

那么，他又在这其中发现了什么呢？最让我震惊的，便是他在 3 幕 30 场的诗剧《弑》中，对大地中深藏的“魔”的元素的发现。

《弑》的基本情节如下：

以暴君统治维护自己王位的巴比伦国王，因为唯一的王子自小失踪，所以在他的垂暮之年，决定以在全国举行诗歌大赛的方式选拔自己王位的继承者。这种貌似的高雅文明，其实更是一种阴险残忍之举。因为王位只有一个，而所有的竞争失败者都将被处死。所以，这唯一的王位，必然以无数参赛诗人的人头为代价。并且，决赛时两位诗人中的获胜者，必须亲手杀死对方，亦即“让一个人踏着另一个人的头颅走向王座”。

大赛开始若干时日以来，在坐着由国会元老充当裁判官，类似宗教大法会气氛的主席台上，一批批竞赛失败的诗人，先后被五花大绑地押赴刑场处死。最后只剩下了来自西边沙漠草原之国的猛兽、青草、吉卜赛，以及前来寻找妻子的宝剑共四位青年诗人。

剑与这三位青年情同兄弟。当年青草和吉卜赛同时爱上了一位名叫红的女子，而红却爱上了剑。青草和吉卜赛因此离开故乡。红与剑此后结了婚，但结婚之后，红又鬼使神差地离开剑，来到巴比伦国，并且神经错乱。

而现今的这个巴比伦国王，当年是由魔王、天王（他在另一时间名叫洪秀全）、乞丐王、闯王（他在另一时间名叫李自成）等 13 位行帮帮主结拜的“十三反王”中的老八（这让人想到了《隋唐演义》中的“十八反王”）。当年的十三反王天不怕地不怕，以数十年“刀尖上舔血”的日子，推翻了一个拥有几千年历史的老王朝，并推举老八为他们新的王朝——巴比伦国国王。

登上王座的这位老八，又是一个怀有宇宙大同之梦野心的、残暴的诗人政治家。为了扬名万世，他不顾十二兄弟和天下百姓的劝告而横征暴敛，决意要修造一座巨大无比的太阳神神庙。神庙终于修成，而国中的百姓也死了将近一半。于是，曾是其把兄弟的十二反王重新造反，但不幸的是，其中的十一位都被抓获处死，只有最小的第十三反王在众兄弟的掩护下安全脱逃，到西边建立了一个沙漠草原之国。在逃离时，他带走了十三反王中老大的儿子猛兽，并偷走了巴比伦王的婴儿宝剑。

第十三反王不但是众反王中最年青最勇敢的一个，还是世纪交替之际最伟大的诗人。猛兽、青草、吉卜赛，包括剑与红，都是受他的熏陶成为诗人的。而前三位青年参加诗歌大赛的一个秘密使命，就是受他的指派刺杀巴比伦王的。

现在，只剩下这三位相互角逐了。猛兽因不忍兄弟间的相残，提前用火枪干掉了自己。决赛时，青草为了让吉卜赛不受心理干扰地完成使命，也决然自杀。至此，吉卜赛成了最后的胜出者。当大祭司宣布了他继承王位的资格，他随之从巴比伦王手中接过象征王权的宝剑，毫不犹豫地刺向对方。

然而，吉卜赛刺死的，却是他当年深爱过的红！精神错乱的红由于意识被操纵，自己要求装扮成了巴比伦王，而老谋深算的巴比伦王则装扮成了大祭司。中了奸计的吉卜赛愧愤难当，当场持剑自杀。

红在临死前神志恢复，认出了装扮成大祭司的巴比伦王，并让他找来剑作最后的告别。本是为了前来寻妻的剑，随之与巴比伦王直面相对。剑向对方愤怒地兴师问罪：你们谋杀了我儿童般纯洁的兄弟，我现在就要拧断你们的脖子去喂狗……

但血气方刚的剑根本不会想到，整个事态完全是按着巴比伦王的精心设计进行的。

此时已喝下毒药，很快就要死去的巴比伦王道出了事情的真相：红是我的女儿，你们是我的儿子。你们自小失踪，红长大后就出门寻找哥哥，没想到遇见了你们，爱上了你们，与你们结了婚。后来有人告诉了她事情的真相，她就离开你们回到家乡，从此就发了疯。我只想把王位传给你们，给你们留下了这铁打的江山和黄金的土地……

这最终的真相也把剑置于负罪的境地，使剑感觉到他与国王两人生命的肮脏。随之，已经成为王子的剑斥退廷臣走出王宫，在开满野花的道路上一阵狂奔之后拔剑自杀。

这就是《弑》。弑便是杀，杀君、杀父之杀，人类内部乌烟瘴气的残杀。在这部惊心动魄的诗剧中，权谋争斗，王位角逐，血缘迷乱，骨肉相残，你们死他疯，无一胜者。

但海子在此要表达的是，操纵这一切的并不是炫目的王权本身，而是伏藏在大地和人类天性中的魔性！海子把它称作“万物之中所隐藏的含而不露的力量”。

进一步说，它是一种强大的、由黑暗的欲望所主宰的负能量，却又是一种本质性的力量。而本质性的力量总是难以遏止。就像这竞争王位的诗歌大赛，尽管充斥着人头落地的杀机，却又让人趋之若鹜。

非但如此，这部诗剧中环环相扣的计谋诡诈，对复杂人性直入骨髓的深刻揭示，更是让人触目惊心。那么，能够写出这样一部诗剧的海子，难道不是一个胸藏雷霆、深不可测的海子？他与那个“面朝大海”纯净温暖的少年诗人，显然完全判若两人。

这就是我为什么要强调，我们目前所谈及的，是一个远未被读完的海子。

五、“流着泪迎接朝霞”

然而，海子书写这部诗剧的目的并未到此为止。他在《我热爱的诗人荷尔德林》这篇诗学文论中谈道：做一个诗人，你们必须热爱人类的秘密、热爱时间的秘密。而诗人的使命，就是作为所有秘密的解析者，在对其中黑暗的、光明的、杂色的各种元素破解之后，寻求冲破黑夜地飞向朝霞之道，亦即“忍受你们的痛苦直到产生欢乐”。进一步说，人生来不是为了承受苦难的，他能够承受苦难的唯一理由就是相信前边会有欢乐；否则，始终受苦受难的人生不值得一过。

在揭示了使大地一次次陷入灾难的“魔”的秘密力量后，海子还要寻求的是：又是什么力量使大地一次次地复活？彻底解脱这轮回之劫的道路又是什么？“太阳七部书”从中国农村土地上的饥饿、苦难及其养育艺术和万物的派生力（长诗《土地》），到诗剧《弑》中对魔的毁灭性力量——亦即大地灰烬品质的揭示，直至最终对大地的火焰品质——诗歌提升人类飞翔的力量作出确认（合唱剧《弥赛亚》）。

这样的写作，正如他对自己所热爱的凡·高和荷尔德林那类诗人的描述：“他们流着泪迎接朝霞。”而海子整个长诗系列的写作——从“河流三部曲”到“太阳七部书”，就是他在对人类黑暗深渊致命性的痛楚体认中“流着泪迎接朝霞”。

臧 杰简介

臧 杰，出版人，策展人，批评家。青岛日报社良友书坊总经理、主编，山东省作家协会全委会委员，文化青岛建设专家委员会委员，青岛文联委员，青岛当代艺术文献中心、青岛文学馆创办人。

著有《民国美术先锋》《民国影坛的激进阵营》《天下良友》《大师的背影》《艺术功课》等，主编有《良友》丛书、《闲话》丛书等。

《民国美术先锋决澜社艺术家群像》获第八届中国文联文艺评论奖。

追寻赫保真先生

（2013 年 11 月 7 日）

赫保真作为青岛美术史最完整的见证者，是几无争议的。1924 年，赫保真应原潍县郭氏小学校长郭业耜的函请来青，出任基督教青年会模范小学音乐及图画教员，掀开了他最早的青岛之旅。

那一年，赫保真 20 岁，在潍县已经有些小名气了。赫保真的好友陈立先，曾于 1983 年在赫保真最后的创作——《拟先祖学斋公行乐图画像》做过一篇题记，文中即称赫保真“未弱冠已誉满全城，与郭兰村、傅柳坪有三才子之称。”而在此画像的附文草稿中，赫保真道及了自己的家世：“忆我先祖来自西土迤逦岱峄，垦田大圩寿光为家，各食所图，兄弟三人寄艺潍县，学斋幼小叩师鲁班，大木为楹，细木为椽，方圆平直，乘除加减，宫室巨厦、庙堂民居，名工巧匠，咸与为伍……”不难看出，赫保真乃木工之家出身。而其父赫敬臣做过铜首饰匠，后以摆小摊为生。

赫保真幼年受祖父的影响，常以枯枝木条伏地作画，甚得祖父的喜爱。14 岁时，考入潍县继志小学，绘画师从尤擅人物的丁东斋，有了不俗的功底。15 岁高小毕业后，即入学生营业部当事务员。17岁时，应郎席珍所聘，任武氏自力小学音乐、图画教员，该校的在读学生中即有后来同样名动山东画坛的黑伯龙。至1922年，与郭兰村、傅柳坪发起潍县“益社”后，赫保真的绘事才有更大的精进。这一阶段，除了丁东斋，他还受到了花鸟画家刘秩东的指点。从赫保真留存的丁东斋信札中可以得见，丁东斋对他有过极高的鼓励与赞誉，信中言：“尝谓山水至黄鹤山樵，人物至老莲，花卉至南田，可谓造峰升巅矣。足下兼而有之乃天授之才非人人得而能也。”

而在此时，上海美术专科学校的函授学习，也吸引了潍县热爱艺术的年轻人。赫保真等人报名参加了西洋画的技法学习，并开始尝试擦炭像和水彩的创作。迄今，仍有一幅赫保真18岁时画就的水彩得以保留，赫保真称此作源于记忆，并在画下题曰：“白云青天古城下，苦忆儿时卖西瓜；羞向鸳鸯桥头站，泪洒僻巷怕回家。”而1924年12月，赫保真在青岛海滨存留的一帧写生照片则说明，在寓青前后的一段时期他还尝试过油画创作。

据说，20世纪50年代在青岛一中美术教研室的砖墙上还挂着他的油画，一幅是《崂山潮音瀑》，一幅是《崂山鱼鳞峡》。除油画之外，赫保真还从事过木刻、泥塑的创作。他还将一套自己用过的木刻刀送给了后来成为雕塑家的徐立忠，并给少年徐立忠介绍过凯绥·珂勒惠支。1935年在上海印行的《美术生活》杂志第2期中，还有一幅署名“葆真”的木刻，应该可以证实他当年的创作样貌。而这幅以典当为题材的作品，也甚合于当时木刻着力表现底层现实生活的主流。只不过，1935年，赫保真人在高密，时任胶济高密铁路子弟小学的音乐图画教员。

其实，自1924年应青年会模范小学之聘后，赫保真只在青岛寓居了两年，后因学校关闭而返回潍县。1928年春节后，他才再度来青，在钟渊纱厂子弟小学任教。在这里，赫保真与厂内护士、同乡丁佩琳相识相恋，并于次年中秋在李村耶稣教堂举办了婚礼。

在钟渊纱厂小学工作期间，赫保真加入了声名甚巨的艺术社团——少海书画社；而其时好友郭兰村与葛焕斗、汤友素等人在河南路14号开办了“乐陶美术馆”，走动与过从自然也少不了；在1929年6月，赫保真还在同乡毛维中的资助下，举办了“六月画展”。这期间，赫保真就住在芝罘路潍县“老客”聚集的义德栈。

携妻奔赴高密后，赫保真迎来了一生中的“甜蜜8年”，月薪由35元增至65元，收入不菲，稳定从容。他曾回忆道：“八年之间，卿卿相依，夫唱妇随，生子女5人，郁生，招生，达生，敏生，勇生，极家庭之乐。”也正是在这段时间，赫保真与同乡丁自新（时任潍县撞钟院小学校长）多有往来，并受其影响读到了一些进步书刊和陶行知的教育论文。

正是"七七事变"使赫保真一家走上了逃亡路，也把他再次送到了青岛。自1938年应聘市立女中音乐美术教员入住台西镇汶上路3号后，至1987年7月31日辞世，赫保真开始深深扎根于青岛画坛，尽管游走于多间学校，但再也没有换过职业，再也没搬过家。唯一的例外年份是1944年秋至1945年秋，赫保真曾短暂离开过一年，起因是其供职的青岛市立第一中学阴云激荡，日伪当局以抗日嫌疑抓捕了校长王笑房和训育主任赵常春，赫保真避走祸乱。

赫保真的儿子赫达生就此的说法是——"母亲担心父亲在校的一些言行。"有关于此，市立中学1942级学生王文彬有过一段可相佐证的忆及，说是初上音乐课时，大家以之为"小四门"而不紧张，赫保真进入班级前，大家还在杂乱地哼唱着流行的电影插曲。赫保真走上讲台后说了这样一段话："我想问你们几个问题，你们想过没有，现在是一个什么时代，大家的日子为什么过得艰难？第二我再问你们，有多少人上不起学？你们有幸能上中学该是多么不容易，你们应怎样努力，全面提高自己的修养？你们可知道一个中学生应具有怎样的修养？……"在部分市立中学学生的回忆中，赫保真在一年一度的中学生音乐会上将亨德尔的宗教名曲《哈利路亚》改编为《我爱中华》；在运动会上指挥师生合唱《战歌》向日本商业学校和中学"示威"，都是堪以乐道的往事。

所有富于家国情怀的知识分子，在这一阶段都是矛盾的。1951年10月，作为青岛私立青年中学的教导主任，赫保真曾就自己的历史问题做过这样的交代："我在潍县县公署教育科（注：1938年6月至10月，他曾在潍县伪教育科任督学）和青岛市立中学当教员时，对于共产党领导抗日、求民族解放是不相信也不知道的。只看见国民党日日退却，弃国土人民如草芥，觉得国家是没有希望了，竟作了一回留全性命的打算，但为稻粱之谋，不顾国家民族的利益，不分敌友，盲目地往上爬，以致走上了反人民的道路，造成不可饶恕的丑恶罪行。"

这段后来令赫保真痛心疾首的经历，其实是指他应李华萱之邀组织成立中国绘画研究会、书法研究会和篆刻研究会。尽管这些研究会在办完展览会后就无形消散了，但由于它们所属的青岛文化联盟系日本人国芬友喜所发动，所以具备"大东亚共荣"属性。这也成了赫保真日后难以卸却的历史包袱。

在1938年至1944年间，赫保真逐渐在青岛画坛崛起。1940年春，在中山路74号举办"赫保真近作展"一次；1943年夏，又在该址举办"赫保真花鸟、山水新作展"；1944年中秋，在暂别青岛前，又举行了一次"赫保真新作诗书画扇作品展览"。

后来成为赫保真好友的郭士奇，当时是《青岛新民报》的特约编辑，他在《由青岛艺术界谈到艺术专页》一文中写道：赫先生，是一位很有魄力的国画家，他对人物画有独到的研究，如进一步能以他一支艺术天才的画笔，和同情民众的热诚，画风能“转向民间去”，将现在活的题材一 一描入画面，我想那是更伟大了。

果然，在1946年于迎宾馆举行的“青岛美术展览会”上，赫保真以陈老莲式的金石线条勾画了一帧《流民图》。这幅作品因为还描绘了几名国民党伤兵，后来被赫保真悄悄销毁了。但这一历史“罪证”还是被记下了，在多份交代材料中，赫保真都做了详尽的检讨。

其实与所有知识分子一样，赫保真是对新政权有期待的。20世纪50年代初期，他真诚地做着自我改造，企图拉近与现实的距离。但这种热忱，没有得到热烈的回应。因为赫保真在中学是教授音乐课的，又主持过溪音合唱团、发表过音乐学论文，赫保真最初是以音乐家的身份出现在新文艺阵营中的。1950年8月，青岛市美术工作者协会筹委会在开过几次筹备会后，才补选他入会。

在与新兴画家的接触中，赫保真逐渐意识到，作为传统画家，因为缺乏以新的美术手段表现新社会的能力，他们是不太受重视的。年画、连环画、油画、水彩水粉似乎更适应于新形势的“胃口”。传统画家面临转型，这是包括赫保真在内的诸多同道共同的苦恼。尽管如此，赫保真还是在1950年很尽力地创作了《子弟兵面前话今昔》，但其手法显然没有绽露出讴歌劳动妇女和子弟兵的美感。

而因为新风尚的引领，很多有艺术追求的青年人也纷纷放弃了对传统绘画的临摹与学习。1955年，热衷新美术的徐立忠拿着梁楷的《李白行吟》问教赫保真，当赫保真张口称赞时，徐立忠说：“（这画）根本不合解剖比例……画面一片空白，无一景物，更谈不上什么透视了，我看不出好在哪里。”赫保真报以微笑，笑而不答。

那时，赫保真也在默默地寻求着改变。1955年夏，在北京工学院读书的赫达生去美术馆参观第二届全国美展，在展场中看到了一幅描述新社会欣欣向荣气象的新人物画——《星期天的早晨》。当看到落款“保真”时，他诧异了，再看简介，确是他的父亲——青岛一中美术老师，赫保真。

顺利跻身全国美展，使得赫保真终于可以吁一口气了。这一阶段，他又集中创作了《白毛女》《新媳妇》等作品。尽管在美术界的境遇得以改观，但在1957年召开的青岛市第一届文代会上，作为前辈画家的赫保真还只是被作为候补执行委员忝列于末席。

真正的“身份”变化，发生于1959年。躲过“反右派”斗争的赫保真从青岛一中调入青岛老师进修学院，执教于美术专科。是年，他为人民大会堂山东厅绘制了绢本重彩《十里荷香》和《满堂红》（经青岛刺绣厂复制为刺绣立屏）而名噪一时，并由此得名“赫牡丹”。

1961 年由中国美术家协会山东分会组织的南下旅行写生活动，以及 1962 年在青岛举行的南北画家雅集，使得赫保真的艺术路途如沐春风。造访上海画院时，王个簃、谢之光、孙雪泥、唐云、周炼霞诸画家相继迎出，赫保真在日记中写道："王院长（王个簃）对余去岁所作满堂红犹再三致意焉。"

而 1962 年的南北雅集活动，也使得赫保真的视野洞开，对钱松嵒、李苦禅、王雪涛等人的技法解析使得赫保真有了更明确、更深的体会。在南北雅集期间，赫保真作为青岛的传统画家代表，与黄公渚、杜宗甫举行了联合画展，由此而被推置于青岛画坛"三老"的位置上。雅集期间，史论大家俞剑华建议他在发扬宋元花鸟画法上多多着力。赫保真显然很是心动，他花费 125 元购买了 1959 年初版收录有宋至近现代精品绘画 100 幅的《上海博物馆藏画》。这 125 元相当于他一个半月的工资，对于一个有 7 个孩子的家庭来说，其奢侈不言而喻。此举动果然激怒妻子丁佩琳，以致夫妻间很长时间相顾无语。

赫保真的冲动与激动也很快散去——开拓和延展花鸟画的道路，在学理上具有意义，在现实中不具有意义，而且几乎是一条死路。"缺乏生活、画笔枯窘"是赫保真最切实的感受。赫保真心犹未甘。1965 年 9 月，他和学生参观完胶东下丁家大队后，创作了一组《下丁家剩稿》。在画作的后记中他写道："回头谈谈国画出新的问题，国画向前也有两座大山，一座是个人框框，一座是习惯势力。怎样搬掉这两座大山，使国画为工农兵服务，为社会主义经济基础服务，在下丁家找到了答案。"顺着这个感觉，他又开始了"新山水画"的探索，1966 年 4 月创作的《丹山春晓》应该是其中的代表。

无奈何，风云突变。随着"文革"的日见深入，各种造反组织对他的"关照"也日渐升级。历史问题重重的赫保真遭遇"围剿"，他开始自毁作品、藏品和藏书，并于 1968—1969 两年间写下了大量的检查认识和心得体会。这期间，赫保真是否有人生的幻灭之感不得而知，但领袖崇拜的现实阴影依旧附着在他的身上。1971 年，67 岁的赫保真递交了退休申请，并于是年 7 月开始了壮游山河的写生之旅。在年末，他抵达韶山，创作了长卷《红太阳升起的地方》。

直到 1973 年受聘山东工艺美术学校时，这种境况似乎悄悄发生了改变。1973 年 3 月，描绘崂山内景的《造巅溯源图》较之"突出政治"的《丹山春晓》有了相当的内敛。是年，他还重拾了不被看重的花鸟画。在《见山楼题画稿》中，他写道："春甫兄以诗索画，赘此有箫韵瓦缶着粪续貂之笔请正。此满堂红画法已十二年不作之矣，兼用宋元明清中外诸法使骨气色彩透视皆得其致，我名之为意笔工彩。应明贤大夫嘱即请教正。保真。癸丑作。"而 1975 年创作的《临王石谷山水卷》，更是使他重新回到了"四王"的本位。

此时，外面的“文革”仿佛在赫保真心中已经结束。他一面应对着教材匮乏的现实，着手编写了大量基础教学讲义；一边带着学生写生、泥古，《文徵明诗意山水图册》和《李复堂花卉册》成了他上课用的示范教材。

暖阳重现的日子次第展开。1978年初春，老伴丁佩琳故去，赫保真好不心伤。他在怀念亡妻的文字中检讨了自己，他写道：“佩琳慷慨好义、见义勇为、路见不平，往往奋然而动，或竞直前干与（预），刚直不阿之气，我不如也。她常以为我的懦弱、因循，而斥我为‘麻木不仁’或竟骂我为‘两面派’，今日思之，真金玉良言也。”

而事实上，回望赫保真人生道路，不外是一条传统画家清洁自持的人生之路——不喜怒无常，不争逐名利，沟壑山峦尽在心中。

如同他居于地势平坦、四面无山的西镇，却以“见山楼”颜其居。有学生问及原因，他解释，只是因为临街楼座那高高的屋山……

1982年，“赫保真、马龙青、冯凭 国画联展”在栈桥回澜阁举行，青岛画坛又寻到了新的“三老”。人们都知道，这又是一个新时代了。

李存修简介

李存修，1942年出生，山东安丘人。中国作协会员、中国译协理事、中国散文学会理事、山东烟台鲁东大学和华南理工大学兼职教授、广州国际旅游研究中心特约研究员、青岛市政协文化旅游顾问、广东省韶关市政府顾问、广东省旅游文化协会会长。曾历任四川省国旅、中旅总经理、四川省旅游局副局长、香港招商局集团广州国旅总经理、书记。

自20世纪70年代至今，共发表文化及译作作品500余万字，先后出版《流花忆梦》《皮尔·卡丹》《爱心无国界》《西欧之旅》《丝路之旅》《山东之旅》《印度之旅》《南美之旅》《行走天地间》《中国当代徐霞客笔记》等著作28部。主编了《岭南百景文学经典》等旅游丛书。

其中《爱心无国界》获得2001年广州市最高奖“广州文艺奖”。人物散文集《小院里的部长》获广州市第二届文学艺术创作红棉奖（文学类）一等奖（2002年）。散文游记集《行走天地间》2005年获广州市最高奖“广州市文艺奖”。

立志勤奋 心怀世界

——努力提高旅游文化素质

（2014年4月17日，根据本人讲话录音整理）

进入我们青岛职业技术学院感到非常的激动，也非常地满足。今天下午，我和覃川院长、旅游学院的领导以及老师们已经提前聚了一聚，我们学校里面真的是卧虎藏龙、人才辈出，我感到心里有点虚。今天，我谨就自己在事业、经历和生命的转折过程当中的一些感悟给同学们、老师们和领导们一个汇报。

我今年72岁了，不过我和同学们也有那么一段共同的经历。是什么呢？我读的学校，当年不叫烟台师范学院，那是后来的。我们学校改了8次名字，最初的名字叫胶东工学院；第二次叫山东乡村小学，都在莱阳；第三次叫莱阳师范学校；

第四次是莱阳师范专修学校；第六次是烟台师范进修学校；第七次是烟台师范；第八次是烟台师范学院；第九次叫鲁东大学。我是在烟台师范那一段读的书，和你们一样，学制你们是三年，我们也是三年；我们培养的目标是初中英语老师，你们培养的是合格的、熟练的、有一定水平的职业人才、技术人才，我们是共同的；也有个不同点，我们那时候是毕业以后全国分配，各省都有，北京、上海、黑龙江、辽宁还有就是贵州、四川、云南，全国各地，我给分到四川。

我们分到四川的学生一起到农场劳动锻炼。我是里边来自城市最小的、学历最低的、年龄最小的，也是人家最看不起的；别人是全国知名大学：北大、清华、南开、交大、华师大，里面有一个山大的，都算是末流，而我是最后一位，名单上是最后一位，打预防针是最后一位，反正排的最后一位就是我。经过一年的奋斗，这个奋斗就是吃苦耐劳，一年之后我就成了所有学生当中的队长，叫一把手，我管着所有的学生。为什么呢？

第一，我劳动是最积极的，被评为四川劳动明星。

第二，那时我们每周搞文艺晚会，每周一个晚会，那个节目都是我编的。三句半、快板书、山东快板都是我编的，我老早就会编剧了。那个领导一看，这个山东小伙子还行啊，四川话说就是“这个山东小伙子还要得嘞”，这样就当上学生队队长了。

一个烟台师专的专科毕业生，学校小，学历浅，曾经让所有的学生看不起，哪能成为一个学生队队长？可是只用了一年时间，天翻地覆，成了一把手，这个就是用实力，用劳动改变自己在农场的这个位置。这是第一步。

第二步，我宿舍有一位是四川大学英语系的毕业生，我们两个就约定，我约定他，他是被约定的。我就跟他商量，我们在劳动锻炼当中坚决不说一句中文，就利用劳动这个机会练口语和听力，一定要过关。因为当时我就意识到，以我这个学历，一个专科生，想要在社会上立足必须要拿出真功夫真本事，把潜力挖出来。我们经过努力以后，又过了一年多一点的时间，在“文革”当中，我们国家就开始招收翻译，当时老的都退了，要招收年轻翻译，条件非常苛刻，考试非常严格，比现在考公务员那要难得多。那时候考翻译，是出国做翻译，要陪国家领导人的，不仅是方方面面都好，女翻译还要长得 very very pretty，小伙子要长得 Ok，alright。这很难啊，先是口语，然后笔试。我们整个农场那么多学外语的，特别是有北大的、清华的，还有复旦的、华东师大的、山大的，都没有考上。

为什么？因为他们经过两年多劳动锻炼，统统失掉了信心。当时国家有个文件，文件规定学生到农村就是分配工作了，你们要做好在农村一辈子的准备。他们就信了，也不学习了，也不看书了，也不学英语了，就这样了。我就这样想，我确确实实是这样想的，我就不相信这几百万大学生这一辈子就在农村当农民，

我咬着这个劲我就不相信，我说迟早有一天这个现象会改变的，所以就在农场里面坚持两年多句句不离英语，白天晚上两个人在任何地方都锻炼口语。

我们天天听什么呢？北京广播，listening to radio Beijing。说为什么我这样的一个人能考上国家的外交翻译呢？就是在农场的两年时间没荒废一点点时间。

我第一个离开农场，第一个做翻译，第一个进入社会。他们有的陆陆续续一年后才出来，两年后才出来。因为他们学的知识忘掉了，就没有看到未来的中国社会是什么样子。我觉得我当年看对了。所以说，我和你们有共同的语言，你们也是专科生，我也是专科生。你们离开学校以后，在你们那些大姐大哥面前，人家有 3 年的经验了，5 年的经验了，10 年的经验了，一开始也看不起你们。因为什么呢？你们刚出茅庐的年轻学生学历比不上人家，经验比不上人家，实践比不上人家，也可能会经历我那样一段遭遇，就是在社会上被当作学历最低的大学生。就这个问题而言，我们是一致的。总要改变这个现象。怎么面对？学历并不代表一切，英雄不问出处。是不是英雄，30 年以后再看。

我在北京参加高层会议、学术论坛，参加者不一定都是北大、清华的，不一定都是博士生，参加者什么学历的都有，不仅是专科生，还有很多是中专生，还有的就是人家根本没读什么书的。我举个例子。我熟悉的人，前年我们在广州谈得很热烈——莫言，他是没有考上高密一中的，当了兵，结果在社会上锻炼以后成了中国第一个诺贝尔文学奖的获得者。那这就说明了问题，他没什么学历，但他从另外一个渠道成为中国文化界的佼佼者。

所以说，我们的命运是相同的，我们有共同的语言，我们有共同的经历，首先我们都是专科生。当然在座的领导、老师有很多出身名牌大学，当然他们第一步占了优势，但是并不能说你们的未来就比你们的老师、你们的校长差，甚至可能将来你们的水平、成果会超过在座的老师，超过在座的院长，这谁也看不清。这是第一点，讲讲我的身份。

第二点是我的一点体会。

人这一生中，要超越别人，不是说说话就完了，吹吹牛就完了，不是那么简单，一定要付出比别人更多的努力，要流更多的汗，要经受更多的挫折才能超越别人。不是你们听这个 70 岁的老头说得那么简单，一个专科生就超过了北大生、清华生，不那么容易，你们要比别人付出更多的努力。我这一生从农场出来以后接近 50 年，爬了 5 座山。你们现在还没有爬山，但 10 年、20 年以后，你们想想今天晚上发生的事，你们在爬哪座山，你们想想你们爬山了没有，爬上了没有，你们想想 2014 年 4 月 17 日晚上在青岛职业技术学院你们开始爬山了没有，你们爬了多少山，爬了多少高度。

我爬的第一座山是翻译，耗了整整10年的时间做外事翻译和旅游翻译，之后做导游，那时候没有导游的说法，都叫翻译，说外语的陪着客人旅行的都叫翻译。10年时间天天实践、天天练习，好好学习、天天向上。一个专科生10年努力坚持一条路，最后多次担任了国家领导人的翻译工作，我不说自己完成得多好，至少完成得也不差。这是第一。

第二个是中国翻译协会的理事，每个省3人，当时我代表四川。全国青年翻译家交流会在烟台开交流会，我是中间发言，《文学艺术的翻译效果》这篇论文被当年的中国外语院校收入高年级三四年级教材。作为一个翻译来说，我也算是尽力了。这就是第一座山。

爬第二座山用了10年的时间。因为翻译是做业务，后来领导认为可以转正，从翻译组长变为副科长、科长、副处长、处长，变成一个行政管理人员，这又是一个10年。

第三个10年被调到广东。当时招商局在内地的三个机构（上海、北京、广州）招负责人，办理香港招商局的业务。广州这一块找不到人，就跟我商量，我同意了，去了广东。10年的时间就负责一个大型的企业，有旅行社、有酒店等七八个公司，这又是10年。

第四个10年搞旅游文化，就是把自己旅行中的感悟、经历写成著作。国家正式出版的已经是28本，今年还要出两本。白天旅行，晚上写作，一般从7点—11点半是我晚上创作的时间，每天都是。白天爬山、晚上创作，产生了一定的影响，有5篇作品进入大学、高中课本。这10年就在旅游文化上付出。

那么现在是最后一座山，就是进行旅游资源的发现工作，因为这个太重要了。有个评论家这样说过：李存修干了一辈子的外事旅游，干了很多事情比不上给中国发现了岱崮地貌。中国以往有四个独特的地貌：桂林的喀斯特地貌、湖南的张家界地貌、河北的嶂石岩地貌、广东的丹霞山地貌，多少年就这四个地貌。谁也没有想到我们山东又冒出一个地貌叫岱崮地貌，是我在偶然之间发现的。现在得到了国家的认可、世界的认可，比写本书重要多了。

我现在写本书和不写差不多，发表和不发表文章，我还是这个人。但是如果给国家发现一些新的旅游资源，我觉得比1本书、10本书贡献都大。现在我凭着50年的经历吧，多给国家发现新的旅游资源。国家不是没有资源，而是你们能不能发现它。我现在正在进行这项工作。这项工作不是上班，就是在旅行途中，把看到的事物分析一下，它具不具备一种潜在的、光辉的前景。这就是我爬的五座山，我会一直爬下去。

再就是旅游领域的错误比比皆是，一些定义是错的，理论是错的，数字是错的，这错误太多了。因为一般人看了以后不动脑筋，也就过去了；但是我看见以

后肯定要提出来。我就提一件，从敦煌石窟到新疆的东南部一共是800千米。我到了敦煌了，我想自己前进，当地的居民说这里一两百年不通了，骆驼都过不去，你们怎么能一个人过去呢？但是我们的书上说这个地方有交通可以走，直到现在的书上还是这样写的。后来，我没有办法，只好转了个圈，从哈密进去，本来三四百千米路，这一圈转了2500千米，转到了阿尔金山下边。这种事情不是一个地方，很多地方出现谬误。我到任何地方都提了意见，他们也接受，也高兴，这个不说了。

在爬这五座山的历程中，我的体会有三点。

第一点，一定要坚持

当你们的方向确定以后，坚持就是胜利，非常非常简单。明明知道坚持就是胜利，你们只要坚持下来一定是胜利，但是很多人坚持不下来。我举一个坚持的小例子，很小很小。这是我的日记本，我从初中开始记日记，小诗歌啊，小范文啊，当时还不是每天记。工作以后，从第一天开始到现在，每天不漏，将近50年了，写了几百个本子，我觉得这叫坚持。我那30本书的资料，多数都是抄下来的，因为我脑子记性不好，打电脑的时候总是忘事，我就翻开本子，照打就行，打出来就是书，打出来就是文章。这个文章全是English，not in Chinese，但是打字的时候就有一个翻译的过程，又是对英语的一个复习。这一坚持就将近50年，这就是坚持。

它的作用不仅仅是你们记了今天的事情，一个收获，一个句子，一段话。它的意义最主要不在这儿，最主要的是一个人一种意识的、信念的锻炼，你们只要能做到这一点事情，我们在座的每一个同学，你们只要能做到，一年365天，每天写两句话、一句话，你们这个同学将来必定成才。不是说你们记的东西有多么重要，你们坚持365天每一天那么记，说明你们有坚强的意志，一种伟大的毅力，你们将来肯定能成功。不信，你们就试试。

反正跟你们说好了，明年我还会来。我明年回来看看，你们还没毕业的，谁记了，一年365天，我就个人奖励谁，但是不会奖励钱，不发红包的啊。我们刚才谈到了徐霞客，他从22岁出去旅行，坚持到56岁，在云南双腿坏掉不能走路，还到长江边坐船回到江苏，坚持了一辈子，成了中国伟大的地理学家、地质学家、旅行家、作家。中国有40个文化名人，徐霞客是第14号，可见他在中国历史上的文化地位。他也是坚持，他5次遇险差点要命，4次断粮没有饭吃，就是坚持下来，人就是靠坚持。

第二点，天才是什么

天才就是勤奋，天才就是积累！你们只要做到勤奋，你们只要注意积累，你们就是天才。我活到70多岁，看到的天才都是奋斗出来的，都是积累出来的。在中国旧社会，没有书，没有老师，没有电影，没有戏剧，什么都没有，农村只有一本黄历，就记载了今年种什么庄稼、什么天气以及封建的风俗。我还没上学之前，我老母亲就跟我讲过，如果谁能集到60本黄历，他就是活神仙，他就什么都知道了，人间的事不用问任何人了，但是很多人集不到60本。这就是积累的重要性。

我希望咱同学们，要注意积累，没有坏处。“文革”的时候，我当过“红卫兵”。“文革”结束后，整个胶东地区包括青岛、烟台、威海，就找不到一份完整的“红卫兵”的报纸留存文档。最后找到我这里来，找到了一套完整的“红卫兵”时期的报纸，一份都不缺，但这个对我已经没有任何用处了，因为我已经搬到了广东，已经没有一个长期保存的条件，报纸已经开始发霉，我就赶紧献出去了。

人家拿去以后，放到什么烤箱啊、保险柜里边，可以继续保存下去。这个报纸不是现代的思想，但不管是好还是坏，它都记录了“文革”的事实。我换了工作，转到了北京，转来转去转到了广州，还是保留下来捐献出去了。这就是积累——虽然对我没什么用处，写这个不是我的优势，写出来也比不上别人。

我还是搞旅游，我还是有自知之明。如果我去写那些东西，写不出很高的水平来。在旅游业这个行当里，我还有个位置，大家都尊重我。写那些东西就没有我的优势，我就捐献出去了，捐献出去整个胶东半岛“红卫兵”时期的历史就保存下来了。如果200年以后真的有人研究“红卫兵”的历史，研究“文革”，我这个报纸就非常有价值。这就叫积累，为国家作了贡献。

积累对人的成长非常重要，世界上没有天才，所以希望同学们注意积累这件事情，积累必定见效。你们现在觉得积累还没有什么用处，将来一定有用处，肯定超过别人，因为别人没有积累。现在你们好我好彼此彼此，10年以后你们脱颖而出，20年以后你们远远超出，30年以后你们就是大家，他们是一般工作人员。道路在这儿摆着，就看你们走不走了，这是第二。

第三点，我做了很多事情

条件之一就是会几句外语，确实是在关键时候决定了我的命运。外语是个工具，你们要掌握，不管是远还是近，你们都要掌握一门外语。我举一个例子。

有一次在北京开了一个全国旅游会，晚上有一个晚宴，是给皮尔·卡丹饯行。我朋友说他正在中国找合作的伙伴，在北京没有找到，后天就要回法国去了。皮尔·卡丹先生讲了话，过了好久别人没反应。我停了两秒钟，就起来走到主席台，走到他面前拍拍他的肩膀，我说：先生，您好！我请您到边上一站，跟您商量个问题，very important question。他看了我一眼，就过来了。

我听说您在北京想找合作伙伴没找到，我愿做您的伙伴，我愿意把您的产品引进中国。他说，你们从哪里来？我说，我从广州来，我是一个企业的负责人，说了算数。他说，你们有什么条件？我说，第一个条件，我们公司职员都会说外语，不会说外语进不了我们的事业单位。我有旅行社，我有酒店，有很多企业。他说，我明天就派我的一个助手飞到广州去。他的助手到广州考察，我就派了一个小伙子接待。那个小伙子也是广州人，也能讲外语，就跟他用外语交流。他的助手打电话回去说，考察成功，完全没问题。

皮尔·卡丹说，我们考察你们成功了，你们可以到巴黎去考察我们皮尔卡丹公司，就在总统府斜对门。我很快到了巴黎，两家一看，一拍即合，把皮尔卡丹引进中国。如果我不懂几句外语，我哪敢到那儿去拍他的肩膀啊？绝对不敢。如果外语讲得磕磕巴巴的，那个老头子肯定骂你们，你们讲的什么英语啊，我听不懂。一听我这个人讲的英语还差不多，他就和我谈了两分钟就谈妥了，就是几句外国话，就把西方的服装文化引进中国；如果没有这英语，根本就不行。

社会在发展，国家在开放，两国之间距离越来越近，来往越来越密切。世界上的国家，我去过的有 100 多个国家，到处都有中国人。所以我们搞旅游的将来有事情做，可能前两年没发挥作用，但第三、第四年会发挥作用，就看你们外语说得怎么样。要是你们听不懂，你们说的别人听不懂，那就不行了，有机会也不能给你们。所以我希望同学们在校好好学，工作以后会发现，掌握一门外语对你们的一生都很重要。

这是一个全球化的时代，你们现在还没有走向世界，还没走出校门、国门。我希望你们有一个什么心态呢？一个月前，《人民日报》社组织了一个赴南极、北极的团队，在广州举行誓师大会。他们邀请我在大会上发言，然后作为中国旅游发展历史的见证者、一个中国旅行者的典范和这些勇士们一起去南极、北极。

2014 年 12 月出发。北极我已经去过了，南极我到过智利的合恩角，南极大陆还没上去过。如果这一次能成行，那么可以说我的一生把整个地球都走遍了。地球变小了，出去的人多了，来的人也多了，交流更广泛、更深入了，文化就更要交流了。在这样的形势下，身处这样一个时代，如果你们的心里只装着一个小小的地方，一个县、一个市、一个省远远不够。心里要装着世界，并不是说天天做梦，要把功夫做深。

作为旅游工作者，实际上是向世界传播文化。终有一天，在座同学们作为优秀的旅游工作者走遍全国、走遍世界，给你们的母校、给青岛、给山东、给你们的家乡增光添彩。所以呢，我等着你们的好消息。下面还有半小时，我和同学们做一做交流。

听众一 我有一个问题想问。我们知道20世纪70年代的时候，您主持的一件事情一直影响到今天四川省的旅游业，就是您带领四川省旅游局开发了九寨沟，当时遇到了非常多的困难和险阻。我很想知道当时开发的背景、动因和结果。

李存修 是这样，最先发现九寨沟的是四川阿坝藏族自治州的一个报纸记者。他去采访一个伐木队。有一天，他翻过一个山头，他面前出现了一片“仙境”，就像天上的景色一样。当时伐木队已经砍伐到山的这边，砍过山头去就砍到那片“仙境”了。他就立刻写报告，报到州里去，州政府也没有主意，当时的“革命委员会”就报到省里来了，省里不知道怎么回事就把这件事批转到我们外事办公室。我们想，如果那个地方那么美，可以让外宾去参观，当时还没有考虑到旅游业。我作为负责人之一就带队进了九寨沟，相当艰苦，没有路，请藏民用大刀砍出路来。我们进去以后，大吃一惊，没想到在四川的深山老林里珍藏着世界上最美的景色。

回来以后我说，我见过阿尔卑斯山有类似的景色，但还是比不上九寨沟，包括南美的安第斯山、非洲的乞力马扎罗山都没有这么美的山水。我就写报告，只要开发肯定能成功。有人反对，认为开发不出来，一是没有交通没有路，而且不断有泥石流下来。我坚持主张写报告开发，后来报给省政府，最后报到国务院，国务院同意可以开发。

的确困难太大了，各个部门都不太积极。这个时候，当时四川主持工作的负责同志就直接进到九寨沟，召开现场办公会。在一条狭窄的小路上，两边都是灌木，突然冒出一头大熊，就在前边堵着我们。我们去了十来个人，鱼贯而行，幸亏那个公安厅长带着枪。当时里边有很多野兽，非常荒野。当时四川省负责同志现场办公，交通厅厅长、电力局局长等各部门领导立下了字据，如果完不成就让位，用这样的方式实现了九寨沟的开发，非常艰难。

九寨沟的开发我起了一点作用，就是如果不坚持写报告，那么九寨沟可能会晚一点开发，但迟早会开发的。后来我曾想，中国著名的风景点几乎都有我的文章，但唯独九寨沟我没有写过一篇文章。

有一次，北京纪录电影制片厂的七八个人，车子就在前边，我们的车在后边，过海子的时候，一不小心就骨碌骨碌滚到海子里去了。那个地方水深40米，水面离公路还有七八十米，直到现在那辆车还在那里。车里都是北京纪录电影制片厂很重要的人，来考察能不能制作电影。直到现在回想那一幕我还是心惊肉跳，所以我至今不忍心写九寨沟。

回顾九寨沟开发过程中的曲曲折折，有很多人的牺牲，别人也不知道，我心里很过意不去，但还是值得的。对于九寨沟，我有这样一个看法：你们看了九寨沟就等于看了世界上最美的风光。如果你们没去九寨沟，那就是说，还有一处世界上最美的地方你们还没有看到。所以呢，同学们毕业后第一件事先组个团去九寨沟。

听众二　您好！听了您的讲座，我感受最深的就是积累、坚持和勇敢，正值青春年少的我们也免不了有些许迷茫。我想请问一下，是什么让您坚持下来的？

李存修　我经常遇到挫折，甚至到了很难坚持的地步，可以说 99%就要投降了，确实会有心理的斗争。很多更坚强的人也曾遇到过比我更艰难的事情，他们都能坚持下来，我并不比他们差，我为什么不能坚持呢？我就是这么个思想。我就是不想落到别人后边。

我爬了很多的山，也许不高，但是对我来说我爬到顶了，这是一。关键的地方在哪里呢？就是一个人的定力和心力。如果一个人没有很强大的定力和心力，在最艰难的时候他就会退却。

我举个例子。10 年前广东省委宣传部让我去广州的黄埔港采访一个印度的超级大轮船，因为作家协会里边只有我的英语很流利。那艘轮船的甲板离海面有 40 多米，要上船只能爬软梯，爬到 20 多米的时候海风吹起来就不停了，软梯就打起秋千，晃荡得很厉害。我心里就想，这下完了，得葬身大海喂鱼了。为什么呢？出发之前，港务局就跟我打过招呼，就在不久之前，在香港西南 20 千米的海面上，港务局的一个引水员，才 40 来岁，在爬软梯爬到 30 多米的时候一阵风吹来，一下子掉了下来命丧大海。我那时已经 60 多岁了，那一刻我就想：绝对不能乱。那时不是手脚有没有力量，不是的，人在关键时刻看的是有没有心力和定力。那个时候你们手上力量再大，头脑一放松，必死无疑。那一次就是九死一生，完成了采访任务。

我举这个例子的目的，是说明最艰苦的时候是心力在发挥作用。第三个，我这个人有一点小小的好强。虽然没什么本事，从小就在安丘农村里推小车、锄地，但是有一点就是不服输。不管多艰苦，不管是在国内还是国外，我不想落后别人。如果我的心里一放松，那很可能就失败了。怎么度过这一关？我是把它和我的命运联系在一起的。

我要改变自己的命运！我去的是一个小城市，读的是专科学校，学了三年外语，基础很差，基础差到什么程度，一分钟说完。高密的高中有外语课，没老师，学校到处找，后来把一个乡里的农民拉来了。他是会说几句英语。为什么呢？他年轻时在国民党军队当过炮兵，教官是美国人，美国人教了很多军事术语。他上课的时候就教我们军事术语，Attention（立正）！Eyes right(向右看齐)！Eyes left(向左看齐)！Don't move,or I kill you(别动，要不然我毙了你们)!Open fire（开枪）！整天上课就学这个，这是英语吗？这只是一个口号而已呀！可我在高中就学了这些，基础是很差的。怎么办？要想改变命运，必须付出比别人多几倍的努力才行，要把你们面对的事情与改变命运连在一起。

俗话说，三十年河东，三十年河西，当年一起到四川去的，似乎也没有人走到我前边，无论是政治上还是业务上，而我过去是基础最差的。我把基础差和命运连在一起，我要改变命运，我不能叫别人看不起。10年的时间，从一个专科生到同声翻译，这不是一个简单的变化，是质的变化。因为专科生培养的不是同声翻译，专科生培养的是初中老师。你们要突破这个框框，然后付诸行动，假以时日，必定能取得成就。

谢谢!

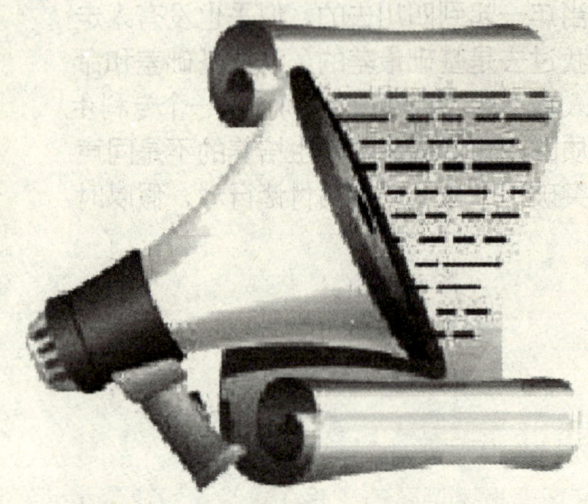

第七篇　海内外高校之声

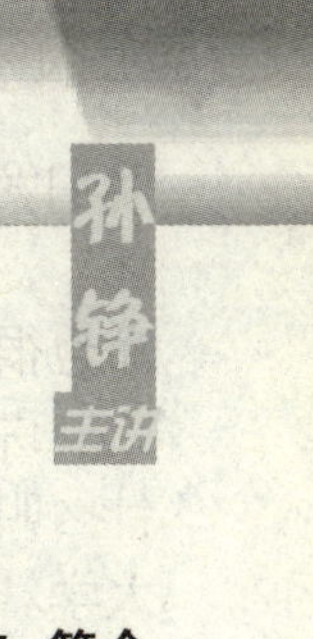

孙 铮 简介

孙铮，上海财经大学副校长，教授，经济学博士。兼任国务院学位委员会学科评议组成员、教育部工商管理学科教学指导委员会副主任、中国会计学会副会长、中国会计准则委员会委员、上海证券交易所上市委员会委员。

何以基业长青

（2013年10月10日，根据讲话录音整理）

尊敬的各位同学，各位老师，各位领导：

大家下午好。

我把同学和老师放在前面，把领导放在后面，这违反了惯例，但是这并不代表我不尊重领导。作为一所大学，首先应该尊重的是师生，因为任何大学的宗旨都应是为师生营造一个家园，一个精神家园。

三年以前，咱们青岛职业技术学院的张薇教授就跟我联络，希望我来走走，看一看，学一学，然后做一次交流。我当时从某种意义上讲不知所措，因为什么呢？从我个人的专业背景来讲，我太专业了。从一个全校的大学教育的角度谈这些问题，恐怕我不够格。但是我确实从张薇教授身上学到很多，这就是不管你们从事什么专业，不管你们在学校的哪一个工作岗位，你们必须思考：大学是干什么的？大学怎么持续地发展？这个问题就是当年我们在教育部党校学习的时候提出的一个问题，十几年下来，没想到张老师还在坚持思考这个问题。

心潮澎湃了三年，总算把这个题目定下来了，所以今天我就向我们青职学院的领导、老师、同学做一个报告，题目叫——何以基业长青。

人类历史上，哪些机构保持着基业长青？这个“基业长青”就是你们这个组织机构能够很长时间地保存下去，而且经久不衰，我们把它称之为“长寿企业”。

我们发现，历史上一考量，有一些长寿机构是盈利性的组织，现在一般称之为“企业”，还有一种是非盈利性的组织，比如说教会、学校、社团，有时候他们的寿命也很长，也有1000年甚至数千年的历史。

讲到我们青岛职业技术学院，我衷心地希望咱们这所学校能够办成 “MIT”。什么叫作“MIT”？麻省理工学院。我真希望我们中国的大学不要轻易把学院改为大学。我现在最后悔的是“国立上海商学院”现在更名为“上海财经大学”，面目全非。像英国最好的两所学院，一个叫“伦敦政治经济学院”，还有一个叫“伦敦商学院”。伦敦经济学院已经有100多年历史，它是从夜大学开始办起的，它是按照空想社会主义的精神，为伦敦市区的广大劳工办了一所夜校，然后办成一个世界著名的政治经济学院。

除了麻省理工学院，大家知道在美国西部还有一所学校叫加州理工学院。我希望咱们这所学校将来办成一个“青岛理工学院”，当然这要花很长的时间，要历代师生的努力。学校就叫“青岛理工学院”，不要叫大学，“MIT”是麻省理工学院的“Massachusetts Institute of Technology”的缩写，那我们是“Qingdao Institute of Technology”，那厉害得不得了。加州理工学院到现在也就是100年出头一点，它是从一个中专性质的技术院校办成了世界性质的顶尖的理工大学，但是它不改初衷，它就是叫“Institute”，叫学院。

由此，也可以从这个话题来谈一个学校怎么去做。吉姆·柯林斯在1994年写的一本书叫《基业长青》，他在这本书里面提出一个问题，是什么原因使得有些企业能够保持它的基业长青？那我们就先从赢利性组织开始谈起，看看哪些企业会长寿。

现在发现不同的行业，360行都有机会做成一个长寿的企业，所以在座的各位同学你们将来就业的时候不要以为进了一个名不见经传的企业，很可能这样一个企业，会成为世界顶尖的企业。比如说马云的阿里巴巴，他能够做到全球的资本市场都希望他去发行股票、去上市，香港也在抢他，纽约证券交易所也在抢他，纳什达克证券交易所也在抢他。

马云原来大学毕业工作没有着落，他只能在西湖边上做一个导游。他的英文非常好，他用英文讲西湖的故事，从此开始打开了一番天地。

我们考察现在的全球500强，其中寿命最长的一个企业大家非常熟悉，叫宝洁。它的洗发精、沐浴露，我们都会用它。宝洁是1837年成立的。为什么这样的企业能够存活到今天？你们想想看，1837年是什么概念，大工业革命时期，大量的劳工都走上工作岗位，包括女生，为了清洁方便，要用最快的洗漱把自己打扮好，投入到工作岗位，然后下班回到家里，又能够赶快变成另外一种梳妆打扮的样子，那只有一种办法，你们必须在洗发液里面进行革命性的改变。

所以，每一次我们在讨论这个问题的时候，都可以和人类历史上的一些重大变革去挂钩。

但是，真正的长寿企业还不止这些。国际上有一个组织叫“奥哈拉”，这个机构专门研究世界上哪些企业是最古老的企业，而且它会定期发布古老企业的排行榜。前几年它发布了前三位的一个叫金刚组，第二个叫法师温泉旅馆，第三个是法国的企业叫“古莲”。放一个 3 分钟的视频看一看为什么说日本的企业是最长寿的。（3 分钟后……）

大家看看刚才统计的 200 年以上的企业，现在在全球盘点一下，日本有多少？有 3000 家，我国包括大陆和台湾加起来一共 16 家，德国 800 家，荷兰 200 家，美国从成立到现在才 244 年，但是 200 年以上的企业却有 14 家。

企业为什么会长寿，它有核心价值，它有目标，它有使命感。我们 5000 年的文明史，200 年以上的企业有几家？所以我们在跟我们的邻居竞争和较劲的时候，有时候我们要冷静地想想：我们跟你们掰手腕，我怎么跟你掰，我凭什么跟你掰。我今天不是和大家讨论如何使自己活得更长这个问题，我们可以请老中医来谈这问题，我们要谈的是如何摸清楚一个组织基业长青的规律。

2005 年，日本金刚组家族的子孙后代提出再也不愿意继承祖业，要正式歇业清盘。这家公司成立于公元 578 年。够早的吧！1400 多年呢，传承了 40 代。现在日本所有的皇家建筑，重要的寺庙建筑，能够纳入联合国文化遗产的名单的，从设计、建造到维护，都是这个企业组织完成的，这是一家。

日本还有第二家，法师温泉旅馆，迄今为止 1300 年了。今天旅游学院的同学都来了，你们可以去看看，吉尼斯纪录中世界最古老的旅馆就是这家。那么，我和我的博士生们就研究一个问题，是什么让这些家族世代经营着这个事业能够传承下去，就是我们现在谈的所谓基业长青。

我们发现有个共同的特点，它们不是贩卖有形的商品，或者不仅仅是贩卖有形的商品或者提供服务，关键还有精神和非物质层面的无形的价值，这个无形的价值不仅是这个家族成员必须认同，周边的社区包括它的供应商、它的客户甚至这个国家的政府都认同这个价值。现在看来，它的这种传承下来的价值比现代企业提出的一些价值毫不逊色。经济学里面就提出一个概念叫特殊资产（specific assets）。大部分资产是有形的，但是，我们现在发现有一些无形的资产在为企业创造价值，它包含的什么因素呢？我们发现有这么一些因素。

第一是企业的核心价值观，再有个人的兴趣和偏好，创业者难以被模仿的创意，独特的商业或者盈利模式，比较特殊的政商之间的关系，就是我们的企业家和政府之间那种特殊关系，特殊的领导与管理方式以及秘而不宣的竞争优势。

虽然我们无法在企业的财务报表里去看到这些特殊资产，也无法借助会计的数据来反映这个特殊资产在企业里面究竟价值几何，但是我们可以证明它客观存在。怎么证明？看企业的寿命，看它的基业长青来证明它的存在。

今天寻找永恒经营的基因密码是经济学一个很重要的研究的对象。

吉姆科林斯认为，创建一家伟大的公司的根本乃是其崇高的使命。你们去问问有成就的企业家，比如说张瑞敏，他和你们谈得最多的不是海尔的产品怎么更新换代、怎么走向世界，他最感兴趣、愿意和你们谈的是海尔的使命是什么。

高瞻远瞩的企业的永恒不变和应时而变是其基业长青的法宝。这些企业恪守自己的核心价值观和使命目标，但是它也不是顽固不化，在企业的组织结构、经营模式与策略上它是与时俱进、随机应变的。

随机应变的那个部分我们不去讨论。我们现在讨论起作用的核心部分，即价值观问题。这是企业保持基业长青的关键。

今天我们讨论的主题是大学的发展问题，那么好，我们马上转过来，转到非营利性组织的基业长青的问题。美国加州大学的前校长叫克拉克•科尔，他曾经在1993年专门做了一个调研，他的调研的结果得出的结论与众不同。

他发现，人类1520年以前建立的组织目前仍然存在，而且以同样的名字、同样的方式做着同样的事情，现在只剩下多少呢？85个。其中宗教组织15个，另70个都是大学。所以看到这个报告以后，我就信心来了，还好我没到企业里面去。我待在一个历史很悠久的单位里，能够传承一些东西、继承一些东西，然后想办法再去发扬光大一些东西，没有误入歧途。你们想想看，85个单位里面有70个单位是大学，在1520年以前它们就存在了，而且名字也没变，它们的存在的方式和做的事情也没变化。

说来惭愧，我的中学是在“文化大革命”时期度过的，然后下乡种地三年，恢复高考总算给了我一个学习的机会，所以过去文史哲的部分积累很少，现在使劲地补课，特别是历史。从宗教历史讲，历史上最悠久的一个教堂就是现在在土耳其伊斯坦布尔的圣索菲亚大教堂，它在公元360年就建成了，到现在为止这个教堂的模样没变，教堂的宗教仪式都没变。那么，我们找中国的大学吧，找找世界的大学，看哪些大学年龄最久。

1998年前后，我在美国康涅狄格州大学一年，在这个学校做研究，还有一年在全球500强之一的联合技术股份公司的集团实习。当时有一位菲尔教授跟我讲，他说，听说克林顿总统要到你们中国去访问，而且要在北大的百年校庆上要做演讲，我百思不得其解，你们中国是泱泱大国，怎么会请这么一个品质很差的政客到你们国家这么一个古老的大学去做演讲？大家这一点要习惯，在美国骂总统一点问题没有，但是你们千万不要骂老百姓，你骂你的同事、骂你的同学，对不起，你肯定要被诉讼，但是全国人民骂奥巴马没有人告你，所以我习惯了美国这个菲尔教授骂美国总统的这种腔调。

我说：唉，这个主要是出于外交的考虑，对吧？当然外交也是政治的一种手段，这个问题他觉得跟我讨论不下去，因为我自己也是中共党员至少还要有点政治立场是不是。结果他说我们美国人经常犯错误，说克林顿参加你们北京大学百年校庆，这肯定错了，是数字搞错了，美国人搞数字多一个零少一个零的事件时常发生的。当时我也被他说蒙了。他说你们北京大学百年校庆肯定错了，北京大学是千年校庆，少了一个零，你们北京大学应该是千年校庆的时候请克林顿这个政客去作演讲。我当时被他说蒙了，我只好说对对对。后来回到自己办公室，不对，外事无小事，这东西当时一定要搞清楚，我上网一查，北大确实只有百年。

后来我回到菲尔教授的办公室给他纠正。我说这一次美国人总算搞对了，结果菲尔教授接下来就跟我讲了一个问题，你们号称有 5000 年文明史，拿出 1000 年办一所大学，绰绰有余，竟然北大这样一所著名大学只有 100 年历史，你们 5000 年在干什么？大家想想看，当你们这样面对一个外国人质疑的时候，这时候你们感觉你们身边没有人帮你们，你们背后的那个强大的祖国在哪里？它以什么样的强大体现在这个世界上？我这时候才感觉到这种强大不是一种物质，而是一种精神。

回到菲尔教授的问题，中国有 5000 年历史，为什么不能拿出 1000 年来办一所大学？这个问题是有道理的。美国的常青藤大学有 8 所，哈佛大学、耶鲁大学、宾夕法尼亚大学、普林斯顿大学、哥伦比亚大学，康奈尔大学等。我们知道 1776 年 7 月 4 号《独立宣言》发布标志着美利坚合众国成立，到现在 244 年，而美国的常青藤大学联盟中除了康奈尔大学，前 7 所大学成立比建国还要早，尤其是哈佛，1636 年成立，也就是说一个国家还没有成立，大学已经存在了。这就是大学基业长青的一种现象。国家是否伟大暂且不说，但首先大学要伟大，不但是历史悠久，而且在于精神文明的长期坚守和研究创造的与时俱进。张维迎在他的著作《大学的逻辑》中提出：一个大学之所以基业常青，有五个方面的原因。

第一，大学具有最忠诚的客户和它的品牌

我们很多人都喜欢用功利的语言，现在没有办法了，解释问题都要用功利的语言。客户啊品牌啊，这都属于工商管理的语言。这个客户是谁？我今天为什么要站着讲？这体现出我在为客户服务，在座的每一位领导、老师、同学，都是我的客户，我必须为我的客户提供最优质的教育资源和教育服务，因此，必须站着讲。学生是我的客户，校友也是我的客户，明天一天我要去青岛拜访我的客户，拜访我的校友，感谢他们对学校的支持，学校的历史渊源要不断靠我的校友传承下去。

其次是品牌。品牌就是你们的学术声誉。大学的学术声誉当然可以有各种方式体现，比如有多少诺贝尔奖获得者，你们在国际顶尖学术平台留下了多少痕迹。我最近碰到一个美国三流大学的校长，他很自豪地跟我讲他们有一个校友是美国空军部长。三流大学培养出美国空军现任司令员，了不得，他用这种方式显示他培养人才的特殊的水准。飞机跟学校没有关系，他讲的是学校的一种学术声誉、一种品牌。

第二，大学有一个持续的核心理念和目标使命

北大有北大的使命，上海财大有上海财大的使命，青职有青职的使命。我曾到旧金山去访问一个 2 年制的社区大学，我就问校长：在旧金山办你们这样的大学有什么意义？你们有什么指标说服我们这个大学办下去有存在的意义，对旧金山是有贡献的？

没想到他就给了我一个指标，就是由于办了这所大学，本地的犯罪率直线下降了。这个校长给我讲得很自豪，一脸的阳光。可我们培养的是社会主义接班人啊，犯罪率下降这也太差劲了，我们回来要写报告，报告怎么写呢？大学办了犯罪率下降了……这是什么玩意儿？

但这恐怕就是他大学存在的目标和使命，他能在犯罪率高的地方办学，就是对这个社区的文明发展作了贡献。

第三，大学有着为这种理念奋斗献身的师资队伍

一个大学能不能办下去，很大程度上是师资力量问题。要有优秀的师资力量。北大有北大的师资，上海财大有上海财大的师资，咱们青职有青职的师资，当然优秀不优秀这不是自己评的，要靠在座所有学生来评价。

第四，大学有宗教式的组织文化

牛津也好剑桥也好，过去都是教会学校，哈佛、耶鲁也是最后脱离了教会的统治。它是怎么脱离的？因为它追求的是独立之精神、自由之思想。当然这些话最后被清华大学四大才子之一的陈寅恪教授提出来，清华大学为什么要存在？清华追求的是什么？就是“独立之精神，自由之思想”。这种组织文化其实是怀着很虔诚的一种心态，保留维系着这个大学的核心价值，这个核心价值一旦受到破坏，那就体无完肤、面目可憎。

大学是一个不断反思和创新的组织，因为它的组织构架很特殊，它的治理方式也很特殊。在一所好的大学，教授在学校的地位，不是拿多少工资的问题，指的是重大事件的决策权和拍板权。我在上海财大遇到一个问题。上海财经大学学术委员会将是非常独立的，校领导将没有一个可以进入学校的学术委员会，这个学术委员会都是由学校的教授担任。重大的学术标准问题，譬如说，你要升教授或副教授，都是由学术委员会来定，不是学校领导来定。为什么？只有这样的治理结构，才能保持这个学校有一批人在不断反思自己的学校、它采取的种种方针政策是不是正确？它是不是保持一种创新的活力？我现在在上海财大会计学院学术委员会只有一票，只是七个人之一，在讨论任何问题的时候，从来不能以校领导的身份发言，不然马上有人质疑：今天你们只是一个委员，你们只有一票，要从教授身份来判断问题。

第五，大学应该坚守什么，变化不是大学的强项

随机应变，大学比不上企业，也比不上其他的非营利性的组织。大学的强项是什么？首先是坚守。尽管你们这个学校办得比较晚，但不代表你们不坚守，你们坚守的恰恰是在你们这个学校成立之前就有的文明价值，这就是大学。中国大学应该坚守的是什么？我实在找不出东西来，我只能找到“礼义廉耻”，我们称之为华夏民族的价值观。礼，规规矩矩的态度；义，正正当当的行为；廉，明明白白的辨别；耻，切切实实的觉悟。一个人感到羞耻他肯定是有觉悟的。其实这话不是我讲的，是一个老山东讲的。“礼义廉耻，国之四维，四维不张，国乃灭亡”，这是管仲的原话。大学应该坚守人类文明中最基本的价值观，并不断地传承和发扬光大，这是我对大学应该坚守什么的一种理解。

所以我们在学习的时候，特别是对我们山东本土的学生，不仅要知道莫言，还要知道管仲。为什么我要提出这个理念，我们分析下这几个案例。

案例一

为什么薄熙来主政的思想和言行都可以从我国历史政治运动尤其是“文革”中追根寻源，显露出浓厚的厚黑？

什么叫厚黑？厚黑就是所谓的脸皮厚如铁墙，心底黑如煤炭，有些从政的人就是这样。我认为薄熙来在这方面称得上是很合格的厚黑，还几乎难以发现他的言行中还残存着哪怕是一丁点对人类文明基本价值的敬畏态度，他没有。朕就是天下！朕就是法兰西！这就是从路易十四到拿破仑他们讲的那种话，疯狂到了极点了。法兰西是法兰西人民的，中国是中国人民的，怎么是你薄熙来一个人的天下呢？你怎么会形成这种价值观呢？我觉得很奇怪，所以从这种意义上讲，我们在座的每一位同学在基本的价值观和道德观上与这些人相比要远远高于他们，因为我们厚黑的方面比他们浅显得多。

案例二

为什么社会公正的象征——令人敬畏的法官们会集体嫖娼？

2013 年上海暑期热闹得不得了。哎哟我的天哪，不得了，一堆法官集体嫖娼。当社会公众对此表示莫大的失望和强烈的谴责的时候，这批法官的领导在公共场合警告大家不要被敌对势力利用。很奇怪了，这种畸形的扭曲的混乱的思维究竟是怎么产生的？为什么我们对法官提出质疑你们就说不要被敌对势力所利用了？

再有，一位十足的恶少，他的母亲在为她的儿子如此辩护：上海的法官都失足了，咱家的孩子咋就经得起诱惑呢？这种逻辑背后的思维方式和文化积淀是怎么形成的？是什么因素诱导出这种家教的？这很奇怪。

案例三

我曾看到关于中美优秀高中生的对比的一份报告。2005年中央电视台“对话”节目邀请了中美两国即将进入大学的高中生，其中美国的15名高中生都是总统奖的获得者。

大家知道，获得总统奖的这些学生很多都是贫困学生，他们都是拿全额奖学金的。而参加这次活动的这批中国高中生都是被北大、清华、港大等大学录取的优秀学生。大家都是优秀的学生跟优秀的学生Pk，这总可以了吧？

Pk的是什么东西呢？就是在价值取向这个问题中来考查。主持人出了智慧、真理、权力、金钱和美几个选项，让你们去选，美国的学生几乎惊人一致地选择了真理和智慧，中国的学生几乎惊人一致地选择了权力和财富。这就很有意思了。

接下来有一个环节是中、美学生分别设计对非洲贫困儿童的援助计划。主持人提醒这些学生：你们提出的这些计划必须要打动在场的所有观众，以便让这些观众能根据你们的计划踊跃地捐钱捐物，支援非洲贫困的儿童。好，中国学生抓了个大阄：首先演出。

上场了，从中国古代的悠久历史入手，歌颂丝绸之路、郑和下西洋，吟咏茶马古道，然后有人拉琴弹唱，深情厚谊地吟诗，之后是集体大合唱，然后顺带着指出怎样带着大家去旅游、组织募捐，总算提出一个方案说：我们想在非洲建希望小学。完了，热热闹闹。

但是评委的结论是：整个过程不得要领。

美国的学生提出的方案是从非洲目前的实情，从人们往往意想不到的方向入手，包括食物、教育、饮用水、防治艾滋病、避孕等一些看似很细小的问题，每一项做什么、怎么做甚至具体到预算——而且竟然把预算精确到人民币角分为止。12个美国学生每一个人的分工是什么，非常明确，融为一体。整个方案一拿出来，让人觉得马上可以实施。

评委给的结论是：整个就是一个世界公民。世界公民，就是我们这一个团队出去就可以解决世界上所有的问题，迎接世界上所有的挑战。

这个案例震撼的是什么？是当中国的学生该展现出崇高的理想精神的时候，他们都追求金钱和权力。当中国的学生应该脚踏实地地解决实际问题的时候，他们却在实际问题的外围不着边际地漂浮。我们到哪里去寻找有理想，有抱负，又能做事，又能担当的好公民？这个案例就说明了这个。

还没完，我再讲两个案例。

案例四

1960 年，有人对哈佛商学院的 1520 名毕业生的学习动机做了一个调查，问你到哈佛商学院来学习的动机是什么。其中 1245 人占 82%选择了为了赚钱，只有 275 人占 18%的人选择为了理想。有趣的是毕业 20 年以后，再对这 1520 名校友进行跟踪调查，发现其中 101 人成为了百万富翁，当时成为百万富翁也算不错的了，这 101 个人中的 100 个人就是在当时选择为了理想而不是选择为了赚钱。另一方面的例子是，中国的法制报最近又有一个报道说，在我国最近查处的酒后驾车的司机当中，高学历者占 60%以上，而且多为事业成功者。这些问题都是事实。

大家千万要注意什么叫文化、什么叫制度，大家知道中国现在在美国有 500 多家上市公司，厉害吧。

案例五

有很多上市公司被做空机构做空了，他们的股票价格跌得惨不忍睹。其中有一家做空机构是最狠毒的，叫 Muddy Waters，翻译成中文叫浑水。你们到浑水的官网上去查一查，它说中国有一句古老的谚语叫浑水摸鱼，换言之，不透明制度创造的赚钱的机会。这种想法在中国存在了几个世纪，成为其文化的一部分，并且正在现代中国被制度化了。

反动不反动啊？把我们中国说成是这么一个国家，我们人人都在这种混乱的制度下面浑水摸鱼，中国的商业文明难道是这么一个状况吗？这个公司竟然是以这样一个理念存在的。这个人叫卡森布鲁克，在北京、上海曾经呆过，能讲一口标准的普通话，而且带着京味儿。用他的话讲，浑水公司就是通过泥泞的报表来发掘世界的真相，中国的企业来美国上市发行股票，你出的财务报表都是造假的，我就抓住你造假的那部分死缠烂打，最后让市场发现，让你的股票价格往低了走，你股价炒得越低跌得越惨，我就赚得越多，从某种意义上说，就是赚了浑水摸鱼的钱。所以，我们要扪心自问：什么是可以值得传承的中国文化和制度？

芝加哥大学前任校长哈钦斯这个人很了不得，他认为大学所以基业长青，是因为坚守它的核心价值。那么，以什么维系和保护核心价值呢？就是通识教育，教你们怎样去成为一个有教养的人。这是大学教育所不能代替的一个部分。芝加哥大学为什么施行通识教育？通识教育就是使人从阶级、种族、时代、地域、背景、家庭甚至是国家的牢笼里解放出来。上海的学生和山东的学生没有差异，人格是完全一致的，应该突破某种牢笼的束缚，大学首先应该提供这方面的教育。

那么通识教育的目的是什么？就是人格的养成。大家知道罗马法是最古老的法律，它定义法定意义上的人条件有三个：第一，具备人格；第二，享受权利；第三，必须承担义务。

通识教育正是有助于人格的养成，具有人格才能主张权利，才能担当义务。如果大家有机会到悉尼大学，会看到悉尼大学有个拱门，这拱门上面有13个雕塑，你们可以数一数，这13个雕塑就是文学、美学、音乐、体育、考古、哲学、法学、数学、物理、天文、地理、化学、农学，这13个学科构成了他们通识教育的一个平台基础。我当时在拱门下面，呆了足足半小时，我就在想我们上海财经大学，哪一天把这些学科都做起来，给我们学生创造一个通识教育的平台。在座的每一位同学，你们想想看，如果你对这13个学科里面每一个学科略知一二，你的人格、你的涵养是什么样？我现在自己已经快退休了，说来惭愧，这些学问很多我都没有学过，现在自己想买一些书看看，说实话也看不懂，毕竟要有人来指点你。非常惭愧，我们这代经过"文革"的人深受其害，真是没有学到多少东西。

通识教育的目的也在于能力塑造。《告别功利》这本书刚翻成中文，是玛莎•努斯鲍姆教授写的。她认为教育应该重在培养学生的三种能力，这些能力对于造就民主社会的公民至关重要。我前面讲的中美学生PK，美国学生站在你们面前就是解决世界问题的世界公民，中国学生选择的是财富、金钱和权利，你能把世界公民这种形象加在他们身上吗？你都担心死了。

因此，我们的大学教育怎么样去培养公民呢？我暂且不讲世界公民，中国的公民、咱们山东的公民可不可以？她讲了三点：第一，要有批判思维；第二，要有好奇心；第三，"移情"，其实是同情的意思。你们要理解人家为什么要这样思考。在我们中国古典文学里面也有。2000多年以前，《诗经・小雅・巧言》里面有这么一句话："他人有心，予忖度之。"什么意思呢？凭借同情之心体会他人的思想和感情，而不是强加于他。孟子曾经讲过："学问之道无他，求其放心而已。"研究学问的途径就是要找回那种已经丧失掉的善良。

我相信通识教育就是保持善良，怎么保持善良呢？你要有同情之心，你要不断地反思。批判思维就是反思，有好奇心要关心别人，万物你都要关心关注。

哈佛大学一直在持续教改，我希望我们学校的教务处不要成为办事处，教务处首先是个学习机构、研究机构，其次是个办学机构。所以，我们学校的教务处是紧跟哈佛大学的所有机构，所有的重要文件必须马上在一个礼拜之内翻译成中文，所有的教学院长都人手一份，做不到是你们的事情，但终究会有一个潜移默化的作用。哈佛大学在2007年2月提出2009年以新的通识教育计划代替原有的核心计划，它的通识教育包括八个模块，要求每一个本科生在一个模块至少选修两到三门课。其中有一门课大家听说过吗？桑德斯讲的那门课叫公正，有没有？网上都有了。

第一个模块叫美学与诠释，第二个叫文化与信仰，第三个叫经验推理，第四个叫伦理推理，第五个叫生命系统科学，第六个叫物理世界科学，第七个叫国际社会，最后是置身世界的美国。研究美国不要关起门来研究，研究美国的独立战争也不要孤立起来研究，要放在世界的环境下研究。讲中国革命史的老师如果能够把中国的历史放在世界的环境下去讲的话眼界可能更广。

再看一门课——妇女学，听都没听说过还有妇女学。我上次跟张老师讲，有个学生在美国学妇女学，女孩子说学了这门课才知道自己为什么是妇女、自己将来怎么才能做好妇女中的一员。妇女学恰恰是美国社区大学、私立大学、公立大学的一门通识课程。我相信中国没有一所大学开有这门课，除了医学院，但是医学院的妇女学和哈佛的妇女学不一样。

大家注意到这个体系里面有人文的课程，有艺术的课程，有美学的课程，为什么？这是泰戈尔提出来的。泰戈尔对人类的关怀很强调人文艺术和美学，这是他的理念核心的部分，深深影响了欧美现代民主教育制度和教育方式。

北大、清华、复旦大学最近在做系统的改革，坦率地讲，我比较欣赏复旦大学，那是有味道的，不是简单地让你去看那些经典的东西，目的是要你用什么样的方式去传承这些文化。为什么要你学哲学？不管是西方哲学、宗教哲学、马克思主义哲学你都可以学，但是，你学的目的就是观察这个世界，你要有批判的思维。复旦大学的这个味道很浓。清华大学到底是搞工科的，螺丝就是螺丝，洋钉就是洋钉，榔头就是榔头，虎钳子就是虎钳子。

我们上海财经大学为什么要提出通识教育这个问题呢？上海财经大学是专业性很强的学校，我们这样的专业性强的高校为什么也要开展通识教育？这是第一个问题。

第二，我们上海财经大学开展通识教育有什么障碍？“学好经济与管理走遍天下”，我们学生进来时流传着这么一句话。上海财经大学的通识教育的内涵究竟是哪些？它的课程体系是什么？如何兼顾国家管制？比如说，中宣部规定有一些必须完成的思政课，这怎么办？放在哪里？如何处理通识教育和专业教育的关系？我们很多专业课程的老师坚决反对，你一搞通识教育就把我的专业课程减少了，我的课时工作就减少了，我的奖金就少发了。不得了了，冲突就来了。

上海财经大学开展通识教育的组织形式是什么？哈佛大学开展通识教育是在文理学院里面开。哈佛大学有一个本科生的学院，叫文理学院，它有个特殊的组织形式。上海财经大学没有这个组织形式。上海纽约大学今年开始招生了，他们一个副校长专程到上海来做演讲。他说，你们这批学生是我们上海纽约大学第一

批学生，我告诉你们，你们大一大二不要想学什么专业，你们就是学纽约大学的通识教育课程。牛啊！百端待兴，师资队伍都不全，但是，这个校长有这么大的底气坚持通识教育，不得了。

我们上海现在竞争得一塌糊涂。苏州有西交利物浦大学，西安交大跟利物浦合办的；现在又办了昆山杜克大学，美国的杜克大学到昆山办大学来合办的；上海自己又办了两所外资大学，其中一个是中欧工商管理学院，是欧盟和上海市政府合办的专门一培养 MBA、EMBA 的一所大学；第四所，上海纽约大学，在宁波还有一所宁波诺丁汉大学。

所以，你们去看长江三角洲地区，现在是外国大学在跟我们复旦大学、华师大、交大以及上海财经大学竞争。怎么办？该怎么往下走？有人说，上海财经大学就是经济学家、企业家、银行家、会计师的摇篮，上海财经大学的就业在全国排前 5 名，我们的领导们，我们的老师们，我们的学生们高兴得不得了。特别是那些家长高考咨询的时候，学生不来，都是家长来问我问题的。我说你们孩子呢，家长说孩子傻乎乎的他不会提问，那么傻乎乎的还来读书干吗？今天经济学家、银行家、企业家都是我们梦寐以求的，这所学校好哇！不好！它有很多问题。

上海财经大学前身是国立上海商学院，我讲讲它的历史。我这里用了一个词叫引进“贝先生”。刚才提到五四运动，五四运动 1919 年才搞的。1919 年，我们的国人在中国政治中心北平发动了一场五四运动，高呼的口号是，打倒孔家店，引进德先生，引进赛先生。但是，你们要注意另外有一批有志青年，则认为我们不仅要民主和科学，为了中华民族的崛起和福祉，还要同时引进“贝先生”，也就是 business，可以叫商业，也可以叫企业。

因此，这些年轻人从海外学成归来，用现代的商业理论、商业方法和商业经验，在中国的商业中心上海开垦高等商业教育基地，建立了上海商科大学。上海商科大学也就是上海财经大学的前身。在一个生灵涂炭、动荡不安、没有国际地位的国度里面，重振呐喊是需要勇气的。同样，经商的人从商，从事商学教育和研究，以通商救国参与国际商业竞争走向现代社会，同样需要勇气，更需要什么？智慧！

上海商科大学创建于霞飞路，也就是今天的淮海路。当时有一个美国传教士叫李佳白，他提倡孔子提出的理论，崇尚贤士以治国，1903 年通过募资捐款建造了“尚贤堂”，是上海最早的“坐而论道”的公共场所。1921 年这里成了上海商科大学的教学楼，后来 1932 年 10 月 1 日上海商科大学更名为国立上海商学院，这时确立了学院的使命。我把这个使命向大家介绍一下：

“本院成立，学风谨厚，成绩茂美，毕业同学之服务于社会，均有相当之声誉，为人所称羡，是则本院之光荣也。本院今定名国立上海商学院，为研究商学之最高学府，而上海为全国商业交通之中心点，握东亚金融之枢纽，本院利用此优良之环境，为商学之试验室，复以研究所得，贡献社会，学校社会联跗并萼，相得益彰矣。政府之设立本院于上海，职是故耳，顾名思义，本校同人同学，唯有黾勉从事，孳孳为学，始可期名至而实归也。窃我国商业之衰落，溯厥原因，不止一端，而商学之不重视，实为主要原因。则改弦易辙，将来商业之振兴，全恃商学之能否阐明为转移，而商学之能否阐明发展，实与本院息息相关。本院为研究商学而设，为培植商业人才而设，为领导商人而设，是则本院之使命，可谓重且大矣。唯此重大之使命，愿与诸君子同负焉。兹于学期更始之时，特志数语以为券。”

上海财经大学今天还有没有这样的使命？应该有，这是老祖宗定的，名称可以变，使命不能变。使命有三个：第一个研究商学；第二个培养商业人才；第三个领导商人。领导是什么？就是你们要成为商业的领导者，你们这个学校能不能培养这样的学生啊，我打了一个很大的问号。

我最后还要加一句话：为构建和传播商业文明，尤其是中华商业文明而设。我们 5000 年的中华商业文明史对全世界的商业文明史是有贡献的。贡献在哪里？我们是有待发掘的。

我们上海商科大学的第一任校长郭炳文，哥伦比亚大学第一个华人教育学博士，他在美国的一篇论文里是这样说的：为什么要组建上海商科大学？商科大学的目的就是训练和发展那些具有导向能力和组织能力，能够在工商业中具有领导地位者。我一直在想 1920 年提出的这个理念和目标，我们今天实现了多少？折腾来折腾去，坦率地讲，很羞愧。

学校提出的校训是“厚德博学、经济匡时”。“经济匡时”是马寅初提出的，马寅初 1924 年是上海商科大的第一个教务长，所以我们学校要当教务长的人很多，都想要成为马寅初。那么，我们的这个校训怎么实现？

第一是人格的养成。人格的养成要依赖于通识教育，能力的培养依赖于专业教育。故而，现在上海财经大学提出的通识教育分为八个模块：第一历史传承与文化自觉；第二哲学思辨与伦理推理；第三文学艺术与美学诠释；第四量化分析与数学思维；第五社会考量与公民素养；第六科技发展与科学精神；第七语言交流与世界文明；第八卫生保健与体育竞技。

我们财经大的学生对各级领导、老师提出很多挑战性问题。大家知道在“非典”的时候上海也是重创区，当时停课两周，老师和学生在这种比较恐怖的生存环境下都在做自我反省。在我们学校的 BBS 系统中，我发现有一个学生在我们学

校的宣传栏里发了这么一个感言，他这样讲："经常和市场中最具诱惑力的财富打交道的财大学子，构建自身的人文关怀理念的确显得非常重要。那么，何谓人文关怀呢？我认为，那是品德高尚的个体，对内心世界真善美状态追求的终极价值观。它体现在为了实现理想而执着地追求、矢志不渝地坚持，它与市场经济的物质主义和利润最大化相对立。生存不只是一个物化的过程，更是一个不断追求精神价值的过程。上财精神的建设，应当把人文关怀的培育作为首要任务。一个人只有具备了高尚的品质，他才会真正具有一种历史使命感、责任感，一种荣校、爱国、报国之心。"

你们看，最后落款是 2003 年 5 月 15 日，正是"非典"猖獗最厉害的那个时期。我当时看了非常非常感动，我没想到我们学生的思考问题比我们老师还要更可贵。

最后，给大家几点建议。

第一，不管是什么学校，只要你们把它纳入大学的范畴，我相信我们青职也是纳入我们大学的范畴，我们追求的主要是三个部分，我们从事的日常的工作主要是：第一教学；第二研究；第三服务。

我这里讲的研究不要把它拘泥于科学研究，其实教学研究很重要，如每一个老师怎么上好课；上课里面有很多的讲究，比如教学方法的改变、教学手段的改变、教学资源的丰富。我就在研究怎么教好这门课、怎么样为我们的学生提供真正的物有所值的教育服务，这是非常重要的。

因此，大学所谓的学术包含科学研究，其实它的核心部分还是教学。老师无法承担无限责任，但是应该尽己责任，这是很重要的。你们不是无限责任的承担者，但是你们怎么尽自己的个人能力？

第二，企业经营的是产品和服务，大学传承的是文明，铸造的是精神，构建的是师生们的精神家园，这是大学要做的事。

最后，一个国家有没有未来，看他的孩子在读些什么书；一个大学能否基业长青，就看他的学生修读一些什么课程。

拜托大家包括拜托我自己，擦亮大学的眼睛，点亮大学的明灯，保持永恒的基业。

上述所谈不代表任何单位和利益团体，跟他们没有任何关系，系个人感言，只代表我自己。

谢谢大家。

品·博仁简介

品·博仁（Pim Borren），新西兰林肯大学经济学博士。曾任新西兰基督城理工学院院长、新西兰罗托鲁瓦理工学院院长、澳大利亚南岸理工学院首席执行官。现任新西兰商业与技术学校校长、新西兰 AB 顾问管理公司首席执行官。

1990 年至今，兼任新西兰经济学家协会会员等项社会职务。

同时，他还专注于医疗和教育行业的专业化研究，共出版书籍、发表论文 20 余册（篇），出席国际性重要专题演讲会 10 余场并发表演讲。

2008 年以来，他多次访问青岛职业技术学院，促成了青职院与新西兰怀阿里奇理工学院合作办学项目，并与青职院结下了深厚友谊。

新西兰教育体系

（2014 年 5 月 19 日）

今天我要给大家讲一下新西兰的教育系统，然后会举一下我自己亲身经历过的例子，告诉大家我是在怎样一个教育系统里面成长起来的。

在我的简历中，没有我曾经教过书做过老师，因为我不是个很称职的老师，教学经历只有两三年的时间，但今天我会尽最大的努力。

我要用新西兰的方式与大家交流。我不会长篇大论地读给大家，照本宣科，我只是会谈谈自己，非常简单。我曾经在像青职院一样的学校里做过校长，但是现在我正在经营一个非常小的学院，这个名字就是我们 PPT 上可以看到的“新西兰商业技术学院”，它才刚刚起步。

其实，像我这样的经历不太常见。通常情况下，人们都非常喜欢在一个比较大的学院做院长，像覃院长这样；但是像我这样从一个大的学院里面出来，然后经营一个小学院是不太常见的，这就是我的一个转变。我以前做老师、教授，做院长的时候，都是为政府服务，现在我想为自己做一些事情。可能这种变化在中国也开始了，大多数人其实是在为政府工作，他们会为政府工作一辈子，但是他们也可能有自己的企业，经营个人的业务。

在全世界范围内，包括中国，都存在一个非常严重的问题，就是学生毕业之后很难找到工作，那么我们的学生和家长就在想：我们毕业之后找不到工作，那我们为什么在教育上投这么多的钱呢？我就以我个人的经验，在教育界这么长时间的经历告诉大家：

因为教育能告诉你们一些生存的技能。不管在你们小学还是中学，或是大学甚至是职业院校当中，你们可以获得将来去公司工作的一些技能。

教育也会开发你们的智力。新西兰的年轻人和中国的年轻人都是一样的，我觉得可能是新西兰的年轻人发展得比较早，但中国发展得很快，可能中国的发展已经赶超了新西兰。但是，新西兰的年轻人比较挑剔，他们不满他们所获得的技能仅适应一种职业，他需要多种职业技能。这种情况在中国也是存在的，就像覃院长和我在教育界工作的时间都比较长，但是对于年轻人来说，你们并不满足在一个企业或公司工作一辈子，你们可能会想到三个企业去工作，这样对我们教育人来说呢，就是一个挑战。中国现在变得越来越富有，很多中国人都非常有钱，这也为我们的毕业生创造了很多的机会，因为中国正在发展，而教育不光是为我们年轻人准备的，也是为我们所有的公民准备的，尤其是那些想换工作的人。

在中国我们可能只能有一次的学习机会，然后跟大家去竞争一个职位。但是，在西方国家继续教育的途径非常多，有很多的途径鼓励大家去接受不同的教育，以达到他们换工作的目的。

这个世界越来越小了，对吧?你们觉得是吗？这个世界变得越来越小的意思就是说我们大家变得越来越相似，而且可以说我们整个世界的圈子变小了。我们现在的旅游变得越来越简单了，你们知道吗？到世界各地去游玩的中国旅行团越来越多，是世界上最多的。十三年前，我来中国的时候，好像中国人去国外旅游并不是很简单，但是现在中国人可以随便出国度一个周末，这是一件很容易的事情。

所以，当我们说世界变小的时候，我们会变得越来越相似，在中国会有很多的西方人，在西方也会有很多中国人。我是学经济学的，我经过研究得知，劳动力市场其实也非常地趋同。对我们中国的劳动力市场来说，我们也是会越来越相同，甚至我们将来的劳动力市场会变成全球只有一个。但现在的问题就是我们有很多的学生，他们是有大学学历的，但并没有职业的一些技能。如果你们在新西兰做建筑工人、钻井师，或者是电力工人的话，你们可能会比那些大学毕业生收入高得高，当然得到工作也非常容易，这将是一个趋势。

我们在很长的时间里都在学习科学、工程、英语、如何经商，但我们依然没有职业的技能，那我们如何迎接这个挑战呢？我们就是要用教育让同学们更有创造力，并学习职业技能。在中国也是一样。我们大家想一想，如果你是一个老师，你肯定要学一些如何教书的技能；如果你是护士或者是医生，你肯定要在学习期间，在医院里面参加一些相应的培训。其实，对所有的工种都是一样的。那这对于我们校长来说就是一个挑战，我们要学会组织学生有一些这样实践课的课程，也为学生的将来作一些考虑。

如果我说，我现在想做覃院长这个职位，有可能吗？其实现在来说，还是比较难的，可能中国还是不可能用新西兰的校长作为我们这个学校的校长，但是在10 年、20 年、30 年之后，这些情况会有变化。因为劳动力市场将会趋同，我们整个世界将会拥有同一个劳动力市场，然后我们的薪水都会是相同的。到那个时候，覃院长可以到新西兰做院长，我也可以到中国做院长。

中国会是世界上最重要的国家，因为中国人勤劳、聪明、有创造力，然后变得越来越富有，经济也是越来越腾飞。我讲这个富有并不是讲中国的富人，而是讲的每一个中国人都会富起来，都会有比较高的技能，这就是世界的一个转变。

新西兰比较小，中国比较大，我到中国跟朋友们谈话就像老朋友一样，遇见的人都像朋友一样。但是新西兰有一点非常有趣，就是新西兰是一个新的国家，可能在新西兰的人只是在那里居住了两到三代人，所以，它是一个非常年轻的国家，而中国是有古老历史的国家。所以，今天当我介绍新西兰的时候大家会发现很多人并不是原来就在新西兰的，500 年前新西兰是没有人的。如果我问，在座的大家谁是在中国出生的可能大家都会举起手，但是如果我在新西兰问我的学生，谁是在新西兰出生的，他们可能不太会有举手的，而问我的同事们大概会有少于1/2 的人才会举起手，这就是劳动力市场融合的一种变化趋势。

非常荣幸，大家能够选择新西兰项目作为学习的项目，那我希望大家以后都能够在新西兰居住和工作，你们会喜欢那里，会喜欢那里融合的民族氛围。我是在荷兰出生的，大概 1 岁的时候到了新西兰，所以我可以说新西兰语，也可以说荷兰语，但是荷兰语说的可能不是太好。

以上，就是我对这次演讲的一个简介，现在我要开始真正的演讲。我的演讲可能对大家来说比较无聊，因为前面作的解释可能比较有趣，所以我的演讲会比较快。

我们看这个 PPT 上，新西兰的人口大概是 450 万，还不到青岛总的人口数，76.7%也就是 2/3 的人是从欧洲移民过来的。欧洲人都有什么特点呢？就是鼻子高

高的。15.5%的人是当地的土著居民，他们叫毛利人。毛利人大概在新西兰生活有五六百年的历史，他们的 DNA 其实跟福建人的 DNA 比较相似。毛利人的语言毛利语现在正在消失，我们也是做了很多努力去保护这种语言、这种语言的变迁就像是日本当年占领一个国家就去对这个国家的人进行一种语言上的侵蚀一样。

欧洲人进驻了新西兰之后对毛利人的语言有一些影响，但是现在我们想保护他们原来的毛利语。我的毛利语说的就不太好，只能说一两个单词就像我说汉语一样，不是很好。10%的新西兰人是从亚洲移民过去的，这个数字是在呈一个增长的趋势，20 年前可能只有 1%的人是从亚洲移民过去的。

新西兰人教育孩子是从他们 5 岁生日开始的，他们上小学是从 5 岁生日的那一天进学校的，不像咱们一样某一天固定开学。新西兰的学生从 5—11 岁接受小学教育，之后两年是在初级中学，5 年是在我们所说的高级中学。新西兰人口比较少，所以在高中的学生有两个走向：一个是去大学，一个是去理工学院。新西兰的理工学院简称 ITP，也是政府来投资建设的。

青岛职业技术学院与 ITP 是一种类型的。听说过新西兰怀阿里奇理工学院吗？我以前是那里的院长。怀阿里奇理工学院就像咱们青岛职业技术学院一样，是政府投资兴建的一个理工学院。全新西兰有 600 所这样的理工学院，我就是经营其中一所。

我们这个学校非常小，我们给国际生教英语，也教商务和 IT。这就是新西兰的职业教育，我们也有政府的一些主要的机构，其中一个就是学历认证机构，它负责全国学校的教学质量标准认证。新西兰教育在全世界被认为是非常好的一个教育，这个就是我们非常核心的一个认证机构，就像我们在北京、青岛、济南的这样一些政府教育机构。

我们用的也是英式学历认证层次，比如说从高中毕业到大学到研究生再到博士，跟中国的非常相近。因为我们新西兰是说英语的国家，所以我们非常愿意吸收国际生来我们这里学习，就像青岛职业技术学院一样有来自世界各国的留学生。我们也非常倾向于接收这些来自非英语国家的留学生，用英语给他们上课来培训他们。

在这张 PPT 上我们可以看到有一个跟中国不太一样的地方。我刚才讲过，我现在想测试一下你们，看看是哪个地方跟中国不太一样。有没有人能说说？这项就是 PPT 上倒数第三项——平均年龄。在很多西方国家，比如说英、美、澳大利亚这些国家职业院校的学生，平均年龄都是 29 岁，因为很多成年人虽然在年轻的时候已经接受过教育，但是因为他们想改变自己的生活，改变自己的工作，所以会到职业技术院校里面进行再教育，进行第二次或者第三次的再教育。

可能覃院长以后也会有这种想法，比如说在我们学校硬件条件达到的情况下也可以招收很多这种 40 岁、50 岁的人进行再教育，对他们进行一些技能上的培训。所以，我说为什么在职业院校里学习会比在普通大学里学习更有优势。你们可能现在不相信，但是当你们掌握了一些应用的技能，能将这些技能直接应用到将来的工作上以后，你们会发现，可能挣的薪水会比那些普通大学毕业的毕业生挣得要多得多。

在新西兰一共有两种职业培训的体系：一个是刚才所说的职业院校 ITP，就像青岛职业技术学院这样的院校，培养职业类型的学生；还有一类叫作 ITO，学生在工厂里面，即使是在工厂里面工作了，但也是边工作边学习。这样既可以掌握到技能，也可以得到相应的证书，这个叫作 ITO。我们可以根据这个图表看到，这是新西兰学生所从事的一些工种。

新西兰不是一个工业国家，我们大多学生从事的都是服务业，服务业就是说不制作一些东西，而是去做一些服务。比如说我们的旅游业，我们的医疗行业还有教育行业，这跟中国可能不同，中国是以工农业为主的一个国家。

有没有同学可以跟我说一说新西兰两个最著名的产业是什么？我们新西兰两个最著名的产业：一个是农业，一个是旅游业。但是，我们从这个图表上可以看到接受农业和旅游业培训的人数却不是最多的，这就是一个问题，就是新西兰的学生选择职业的时候并不是按照市场的需求去选择他们的职业。

过一会儿我会给你们这张 PPT。

这张向我们呈现的就是职业院校与普通大学之间的关系。这个是政府的学术质量保证体系，这个学术质量标准体系跟中国的质量体系是比较相似的。有一点跟中国不太一样的是，可能在中国所有的这种公办院校是政府、党政机关来资助，但是在新西兰，我们的学校是有董事会的，是由董事会来执掌的，所以我是受董事会的聘用去经营这个学校的。

感谢大家一小时的聆听。我在这一小时里也尽力用新西兰的方式告诉大家新西兰的教育并不是照本宣科，而是与学生互动。当然，我相信中国的教育也会变成这样与大家互动。感谢大家的到来，感谢大家给我颁发客座教授的荣誉。